MASCULIN/FÉMININ DANS L'EUROPE MODERNE

COMITÉ DE DIRECTION

Colette H. Winn, Myriam Dufour-Maître,
Catriona Seth et Damien Zanone

24

Série *XIXe siècle*
dirigée par Damien Zanone

7

Femmes artistes et écrivaines dans l'ombre des grands hommes

Ouvrage publié avec le soutien de l'université de Tours
et du laboratoire ICD (Interactions culturelles et discursives, EA 6297)

Femmes artistes et écrivaines

dans l'ombre des grands hommes

Sous la direction d'Hélène Maurel-Indart

PARIS
CLASSIQUES GARNIER
2019

Hélène Maurel-Indart est professeur de littérature française à l'université de Tours. Ses travaux de recherche portent sur le processus de création littéraire et la notion d'auteur. Elle a notamment publié *Du plagiat* et *Petite enquête sur le plagiaire sans scrupule*. Elle est membre du comité de lecture de *Médium*, revue dirigée par Régis Debray.

ISBN 978-2-406-08990-2 (livre broché)
ISBN 978-2-406-08991-9 (livre relié)
ISSN 2111-6970

INTRODUCTION

De Lui à Elle, sur la voie de la création, au féminin

Simple constat : l'histoire littéraire laisse peu de place aux femmes. Est-ce à dire que la production littéraire des femmes soit rare à ce point ? À ce point, et en proportion de leur faible visibilité dans le champ littéraire, non. D'évidence, nombre d'écrivaines[1] sont passées à la trappe, leurs œuvres dépréciées, voire ridiculisées, ou simplement oubliées, à force d'être demeurées en marge des circuits de diffusion et de légitimation ; parce que ces circuits ont longtemps été – et aujourd'hui encore dans une bien moindre mesure – au pouvoir des hommes qui ont détenu le monopole des maisons d'édition, des directions de collections, des journaux et revues, des jurys de prix littéraires. Là encore, simple constat.

Effacées donc, par la force des choses, par le seul fait de leur relégation hors du champ littéraire, les femmes entrent en littérature, mais de biais, faisant l'homme, façon George Sand, ou s'effaçant, sans signature aucune, obscures doublures d'un homme vénéré, puis quelquefois haï pour le sacrifice consenti. Nombre d'entre elles, hésitant à braver us et morale, ont préféré assouvir leur passion de l'écriture par délégation, à travers l'œuvre du mari, du frère, de l'amant, sans publication en nom propre, du moins pendant une partie conséquente de leur activité littéraire.

Claire de Duras, sœur d'élection de Chateaubriand, n'a la considération de Sainte-Beuve, dans ses *Portraits de femmes*, que lorsqu'elle écrit « fréquemment sous sa dictée les grandes pages futures[2] ». Elle-même ne s'autorise à publier son premier roman, *Ourika*, qu'anonymement et à petit tirage, en 1823. Le succès est tel qu'elle ne peut que se dévoiler – quoiqu'elle en fût officieusement reconnue comme l'auteur –, sous

1 Dans cet essai collectif, nous avons pris le parti de laisser à chaque contributeur le choix de féminiser, ou non, les termes « auteur », « écrivain », « poète ».

2 Charles-Augustin Sainte-Beuve, *Portraits de femmes*, [Paris, Didier, 1844], édition établie par Gérald Antoine, Paris, Gallimard, Folio, 1995, p. 110.

son nom d'épouse, pour une seconde édition et pour le roman suivant, *Édouard.* Ses scrupules de grande dame la reprennent pour le troisième, *Olivier ou le Secret*, dont elle réserve la lecture à ses proches, sans publication. Ainsi encore pour l'ensemble de sa production littéraire, laissée pour compte de toute publication de son vivant : d'autres romans, une ébauche de tragédie, un journal intime, des vers. Le propos de Rousseau de 1758, dans sa *Lettre à d'Alembert sur les spectacles*, vaut encore à son époque : « [...] Il n'y a point de bonnes mœurs pour les femmes hors d'une vie retirée et domestique[3]. »

Même Germaine de Staël, qui avait pourtant ses entrées en littérature, confie sa rancœur dans un ouvrage en partie consacré à la place de la femme dans la société, *De la littérature considérée dans ses rapports avec les institutions sociales* :

> Les femmes sentent qu'il y a dans leur nature quelque chose de pur et de délicat, bientôt flétri par les regards mêmes du public ; l'esprit, les talents, une âme passionnée, peuvent les faire sortir du nuage qui devrait toujours les environner ; mais sans cesse elles le regrettent comme leur véritable asyle[4].

Amère, elle prête à ses contemporains des intentions discriminatoires dans les critiques qu'elle reçoit lors de la publication de son ouvrage :

> Après avoir réfuté les diverses objections qui ont été faites contre mon ouvrage, je sais fort bien qu'il est un genre d'attaque qui peut continuellement se répéter ; ce sont toutes les insinuations qui ont pour objet de me blâmer, comme femme, d'écrire et de penser[5].

Sous cette plume blessée, la vérité générale résonne davantage comme une confession qui rappelle le tragique destin de l'héroïne éponyme d'une fiction très personnelle, *Corinne ou l'Italie*, de 1807. Rien n'a donc vraiment changé après un demi-siècle, quand Marie-Jeanne Riccoboni faisait dire, en 1762, à l'héroïne de son roman *Histoire d'Ernestine* : « Ô ma chère amie, vous ne les connaissez pas, ils se prétendent formés pour guider, protéger, soutenir un sexe timide et faible ; cependant eux seuls l'attaquent, entretiennent sa timidité, et profitent de sa faiblesse[6]. »

---

3 In *Œuvres complètes*, [publiées à Amsterdam en 1758], tome 2, Paris, P. Dupont, p. 115.
4 In *Œuvres complètes*, Paris, Firmin Didot Frères, tome I, 1844, p. 305.
5 Seconde édition revue, corrigée et augmentée, Paris, Maradan, 1800, vol. 1, préface, p. 25.
6 *Histoire d'Ernestine, suivie de celle de Christine de Suabe, et de Sigefroid, comte de Surger*, de Marie-Jeanne Riccoboni, Paris, Lebègue, 1821, p. 65.

Le XXe siècle a progressivement sorti les femmes d'un tel carcan ; pourtant, pas si loin de nous encore, Julia Daudet, soucieuse avant tout de préserver le statut d'écrivain de son mari, répugna toujours à ce qu'on sache la part qu'elle avait dans son travail. Elle tenait bien trop à son image de grande bourgeoise et à la respectabilité de sa famille pour risquer d'apparaître comme une collaboratrice de son époux dont le talent eût été rabaissé. Il est des cas plus douloureux où l'épouse, dans l'ombre d'un « génie » admiré, étouffa dans l'œuf l'œuvre à naître. Ainsi, Gustav Mahler, au nom de l'amour absolu, imposa un terrible pacte à sa future femme, dans une lettre comminatoire ; il condamna Alma Schindler, elle-même compositrice, à renoncer à sa propre musique pour se dévouer entièrement à la sienne :

> Là-dessus, mon Alma, il faut que les choses soient claires entre nous dès à présent, avant même que nous nous revoyions. Il va me falloir ici commencer à parler de moi, car je me trouve dans l'étrange situation d'opposer à la tienne *ma* musique que tu ne connais pas et ne comprends pas encore. [...] Comment te représentes-tu un tel ménage de compositeurs ? T'imagines-tu à quel point une rivalité si étrange deviendra nécessairement ridicule, et sera plus tard dégradante pour nous deux ? [...] Tu dois « renoncer », (comme tu me l'as écrit) à tout ce qui est superficiel, à toute convention, à toute vanité et tout aveuglement (en ce qui concerne « personnalité » et « travaux »). Tu dois te donner à moi sans condition, tu dois soumettre ta vie future, dans tous ses détails, à mes besoins et ne rien désirer que mon amour[7].

Il avait quarante-et-un ans, elle en avait vingt-trois ; elle renonça à sa passion, abandonna la musique ; sa compétence ne fut pas vaine, elle servit à relire et corriger les partitions de Mahler. Elle-même laisse une centaine de lieder de jeunesse, d'avant le mariage, dont un bon nombre à ce jour inédits.

Et quel parcours éditorial pour Zelda Fitzgerald, qui ne pouvait adresser à son éditeur le manuscrit de son roman *Accordez-moi cette valse*[8], sans que celui-ci ne s'en réfère au mari, seul légitime auteur du couple. Une fois les épreuves revues et corrigées de force par Scott, que resta-t-il de l'âme de Zelda, ainsi dénaturée ? Autre dilemme : Catherine Pozzi

---

7 Françoise Xenakis, *Zut, on a encore oublié Madame Freud...*, Paris, Jean-Claude Lattès, 1985, p. 200-201.

8 Zelda Fitzgerald, *Accordez-moi cette valse*, traduit de l'anglais (États-Unis) par Jacqueline Rémillet, [éd. originale, *Save me the waltz*, Charles Scribner's Sons, 1932], Paris, Robert Laffont, « Pavillons Poche », 2008.

n'osa publier sous son nom – par pudeur, par complexe à l'égard de l'amant ? – une autobiographie fictive *Agnès*, qu'on eut tôt fait d'attribuer à Paul Valéry ; ces femmes qui écrivaient aspiraient à être reconnues comme des auteures à part entière. Et on ne leur ferait pas honneur en les affublant du rôle prétendument flatteur de « muse », qui masquerait outrageusement leur véritable ambition. Muse n'est pas écrivaine ; son souffle inspire, mais elle-même se garde de tenir plume et ne prétend à aucune légitimité littéraire.

La violence d'une telle domination, à l'origine de frustrations quelquefois inconscientes mais aux conséquences profondes sur le psychisme, Pierre Bourdieu la repère et l'analyse clairement :

> Et j'ai aussi toujours vu dans la domination masculine, et la manière dont elle est imposée et subie, l'exemple par excellence de cette soumission paradoxale, effet de ce que j'appelle la violence symbolique, violence douce, insensible, invisible pour ses victimes mêmes, qui s'exerce pour l'essentiel par les voies purement symboliques de la communication et de la connaissance, de la reconnaissance ou, à la limite, du sentiment[9].

Comment sortir d'un tel piège instauré insidieusement depuis des siècles ? George Sand, pionnière, a relevé le défi, s'imposant comme auteure en dépit des interdits de l'époque. « J'ai un but, une tâche, disons le mot, une passion. Le métier d'écrire en est une violente et presque indestructible[10]. » Née en 1804, elle incarne explicitement la liberté naissante de l'opprimé, dans une vision plus vaste, politique, qui dépasse le sort de la femme : « Je hais toute espèce de domination, qu'elle soit spirituelle ou politique. » Michel Mercier, dans *Le Roman féminin*[11], lie avec justesse le projet d'émancipation de la femme à celui, plus vaste, de l'indépendance à l'égard de toute forme de domination sexuelle, ou même sociale. Le roman du XIXe siècle incarne cet élan de démocratisation. Même le roman victorien écrit par des femmes, encore corseté de morale et de vertu, s'ouvre au monde des exclus et des opprimés. La romancière britannique Elizabeth Gaskell, qui signe

---

9 Pierre Bourdieu, *La Domination masculine*, Paris, Seuil, 1998, p. 7.

10 George Sand à Jules Boucoiran, 4 mars 1831, *Correspondance 1812-1876*, édition établie par Georges Lubin, t. I, Paris, Classiques Garnier, 1964, p. 817.

11 Michel Mercier, *Le Roman féminin*, chap. VI « Les chemins de la liberté, 2. Les voies sociales et politiques », Paris, Presses Universitaires de France, coll. « Littératures modernes », 1976, p. 184-211.

Mrs Gaskell, à la victorienne, exhibe la misère de la vie ouvrière avec *Ruth* en 1853, la violence des grèves dans *Nord et Sud* en 1854 : « L'esprit évangélique conduit indifféremment à la défense de la femme ou de l'ouvrier, à l'affirmation de leur dignité par leur libération : dans ces perspectives, *Jane Eyre* en 1847 est aussi un roman social, l'histoire et la réussite d'une jeune fille pauvre et digne ». Mercier dit juste quand il voit dans la passion amoureuse de la jeune Jane « un acte social qui affirme l'individu contre tout conformisme social[12] ». Elizabeth Gaskell, Charlotte Brontë, Jane Austen, George Eliot… Une constellation de femmes outre-Manche fait écho à la voix de George Sand. Le roman féminin inaugure le combat de l'émancipation.

L'histoire littéraire pourrait-elle enfin s'écrire au féminin, quand seuls les hommes en ont été les auteurs patentés ? Le diagnostic est aisé pour qui ausculte de près le grand corps malade de la femme écrivaine ; Martine Reid s'y penche et observe, sans concession, ni zèle équivoque. La synthèse *Des femmes en littérature*[13] relève les traits les plus saillants : que « bas-bleu » soit la dénomination courante pendant tout le XIXe siècle pour désigner la femme de lettres, la femme de salon ou l'écrivaine, en dit long sur le discrédit dont elle fait l'objet, dérogeant à ses obligations de femme, d'épouse et de mère, et transportant dans la sphère publique un sexe dévolu au privé et à l'intimité[14]. À l'origine, le « bas bleu » fut un homme, un certain Benjamin Stillingfleet, pour signifier celui qui, dès les années 1770 à Londres, dans le salon de la progressiste Elisabeth Montaigu, se distingua par sa conversation et ses bas colorés. « Bas-bleu » devenu femme se fit péjoratif, dégradé, visant les femmes se piquant d'érudition. Flaubert pointe : « terme de mépris pour désigner toute femme qui s'intéresse aux choses intellectuelles. Citer Molière : "Quand la capacité de l'esprit se hausse…" etc.[15] ». Barbey d'Aurevilly enfonce :

> Les femmes qui écrivent ne sont plus des femmes, ce sont des hommes, – du moins de prétention, – et manqués ! Ce sont des Bas-bleus. Bas-bleu est masculin. Les Bas-bleus ont, plus ou moins, donné la démission de leur

12 *Ibid.*, p. 187.

13 Martine Reid, *Des Femmes en littérature*, Belin, 2010.

14 Voir aussi *La Littérature en* bas-bleus, sous la direction d'Andrea Del Lungo et Brigitte Louichon, en trois volumes, Paris, Classiques Garnier, coll. « Masculin/féminin dans l'Europe moderne », 2010, 2013, 2017.

15 Gustave Flaubert, *Dictionnaire des idées reçues, in Bouvard et Pécuchet*, Éd. Conard, 1910, p. 418.

> sexe. [...] La première punition de ces jalouses du génie des hommes a été de perdre le leur[16].

Baudelaire confirme : « un homme manqué[17] » ! Quarante caricatures de « Bas-bleus » par Daumier dans *Le Charivari* du 30 janvier au 7 août 1844 martèlent chaque jour un ricanement de connivence masculine qui cache, veut-on le croire, une secrète admiration pour ces auteures indésirables. Trois ans plus tôt, même obsession chez Frédéric Soulié dans sa *Physiologie du bas-bleu* de 1841, qui embouche la trompette de son prédécesseur Jules Janin, auteur lui aussi d'un chapitre sur « Le bas bleu » en 1853 : « accoucher honteusement de quelque roman avorté, de quelque poème informe, embryon mutilé, conçu sans plaisir, enfanté sans gémissements et sans douleurs[18] ». Honte à la femme écrivaine, qui troque maternité contre paternité littéraire. Honte à la femme qui dédaigne les déchirures de l'enfantement pour des griffures paperassières.

À la fin du XIXe siècle, Lanson donne le coup de grâce dans son *Histoire de la littérature française.* En cinq cents pages, son tamis ne retient que neuf noms de femmes écrivains qui pourraient du reste regretter de ne pas avoir échappé au palmarès ; Christine de Pizan paye le prix fort pour les suivantes, coupable d'être « la première de cette insupportable lignée de femmes auteurs » à l'« infatigable facilité », à l'« universelle médiocrité[19] ».

La messe est dite. L'histoire littéraire se fera sans les femmes. D'excellence, on comprend qu'il n'en est pas pour la femme auteure, si elle ne sait tenir maison, avoir mari et procréer. Point de salut en dehors de ces femelles fonctions. Pizan avait contre elle une vocation de féministe avant la lettre, avide d'érudition, auteure de belles lettres et d'écrits politiques, à l'aube du XVe siècle. Trop entreprenante, trop indépendante de tête et de cœur, refusant de se remarier à vingt-cinq ans après la mort d'un époux adoré, ferait-elle de l'ombre aux génies masculins ? Impensable ! L'esprit lansoniste demeurera l'étalon de la critique littéraire, érigé en dogme pendant quarante ans.

---

16 Barbey d'Aurevilly, *Les Œuvres et les hommes*, chap. 5 « Les Bas-bleus », réimpression de l'édition de Paris 1878, Slatkine Reprints, Genève, 1968, p. XI.

17 Baudelaire, « Des maîtresses », in *Œuvres complètes*, Préface, présentation et notes de Marcel A. Ruff, Paris, Seuil, 1968, p. 268.

18 Jules Janin, « Le bas-bleu », in *Les Français peints par eux-mêmes*, Paris, Furne et Cie, 1853 [1re édition en 1833], tome II, p. 383.

19 Gustave Lanson, *Histoire de la littérature française*, Paris, Hachette, 1912, 12e édition (1re édition en 1894), p. 166.

La génération suivante ne s'en remet pas, en dépit des intentions. S'il est une littérature féminine, elle ne peut être qu'au féminin, sexuée, sans lien ni comparaison avec la littérature des hommes, qui font, on l'aura compris, La Littérature : autre façon, totalement inconsciente et foncièrement bienveillante, de faire le premier pas vers ce qui demeure irréductiblement de l'« écrit de femme ». *L'Histoire de la littérature féminine en France* de Jean Larnac en 1929 en est là : « J'aimerais enfin y montrer la continuité de l'effort littéraire des femmes et révéler, dans leurs œuvres, ce qui est proprement féminin et en fait un ensemble fort différent de la littérature masculine[20]. » Foin des bonnes intentions. Elles virent vite à l'aigre, une fois accomplies les formalités de politesse : « Les femmes seraient-elles donc impuissantes à retenir leur sensation directe pour la malaxer longuement et, par un savant travail, la transmuer en une œuvre aux contours nettement délimités[21] ? » La galanterie procède ainsi : faire passer la femme en premier pour mieux viser la croupe et l'asseoir en pot de fleur. Reste à la canonner en ses beaux parterres : « les femmes n'ont pleinement réussi que dans la correspondance qui n'est qu'une conversation à distance, la poésie lyrique et le roman confession, qui ne sont qu'un épanchement du cœur[22] ». Bas-bleu, salonnière, bluette, voilà où finit la femme en trois cents pages d'une étude prometteuse sur l'histoire littéraire féminine.

Consternant constat dûment consigné par Virginia Woolf dans *Une chambre à soi*, lorsqu'elle reçut commande d'une conférence sur les femmes et le roman à l'Université de Cambridge :

> [...] cinq minutes de stupéfaction, d'étonnement et d'égarement. Avez-vous quelque idée du nombre de livres consacrées aux femmes dans le courant d'une année ? Avez-vous quelque idée du nombre de ces livres qui sont écrits par des hommes ? Savez-vous que vous êtes peut-être de tous les animaux de la création celui dont on discute le plus ? La seule lecture des titres suggérait d'innombrables maîtres d'école, d'innombrables prédicateurs gravissant leurs estrades ou leurs chaires et discourant avec une loquacité qui dépassait de beaucoup l'heure généralement accordée aux discours consacrés à ce sujet. [...] Autant ne pas ouvrir leurs livres[23].

20 Jean Larnac, *Histoire de la littérature féminine en France*, Paris, Éditions Kra, 1929, p. 5.
21 *Ibid.*, p. 252.
22 *Ibid.*, p. 257.
23 Virginia Woolf, *Une chambre à soi*, traduit de l'anglais par Clara Malraux, Paris, Denoël, 1977, « Bibliothèque 10/18 », 1992, p. 41-42 et 47.

Et si la sœur de Shakespeare avait eu du génie ? se demande Virginia. « Laissez-moi imaginer… » Elle serait sans doute devenue folle. « Peut-être griffonnait-elle quelques pages en cachette dans le fruitier, mais elle avait bien soin, alors, de les cacher ou de les mettre au feu[24]. » Et on l'aurait mariée, dans l'horreur d'un mariage à un négociant de laines.

> Une vie libre à Londres, au XIXe siècle, aurait impliqué pour une femme poète et auteur dramatique une tension nerveuse et un déchirement tels qu'ils l'auraient sans doute tuée. Eût-elle survécu, tout ce qu'elle eût écrit, découlant d'une imagination faussée et morbide, en eût été déformé et contrefait. Et sans doute, pensai-je, regardant le rayon où ne se trouvent point de pièces écrites par des femmes, n'aurait-elle pas signé ses œuvres[25].

Currer Bell, George Eliot, George Sand : au XIXe siècle, « le désir d'être voilées les possède encore[26]. » Charlotte Brontë, Mary Ann, Aurore Dupin, votre pseudonyme n'était-il pas, malgré vous, un dernier reliquat de votre sens de la chasteté ? Même les pionnières peinent à échapper à l'emprise d'une culture empreinte de préjugés.

Virginia Woolf prédisait que dans cent ans la femme aurait les moyens de son indépendance, condition *sine qua non* de la création littéraire, avec « une chambre à soi », cinq cents livres de rente et la liberté d'expression. C'était en 1929. Mission accomplie : en France, droit de vote des femmes et droit à l'éligibilité en 1944, principe d'égalité des droits entre hommes et femmes inscrit dans la constitution en 1946. Pourtant, en 1949, Simone de Beauvoir reconnaît dans *Le Deuxième Sexe* : « La femme libre est seulement en train de naître[27]. » C'est qu'entre le droit de vote et l'indépendance financière, on n'hésite pas : de l'argent ! et après, des droits… et le droit d'en disposer surtout. La vraie date, c'est 1965, avec la réforme du régime matrimonial qui autorise la femme à gérer ses biens, puisqu'elle ne pouvait jusqu'alors que disposer de son salaire, et cela seulement depuis 1907. En 1965 donc, elle est autorisée à ouvrir un compte en banque et à exercer une profession sans l'autorisation du mari. Tout est dit, enfin. Bourse en poche ou porte-monnaie en sac à main, la femme trime comme l'homme, certes, mais pour elle.

---

24 *Ibidem*, p. 71.
25 *Ibidem*, p. 75.
26 *Ibidem*, p. 76.
27 Simone de Beauvoir, *Le Deuxième sexe*, Paris, Gallimard, tome II, 1950, p. 641.

Encore qu'il lui restât à franchir un grand pas, grand pour l'histoire des femmes. Que vaut l'argent sans un corps à soi ? Quand le corps s'alourdit contre toute attente, qu'il est voué à l'œuvre d'un autre, ventre plein pour une autre vie, la femme retombe dans l'entrave : le bonheur de la maternité ne peut être que dans le désir. Hors consentement, il n'est que servitude. Et comme l'on ne sait guère encore ce qu'il en est de l'instinct maternel, de l'amour naturel d'une mère pour son enfant, il n'est pas dit que telle servitude devienne volontaire. La femme indépendante ne naît vraiment qu'en 1967, quand la loi Neuwirth autorise la contraception. La légalisation de la « pilule » libère la femme de l'angoisse mensuelle du vingt-et-unième jour. Viendront-viendront-pas ? Retard ou peine à retardement ? Honte à la honte de la fille-mère. La Fanny d'un Marius épris de mer doit épouser le vieil Honoré, le sauve-l'honneur bien nommé. La Geneviève des *Parapluies de Cherbourg* s'en remet à Roland pour oublier l'engeance du soldat Guy, mobilisé en Algérie. Attendre encore 1974, la loi Veil autorisant l'IVG pour la seconde chance, quand tout a failli. *A body of one's own :* dernier sésame que Woolf ne cite pas, elle qui en fut empêchée, pour raison de maternité littéraire. Interdite d'enfanter. Question de survie, lui disait-on. N'en mourut-elle point ? De cet interdit imposé au corps, vide de fécondation.

Le silence des femmes se fait quelquefois entendre, en journaux, mémoires, épîtres et confesses de tous ordres. Soyons leur chambre d'écho. Que revivent *post mortem* ces voix contrariées. Les processus d'occultation ou plus radicalement de dépréciation des œuvres des femmes, artistes ou écrivaines, s'inscrivent dans une évolution historique précise, déterminée par le contexte politique, les stratégies d'éducation et la représentation du rôle de la femme dans la famille et dans la société. Une approche diachronique du statut de la femme dans notre société occidentale s'impose : avant même de présenter dans cet ouvrage des figures de femmes, qu'elles soient rabaissées, effacées ou autonomisées, et d'en comparer les itinéraires, une analyse en surplomb permettra de mieux comprendre le phénomène général de l'écriture au féminin. Éliane Viennot considère ainsi que « la machine à effacer » les femmes de l'histoire littéraire est un mécanisme culturel « historiquement limité » qui s'emballe au XVIIIe siècle. Le XIXe est la période noire où la plupart des femmes créatrices demeurent dans l'ombre, et a fortiori dans l'ombre de « grands hommes » peu reconnaissants, ou simplement pas conscients de la valeur de leur contribution et de leur talent. Pour elles, l'accès à la notoriété littéraire ou artistique ne peut se faire, le plus souvent, que de biais, par des procédés d'auto-effacement du genre féminin ou de mystification de leur identité. Bien des femmes ont forcé les portes de l'édition en passant par la fenêtre.

Le recours à l'anonymat et à la pseudonymie est à la fois le symptôme de cette relégation en marge de l'histoire littéraire et le moyen de déjouer la vigilance des hommes. Comment et pourquoi se cachent-elles ? Béatrice Didier analyse les aspects historiques et sociologiques du nom d'auteur assigné aux femmes en littérature ; voilà qui en dit long sur les stratégies éditoriales qu'elles doivent mettre en œuvre pour, simplement, exister : effacer son nom afin de créer une figure d'auteur, d'auteure, d'autrice – la terminologie fluctuante est symptomatique d'un statut incertain, fragile – et de mettre au jour l'œuvre. Dans le rapport que la femme entretient avec la création littéraire ou artistique, la relation de dépendance à un « grand écrivain » ou à un artiste de renom est une donnée souvent déterminante. George Sand, qui parvient sans conteste à imposer son statut d'écrivain à ses pairs, emprunte néanmoins son nom d'auteur – pas question pour elle de féminiser le terme – à son amant Sandeau.

Les processus d'aliénation ou d'autonomisation de la femme sont déterminés, de façon étonnamment récurrente, par la place que lui accorde une autorité mâle dans le monde des lettres : collaboration purement technique telle que le travail de correction et de relecture au service de l'œuvre du « grand homme », écriture à deux mains sous la seule signature masculine, apprentissage de la femme auprès d'un initiateur humiliant ou bienveillant, et quelquefois la sortie de l'ombre, la reconnaissance assumée. Autant de cas de figures que de relations individuelles, chacune avec sa propre complexité. Les tandems envisagés dans cet essai connaissent des évolutions paradoxales, la femme prenant parfois le dessus, l'assujettissement de l'une n'excluant pas la manipulation de l'autre, au féminin le cas échéant.

Il ne s'agit donc pas de nier la subtilité d'une relation où s'imbriquent des ressorts à la fois culturels, intellectuels et affectifs, où le rôle du « grand écrivain » peut aussi être assumé par une « grande écrivaine » dans une relation homosexuelle en particulier, et où, surtout, on doit s'efforcer de ne pas figer les rôles souvent caricaturaux de victime – a priori la femme – et de bourreau.

Toutes ces précautions prises en compte, nous avons tenté d'identifier des profils de femmes, artistes et écrivaines, dans leur sinueux itinéraire. Ces figures distinctives se dessinent subtilement, saisies dans les contradictions de leur tempérament, de leur milieu social et de l'époque, mais aussi de la relation à l'autre, à celui qui fait de l'ombre. Dans l'ombre ou à l'ombre ? Sacrifiée ou protégée ? L'aimé, l'admiré, le sacrificateur, le Pygmalion : la figure même de celui qui tient le rôle du « grand homme » se nuance dans cette relation complice, plus ou moins fusionnelle ou déséquilibrée. Que dire de la gestation de l'œuvre, par-delà les effets trompeurs de la signature, du nom de l'auteur, et en dépit des aveux de collaboration ou de repentirs ? Retrouver les traces de l'une dans l'autre, explorer les brouillons, confronter les sources, l'œuvre et ses marges ; tenter l'analyse stylistique pour une attribution supposément objective de paternité, ou maternité, littéraire : chantier ouvert, infini. La sédimentation de l'œuvre se donne à livre ouvert, comme chacun de ces portraits de femmes en mal de création.

Nous rendrons grâce tout d'abord aux humiliées, meurtries dans leur quête de reconnaissance par le « grand homme », figure prométhéenne de la création : la comtesse Dash, « plume de rechange » d'Alexandre Dumas ; Claire de Duras, dont l'œuvre est volontairement ignorée par le « cher frère », Chateaubriand ; Louise Colet, rabaissée par Flaubert et les flaubertistes, définitivement exclue de l'histoire littéraire et à peine lisible dans les marges de la correspondance de l'auteur de *Madame Bovary* ; Catherine Pozzi, sacrifiée sur l'autel valéryen dans son idéal perdu de fusion amoureuse et intellectuelle. Les milieux littéraires et artistiques du XIXe siècle et du début du XXe ont nourri de grandes rancœurs. Des individualités talentueuses furent condamnées à ne recueillir la lumière que dans l'ombre de l'Autre, mythe du créateur unique et tout puissant, au masculin : de ces femmes qui rayonnèrent autour de Beethoven, œuvrant à leur manière au travail créateur, peu de traces, de Nannette Streicher ou de Bettina Bretano.

D'autres prennent une sorte de revanche, dans un repli stratégique. Sortes de fées Mélusine, elles fabriquent sa figure d'auteur à l'aimé, érigeant l'œuvre en monument. Ce sont les exécutrices, à double tranchant :

Elisabeth Förster-Nietzsche[28], la sœur, « l'oie vindicative antisémite », reconfigura l'œuvre du frère dans une *Volonté de puissance* dévastatrice. Las, il en restera toujours quelque chose. Côté lumière, Grace Frick, l'amante, donna *le coup de grâce* en exécutant le monument scripturaire à la gloire mythique de Marguerite Yourcenar.

Nous honorerons enfin les sœurs, épouses, amantes émancipées, sorties de l'ombre, échappées des coulisses de l'histoire. Elles sont parvenues à l'autonomie créative : Madeleine Scudéry, « l'Illustre Sapho », longtemps restée dans l'ombre du frère aîné, Georges, lui subtilise la postérité par un fratricide ; les salons mondains du XVIIe siècle favorisent son émergence, au détriment du frère aux penchants ridiculement irascibles. Dans l'Allemagne du début du XIXe siècle, c'est une tout autre trajectoire : Therese Huber, d'abord « nègre » de ses deux maris, parvient à se faire un nom. L'éducation familiale libérale a beaucoup aidé dans cette sombre période pour les femmes trop savantes. À la même époque, en Angleterre, Mary Shelley joue les Frankenstein pour achever son monstre de Percy, le mari protecteur, inséparable et omniprésent.

Au début du XXe siècle, de tels couples fusionnels fécondent l'Europe littéraire et artistique, mais la femme doit jouer des coudes pour imposer son nom : Silvina Ocampo parvient à faire entendre sa voix dans son œuvre à deux mains avec Adolfo Bioy Casares ; Ilse Garnier choisit de sortir de la collaboration conjugale, parfaite, aux individualités abolies, en signant de son nom, ou plutôt de son prénom, des poèmes sur le corps de la femme, *Blason sur le corps féminin.* La voici poétesse en corps propre. Et les Duchamp ? Dans la même veine surréaliste, la personnalité de l'auteur s'efface au profit de l'œuvre prétendument anonyme. Suzanne a trois frères artistes, Jacques, Raymond et Marcel ; elle n'est pourtant le *ready-made* d'aucun. Encore fallait-il que dans ce mouvement d'invisibilisation, elle sût détourner le prénom du frère dans une œuvre sienne, *Ready-made malheureux de Marcel.*

Dans les ateliers des grands peintres, on ne connaît que le Maître, signataire exclusif d'une œuvre collective. Au concepteur la primauté, la lumière et la reconnaissance. Les exécutants ne feraient que traduire

---

28 Voir aussi : Sylvie Camet, « Elisabeth Nietzsche ou "Le fou d'à côté" », in Sylvie Camet (dir.), *Femmes d'à côté, Filles, sœurs, épouses d'hommes célèbres*, Paris, Classiques Garnier, coll. « Carrefour des lettres modernes », 2018, p. 163-178.

la volonté sublimante d'un esprit créateur. Assez comparables à ces peintres de seconde main, les femmes, en art et en littérature, ont souvent œuvré dans l'ombre d'une collaboration mal définie. Parmi elles, un bon nombre ont pourtant su faire valoir leur propre idiolecte et créer l'enchantement que Roland Barthes reconnaît à « tout grand écrivain » dans sa « Mécanique du charme[29] ». Il n'est désormais que de les mettre en lumière.

Hélène MAUREL-INDART

29 Roland Barthes, Préface au *Chevalier inexistant* d'Italo Calvino, traduction de l'italien par Maurice Javion, Paris, Seuil, « Points », 1962.

PREMIÈRE PARTIE

LES FEMMES AUX PRISES AVEC L'HISTOIRE ET AVEC LEUR NOM

ÉCRIVAINES PORTE-PLUME, UN PHÉNOMÈNE HISTORIQUEMENT LIMITÉ

J'ouvrirai ce propos avec deux citations. La première date de 1689. Elle est extraite des *Réflexions sur l'usage présent de la langue françoise* d'un certain Andry de Boisregard :

> Il faut dire cette femme est *poète*, est *philosophe*, est *médecin*, est *auteur*, est *peintre* ; et non *poétesse*, *philosophesse*, *médecine*, *autrice*, *peintresse*, etc.[1].

Bien entendu, si cet homme prend la peine d'expliquer ce qu'il ne faut pas dire, c'est que cela se dit dans les meilleurs milieux, ce dont nous avons aujourd'hui de nombreux témoignages[2]. Nous en avons aussi beaucoup sur la longévité de ces mots, nonobstant les condamnations qui allaient pourtant se multiplier. Rousseau – qu'on ne peut guère taxer de féminisme – n'écrivait-il pas à Madame Latour en 1763 : « Je crois que la peintresse ne vous a pas flattée. » Et Littré, qui cite cette occurrence dans les années 60 du XIXe siècle, poursuit : « Peintresse se dit souvent dans les écoles professionnelles de Paris : les graveuses et les peintresses, celles qui font la gravure sur bois et celles qui font la peinture sur porcelaine[3]. »

L'autre citation est antérieure de cinquante ans. Elle est extraite d'une lettre de Chapelain à Guez de Balzac écrite en 1639, soit quatre ans après la fondation de l'Académie française, à laquelle ces deux auteurs appartiennent :

---

1 Nicolas Andry de Boisregard, *Réflexions sur l'usage présent de la langue française, ou remarques nouvelles et critiques touchant la politesse du langage*, Paris, Laurent d'Houry, 1689, p. 228.

2 Voir la rubrique *La guerre des mots* de la SIEFAR (Société internationale pour l'étude des femmes de l'Ancien Régime), en ligne.

3 Émile Littré, *Dictionnaire de la langue française*, entrée « Peintre » ; la lettre de Rousseau est donnée comme datant du 2 oct. 1763.

> Il n'y a rien de si dégoûtant que de s'ériger en écrivaine et entretenir pour cela seulement commerce avec les beaux esprits. [...] tout ce que vous dites sur les femmes autrices est admirable[4].

On voit que la chasse aux termes féminins désignant les activités prestigieuses n'a pas encore commencé. On comprend également que si ces messieurs n'ont encore rien contre les mots, ils en veulent en revanche aux femmes qui les incarnent.

Loin d'aller de soi, même si l'on touche ici au monopole des hommes sur la parole publique et l'écrit, établi de très longue date en Occident (sans parler d'ailleurs), ces condamnations sont alors nouvelles dans le paysage intellectuel de la France, où les autrices, elles, sont déjà bien installées. L'examen – évidemment rapide – de ce paysage me permettra de montrer que l'offensive contre la prétention des femmes à créer est précisément datée. En effet, elle s'inscrit dans un contexte bien particulier qui a poussé celles qui se sentaient capables de créativité à trouver des voies détournées pour exercer leurs talents, voire à « se cacher pour le faire ».

AVANT L'OFFENSIVE

Les écrivaines du Moyen Âge aujourd'hui repérées sont rares et leurs œuvres sont minces. La première qui sort vraiment de l'ombre, Christine de Pizan (1365-1431), en émerge toutefois avec une œuvre abondante et majeure, comme Minerve toute casquée du crâne de Jupiter : sa production couvre une trentaine d'années à partir de la fin du XIVe siècle. Celle qui se dit et qu'on dit *clergesse*, parce que c'est le mot qu'offre alors la langue française pour désigner les savantes, se fait connaître par des œuvres poétiques, historiques, philosophiques, autobiographiques, didactiques, polémiques et même par des traités sur la guerre et la chasse. Elle affronte publiquement les grands intellectuels de son temps à travers la Querelle du *Roman de la Rose*, elle interpelle la

4 Jean Chapelain, *Lettres de J. Ch., de l'Académie française, publiées par Ph. Tamizey de Larroque*, tome premier, Paris, Imprimerie nationale, 1880, p. 505.

régente lors de la reprise de la guerre de Cent ans, elle se voit adresser des commandes princières, elle multiplie les manuscrits de ses œuvres, elle s'y montre les offrant à ses commanditaires... Et elle demeure connue bien après sa mort, comme historienne, comme pédagogue, et bien entendu comme féministe – même si sa *Cité des dames* allait rester en France l'objet d'une très longue censure[5].

La production littéraire des femmes demeure toutefois confidentielle jusqu'à l'invention de l'imprimerie, qui change complètement la donne. Le nouveau média repose en effet sur le profit. Les imprimeurs-libraires ont des frais, qu'ils doivent rentabiliser, le sexe des auteurs leur importe assez peu. Celui des acheteurs encore moins. Les inventaires après décès montrent que les femmes ne sont pas les dernières à posséder des livres. Des liens très étroits unissent par ailleurs certains imprimeurs aux femmes de la famille royale, qui font traduire, produire et imprimer des textes.

L'examen des œuvres d'autrices publiées témoigne de cette ouverture d'esprit générale. Jusqu'en 1530, la majorité de celles qui ont les honneurs de l'impression sont décédées depuis longtemps : une poétesse du IVe siècle, Proba Falconia, pour une déclinaison chrétienne de centons virgiliens ; quelques saintes du Moyen-Âge, pour des œuvres également uniques, tant en latin qu'en français ; Christine de Pizan enfin, qui ouvre le bal en 1488 et dont cinq œuvres donnent rapidement lieu à impression. Deux femmes vivantes sont également du lot : Marguerite d'Autriche, future gouvernante des Pays-Bas, avec une *Complainte* en vers, et Anne de France, ancienne régente du royaume, avec les *Enseignements* à sa fille.

Les années 30 et 40 voient un changement notoire s'effectuer sous l'influence de Marguerite de Navarre (1492-1549), dont le premier écrit paraît en 1531 et qui enchaine ensuite les publications. La sœur du roi de France écrit des poésies religieuses et profanes, mais aussi du théâtre et des épîtres, sans parler des contes de l'*Heptaméron*, qui ne sont pas terminés à sa mort ; ces œuvres sont fréquemment rééditées, aussi bien à l'unité qu'en recueils. Dans son sillage, comme si elle avait ouvert une porte, d'autres femmes d'extraction plus modeste, voire de parfaites inconnues parviennent à l'impression : Claudine Scève,

5 Jamais édité en France, si ce n'est en extraits par Louise de Kéralio à la fin du XVIIIe siècle (*Collection des meilleurs ouvrages français composés par des femmes*, 1786-1789) et en traduction depuis 1986 (éd. Éric Hicks et Thérèse Moreau, Paris, Stock), l'ouvrage n'est toujours pas disponible dans le texte original et l'on doit aujourd'hui le consulter dans une édition italienne. Il a été traduit en anglais et en hollandais dès le XVIe siècle.

la sœur du grand poète lyonnais ; Pernette du Guillet, la femme qu'il aimait ; Jeanne de Jussie, une abbesse de Chambéry ; Marie Dentière, une nonne défroquée devenue protestante ; Hélisenne de Crenne, dont nous ne savons presque rien mais qui fournit la liste de publications la plus longue après la reine de Navarre.

Quant à la seconde partie du siècle et aux quinze premières années du suivant, elles permettent à une cinquantaine de nouvelles venues de faire connaitre leurs écrits. Au final, toutes sortes de textes auront paru : traités de pédagogie, de théologie, de philosophie ; poésie amoureuse, religieuse, morale, encomiastique ; romans, théâtre, contes, lettres, fables, harangues, dialogues, discours, déclarations d'intention politiques, récits biographiques, lettres ouvertes, satires, traductions, préfaces… Ajoutons que cette production n'est en rien consensuelle : les grandes actrices politiques de la période publient des textes destinés à peser sur les événements, comme l'*Ample Déclaration* (1569) de Jeanne d'Albret, récit de vie justifiant son entrée dans la coalition protestante qui s'oppose alors à la Couronne, ou comme les différentes *Déplorations* et *Regrets* auxquelles se livrent durant toute l'année 1589, après l'exécution du duc et du cardinal de Guise par Henri III, leur mère Anne d'Este et la veuve du premier, Catherine de Clèves. Les écrivaines n'hésitent pas non plus à afficher leurs opinions religieuses, à l'image de la protestante Marie Dentière (ou d'Ennetières), avec son *Epistre tresutile faicte et composée par une femme chrestienne de Tornay*, ou de la catholique Didière Gillet, avec sa *Subtile et naifve recherche de l'heresie.* La Querelle des femmes est également bien représentée dans cette production, avec des titres comme les *Misères de la femme mariée* de Nicole Estienne, le *Brief Discours, que l'excellence de la femme surpasse celle de l'homme* de Marie de Romieu, le *Triomphe des dames* de « P.D.B. », l'*Apologie pour les dames* de Jacqueline de Miremont, la *Harengue […] qui s'adresse aux hommes qui veuillent deffendre la science aux femmes* de Charlotte de Brachart, le *Discours docte et subtil dicté promptement par la reine Marguerite* de Marguerite de Valois…

À côté de ces femmes qui trouvent des éditeurs pour faire connaître leurs œuvres, ou des admirateurs pour les (re)mettre en circulation, d'autres laissent leurs textes manuscrits. La variété n'est pas moins grande dans ce corpus, et les écrivaines pas moins connues de leur entourage – ce qui signifie souvent la cour. C'est le cas d'Anne de Graville, qui travaillait au service de la reine Claude, dont il nous reste deux œuvres, une réécriture de la *Belle Dame sans mercy* d'Alain Chartier et une adaptation d'un roman de Boccace ; celui de Claude de L'Aubépine, qui tenait salon dans les années 1560-1570, et qui a laissé des poésies et des discours philosophiques ; ou encore celui d'Henriette de Clèves, l'une des premières traductrices de *L'Aminta* du Tasse, qui co-animait le salon de la maréchale de Retz. Enfin, une cinquantaine de femmes ne nous sont plus aujourd'hui connues que grâce à des auteurs qui leur avaient demandé de contribuer à leurs propres recueils de lettres ou, le plus souvent, de poèmes. Sans parler de la vingtaine dont seuls les noms nous sont connus, parce qu'ils ont été cités par des contemporains qui avaient lu leurs œuvres ou en avaient entendu parler.

Aucune de ces femmes n'a été publiée sous un nom d'homme, à une exception : il s'agit de Marguerite de Valois, qui rédigea la *Déposition du roi de Navarre* en 1574, texte publié quatre ans plus tard comme l'œuvre du roi lui-même. La raison en est simple : il était impératif que ce plaidoyer, lu par lui devant la cour chargée d'entendre les conspirateurs du « complot du Mardi Gras » (1574), fût cru de lui ; mais la reine allait révéler dans ses *Mémoires* qu'elle en était l'autrice. Quelques autres femmes signent leurs œuvres avec des initiales, ou par une périphrase ; mais elles laissent comprendre qu'elles sont des femmes, soit grâce aux marques lexicales et grammaticales de leurs propos, soit en choisissant une périphrase lumineuse : « par une demoiselle françoise ». Quant à la seule qui opte pour un pseudonyme, elle le choisit clairement féminin, Hélisenne. Et loin de se cacher derrière lui, elle en fait un outil singulier de mise en valeur de son sexe comme instance auctoriale : « Madame Hélisenne » est à la fois le nom de la signataire des livres, celui de leur héroïne, et celui de la narratrice d'une partie de ses œuvres.

Ce sentiment de légitimité coexiste alors avec le sentiment de fierté qu'affichent certains lettrés face à l'apparition des autrices dans le paysage des lettres françaises. En témoignent les pièces liminaires qui accompagnent parfois leurs publications, comme le bouquet de poèmes qui suit les *Œuvres* de Labé, et dont certains reviennent aux plus grands auteurs de l'époque. En témoignent les dédicaces adressées à certaines d'entre elles, les poésies isolées qu'on trouve chez les poètes du temps, les lignes enthousiastes que leur consacre François de Billon en 1555 dans son *Fort inexpugnable de l'honneur du sexe féminin*, ou encore la liste que tient à fournir La Croix du Maine dans sa *Bibliothèque françoise* de 1584, même s'il n'a bien souvent pas grand chose à dire sur elles. Parallèlement, les adversaires des femmes, qui sont à la fois nombreux, bruyants et pugnaces, ne songent pas encore à se moquer des écrivaines[6].

CE QUI CHANGE À PARTIR DU XVIIe SIÈCLE

Qu'est-ce qui change donc si drastiquement à l'orée du XVIIe siècle, pour que se mette en place cette offensive contre celles à qui l'on ira jusqu'à refuser de les nommer proprement ? Le premier élément est sans doute leur arrivée dans la cour des grands. Jusqu'alors, en effet, les succès féminins sont des succès d'estime, au-delà des toutes premières autrices vite sorties des catalogues. La plus rééditée (avec son nom) est Marguerite de Navarre, dont les œuvres ont presque toutes cessé d'être imprimées après sa mort, hormis l'*Heptaméron*, qui connaît une vingtaine d'éditions – en l'état actuel des connaissances – entre 1558 et 1615, date où l'ouvrage sort des catalogues jusqu'en 1698.

Tout change avec Marguerite de Valois, dont les *Mémoires* paraissent en 1628 et sont réimprimés sept fois en deux ans, avant de s'installer « entre les mains de tout le monde », comme allait l'écrire un auteur cinquante ans plus tard[7], grâce à une quarantaine d'éditions répertoriées pour ce siècle, auxquelles s'ajoutent encore des traductions en anglais et en italien. La Reine Marguerite, toutefois, est exceptionnelle par son statut, et déjà dans sa tombe. Ce n'est pas à elle qu'on en veut. Les premiers académiciens l'appréciaient tout particulièrement, comme Richelieu lui-même. Ils projetaient même de l'inscrire parmi les cinquante « meilleurs auteurs » dans un catalogue qui ne vit jamais le jour. Toute autre est en revanche la sorte d'écrivaines qui émerge avec Madeleine de Scudéry, femme bien vivante et de petite noblesse qui enchaine les succès à partir des années 1640, bientôt rejointe par Henriette de La Suze, Catherine

6 On trouvera un panorama plus complet de cette production dans É. Viennot, « La fin de la Renaissance », dans *Femmes et littérature. Une histoire culturelle*, éd. par Martine Reid, Paris, Folio (à paraitre).

7 Claude Barbin, *Mademoiselle de Tournon*, Paris, 1678, avertissement. Le roman s'inspire d'un épisode des *Mémoires*, relatif à la femme portant ce titre.

Desjardins *alias* Mme de Villedieu, et « tout le reste des femelles », comme allait écrire rageusement Tallemant des Réaux[8], c'est-à-dire Lafayette, Deshoulières, Aulnoy, La Roche Guilhem, Bernard, Barbier, Dunoyer, etc. Aucun des handicaps dressés sur le chemin de ces dames ne les empêche de marcher sur les platebandes de ces messieurs.

Un autre élément décisif expliquant ce tournant pourrait avoir été l'évolution de la Querelle des femmes, longtemps centrée sur la question de la valeur globale de l'un et l'autre sexes, en même temps que dispersée sur tous les terrains de « l'excellence des femmes » depuis le *De Claris mulieribus* de Boccace. Dès la fin du XVIe siècle, sans doute parce que la bataille sur la légitimité des femmes à monter sur le trône semble perdue avec l'arrivée au pouvoir d'Henri IV, on note un recentrement de la polémique sur la question de l'accès au savoir, et plus précisément sur le sujet que résume en 1600 Artus Thomas : *Qu'il est bienséant que les filles soient savantes*. Cette inflexion se fait sentir l'année même où le roi est sacré. Dans la préface de son roman *Les Aventures de Floride*, Béroalde de Verville dénonce les principaux préjugés hostiles à l'instruction féminine :

> Il y en a qui pensent que les femmes sont obligées d'être tant ignorantes, que même la lecture leur doive être interdite ; disant ordinairement qu'en lisant, elles savent, et que, sachant, il est difficile qu'elles ne veuillent essayer plusieurs choses extraordinaires.

Quelles sont donc ces choses ? Béroalde le dit clairement : « On dit que si les femmes savaient, elles voudraient commander. » Mais qui se cache donc derrière ce « on » ? Là encore, la réponse n'est pas esquivée : ce sont les « esprits magnifiques pesant par leurs sciences et notables par leurs opinions[9] ». De la même façon, Marie Le Jars de Gournay dénonce vigoureusement les partisans de l'ignorance des femmes depuis 1595, dans une digression de la préface à sa première édition des *Essais* de Montaigne.

Or Gournay ne se contente pas de ce coup d'essai. Celle qui se dit la « fille d'alliance » du grand philosophe est la première depuis Christine

8 Gédéon Tallemant des Réaux, *Historiettes. Mémoires pour servir à l'histoire du XVIIe siècle*, Paris, Gallimard, « Bibliothèque de la Pléiade », 1961, vol. 2, p. 900.

9 François Béroalde de Verville, « À très vertueuse dame, Madame Charlotte Adam, dame de La Vallière », dans *Misère et grandeur de la femme au XVIe siècle*, éd. Ilana Zinguer, Genève/Paris, Slatkine, 1982, p. 82 et 84.

à faire véritablement carrière dans les lettres. À la fin des années 1620, elle a déjà derrière elle une longue liste d'essais, de pièces de circonstances offertes à la famille royale, de traductions, de poèmes, sans parler de l'*Égalité des hommes et des femmes*, paru en 1622. Des œuvres qu'elle réunit crânement dans un volume intitulé *L'Ombre de la damoiselle de Gournay* en 1626, et qu'elle republie augmenté en 1634 avec un titre encore plus ambitieux : *Les Advis, ou les Presens de la Demoiselle de Gournay*. C'est à propos d'elle que les premiers académiciens, qu'elle connait bien pour certains, débattent des modifications à faire subir au vocabulaire désignant cette engeance nouvelle. Il ne s'agit encore, pour l'heure, que de faire disparaître la désinence *-esse*. Ainsi Guez de Balzac écrit-il, en 1634 précisément :

> Je dirai plutôt que Mademoiselle de Gournay est poète que *poétesse*, et philosophe que *philosophesse*. Mais je ne dirai pas sitôt qu'elle est *rhétoricien* que *rhétoricienne*, ni le *traducteur* que la *traductrice* de Virgile[10].

Comme on l'a vu plus haut, cette pudeur n'est plus de mise à la fin du siècle, alors que les attaques contre les femmes savantes sont devenues courantes, que Poulain de la Barre bataille en vain contre les préjugés de son temps (*De l'égalité des deux sexes, discours physique et moral où l'on voit l'importance de se défaire des préjugés*, 1673), et que Richelet signale, dans la seconde édition de son *Dictionnaire* (1694), à propos du mot « académicienne », que l'Académie royale d'Arles a le bon goût, elle, d'en recevoir, notamment Deshoulières.

Ajoutons que, parallèlement, les militants et militantes de la Contre-Réforme mettent en place les premiers instituts destinés à l'éducation des filles dès la fin du XVIe siècle, puis de manière de plus en plus vigoureuse au cours du suivant. Certains n'hésitent même pas à chanter l'investissement des femmes dans le champ du savoir et de l'écriture, à l'image du père carme Louis Jacob, dont la *Bibliothèque des femmes illustres par leurs écrits*, demeurée manuscrite, ne nous est malheureusement pas parvenue, ou à l'image du père Hilarion de Coste, qui le cite dans ses *Eloges et vies des reynes, princesses, dames et damoiselles illustres en piété, courage et doctrine, qui ont fleury de nostre temps, et du temps de nos peres*, ouvrage paru en 1630.

---

10 Jean-Louis Guez de Balzac, Lettre à Girard du 7 mai 1634, *Les Œuvres de Monsieur de Balzac divisées en deux tomes*, Paris, T. Jolly, 1665, tome 1, p. 257.

L'ÉLARGISSEMENT DE L'OFFENSIVE (XVIIIe-XIXe S.)

Si la Querelle se concentre dès lors – et pour longtemps – sur l'accès à l'instruction, aux diplômes universitaires et aux métiers supérieurs qu'ils vérouillent, l'avancée des femmes sur le terrain de l'écrit entraine au XVIIIe siècle l'élaboration d'une nouvelle arme visant à limiter leurs marges de manœuvre dans la littérature. Je veux parler ici de l'histoire littéraire. La fierté avec laquelle La Croix du Maine signalait, non pas dans un ouvrage consacré aux femmes mais dans une *Bibliothèque* généraliste, que les lettres françaises pouvaient s'enorgueillir de plumes féminines, n'a plus court dès le milieu de ce siècle ; et même les écrivaines les plus fameuses commencent à disparaître des récits retraçant l'histoire de la littérature, ou celle du théâtre.

La première partie du XVIIIe siècle témoigne encore d'une bonne résistance à ce phénomène. Les créatrices demeurent ainsi bien représentées dans la *Description du Parnasse français* d'Evrard Titon du Tillet, publiée plusieurs fois entre 1727 et 1760[11]. L'ouvrage décrit un projet de sculpture monumentale à la gloire des meilleurs auteurs et musiciens français, prévu depuis les premières années du siècle pour prendre place dans un jardin, et qui ne fut finalement réalisé qu'en bronze, en miniature[12]. Juste en dessous de la statue de Louis XIV en Apollon tenant une lyre, qui devait trôner au sommet, un premier cercle était constitué de Deshoulières, La Suze et Scudéry figurant les trois Grâces. Un second cercle, en dessous, rassemblait Corneille, Molière, Racine, Racan, Lully, Quinault, Segrais, La Fontaine, Boileau et La Chapelle, jouant pour leur part le rôle des neuf Muses – ce qui est assez *queer*. D'autres éminents auteurs et artistes des deux sexes devaient y prendre place dans les étages inférieurs, comme le détaille une liste alphabétique de quatre-vingt-dix noms, parmi lesquels onze femmes, ce qui n'est pas si mal (12 %) et confirme l'importance du vivier de romancières, de poétesses,

11 Evrard Titon du Tillet, *Description du Parnasse français, exécuté en bronze ; suivie d'une liste alphabétique des poëtes et des musiciens rassemblés sur ce monument. Dedié au Roy...*, Paris, Coignard, 1727.

12 Bronze de 260 × 235 × 230 cm, réalisé par Louis Garnier, Simon Curé et Augustin Pajou, aujourd'hui au Musée national du château de Versailles.

de dramaturges, de savantes, de « peintresses » et de compositrices que fournit l'époque, et que veulent bien reconnaître les hommes qui ont voix au chapitre.

La machine à effacer est pourtant en route dès cette période, comme le prouve l'*Histoire de la poésie françoise* de Bernard de La Monnoye, parue en 1706. Christine de Pizan et Louise Labé n'y figurent pas. À propos de Marguerite de Navarre, on lit ceci : elle « écrivoit bien en vers ; elle fit la *Marguerite des Marguerites* ; je ne sçai si l'on doit lui attribuer quelque autre chose[13]. » Pour le XVIIe siècle, quatre vedettes seulement sont traitées ensemble, en fin de volume, en quelques pages ; on doit tourner ici autour des 3,5 %.

La progression de l'idéologie de la différence des sexes, à l'époque dite des Lumières, entraîne un autre phénomène encore : l'émission de jugements dépréciatifs. Dans les dix-huit volumes de la *Bibliotheque françoise ou Histoire de la litterature françoise* de l'abbé Goujet (1740-1756), la part des autrices est minime. Marguerite de Navarre, Marguerite de Valois, Labé, Deshoulières, Lafayette, La Suze, Villedieu, Aulnoy, Bernard, n'ont jamais existé, jamais écrit. Par ailleurs, Christine de Pizan est évoquée dans l'entrée sur « L'auteur anonyme du *Nouveau Monde*… », Gournay dans les entrées « Art poétique des Modernes » et « Recueil de poésie sur la réduction de La Rochelle », ainsi que dans la notice de Nicolas Bergier. Scudéry est mentionnée dans les notices de Bertaut, Montigny, Régnier, Pellisson. Aucune, autrement dit, n'a droit à une entrée propre. Et encore les propos hostiles gangrènent-ils ces quelques lignes. Évoquant par exemple la *Défense de la poësie et du langage des Poëtes* de Gournay, l'abbé Goujet estime que « Rien, ou presque rien, n'y dédommage de l'ennui que cause cette lecture. C'est beaucoup de verbiage, et peu de chose[14]. »

Expulsées ou dénigrées dans les rétrospectives prétendument généralistes, les écrivaines sont-elles du moins bien traitées dans les ouvrages qui leur sont spécifiquement consacrés ? Observons l'*Histoire littéraire des femmes françaises*, signée par une anonyme « Société de Gens de Lettres » en 1769, dont les cinq volumes présentent 265 femmes. De fait, c'est

13 [Bernard de La Monnoye] *Histoire de la poésie françoise*, Paris, Giffrard, 1706, p. 110 ; la *Marguerite des Marguerite*s est un recueil où la reine avait rassemblé plusieurs œuvres en 1547.

14 Claude-Pierre Goujet, *Bibliotheque françoise ou Histoire de la litterature françoise, dans laquelle on montre l'utilité que l'on peut retirer des livres publiés en françois depuis l'origine de l'imprimerie*, Paris, Mariette et Guérin, 1740-1756, vol. 3, p. 166.

bien souvent l'occasion de rappeler l'ordre du genre tel que les idéologues le rêvent, et de dénigrer celles qui ont osé sortir des territoires délimités. La grande dramaturge Marie-Anne Barbier s'attire ainsi le jugement suivant :

> Ce théâtre [...] n'a rien de remarquable, rien qui le distingue particulièrement. On sait qu'en général, l'auteur s'y proposait la gloire de son sexe, en choisissant des sujets qui en étaient comme le triomphe ; mais rien de plus commun que la manière de les traiter. Il est cependant vrai de dire que la conduite de ces tragédies est assez régulière, et l'enchaînement des scènes assez bien lié ; parce qu'il ne faut pour cela que cette espèce de bon sens, dont Mademoiselle Barbier n'était pas dépourvue. Il y règne même une sorte de sublime manqué, d'où résultent mille défauts d'exécution[15].

Non seulement la dame s'illustrait dans le grand genre qu'est la tragédie régulière, mais elle était féministe ! Peut-on concevoir crimes plus graves ?

On ne s'étonne donc pas que les seize volumes du *Lycée ou cours de littérature ancienne et moderne* que l'académicien Jean-François La Harpe publie entre 1799 et 1805 fassent une part tout à fait minimale aux femmes. Sur le fait qu'on y passe directement du « siècle d'Auguste » au « siècle de Louis XIV », l'auteur s'explique en abordant ce second massif : « Au-delà de ce point où nous nous sommes arrêtés, que trouvons-nous ? un désert et la nuit. » Quelques noms en émergent tout de même : Dante, Pétrarque, Boccace, Marot, Rabelais, Montaigne, Ronsard... Pas une femme. Mais avant, dira-t-on ? et après ? Si l'on se fie à la table des matières, aucune non plus. Si l'on cherche mieux, on trouve quatre lignes sur Sappho pour l'Antiquité. Quant aux temps modernes, ils laissent apparaître une dizaine de noms semés ici et là, à propos de quelques œuvres. Au total, l'apport des femmes à la « littérature ancienne et moderne » occidentale occupe 0,4 %.

Encore ce peu d'espace n'est-il pas réservé à la louange des meilleures d'entre les meilleures, mais bien souvent à leur condamnation. En témoigne l'évocation des œuvres majeures de Scudéry, *Clélie* et *Cyrus*, « dont Boileau s'est tant moqué et avec tant de raison[16] ». La Harpe

15 [Attribuée à Delaporte et La Croix] *Histoire littéraire des femmes françoises, ou Lettres historiques et critiques, contenant un précis de la Vie et une Analyse raisonnée des Ouvrages des Femmes qui se sont distinguées dans la Littérature Françoise. Quid femina possit.* Par une société de Gens de Lettres, Paris, Lacombe, 1769, vol. 4, p. 93.

16 Jean-François La Harpe, *Lycée ou cours de littérature ancienne et moderne*, Paris, Didier, 1834, vol. 1, p. 423 ; le décompte revient à Martine Reid, *Des femmes en littérature*, p. 30.

avoue pourtant ne les avoir pas lues en entier – le jugement du maître l'en dispensant.

La Harpe ne se prive pas non plus, en si peu de pages, d'émettre des avis sur les genres qui conviennent aux femmes (le roman et les lettres) et sur ceux qui ne leur conviennent pas (la poésie et le théâtre). Ce dernier type d'ouvrages, en effet,

> demande une force de conception réfléchie et de travail suivi, qui semble au-dessus de ce sexe, dont l'imagination n'est si vive qu'aux dépens de la réflexion. Tout est pensé dans la Nature. La grâce et la force s'excluent nécessairement l'une l'autre, et des mains faites pour arranger des fleurs ne soutiennent pas la massue d'Hercule. Dans le drame, on ne peut saisir que les grands traits. Le roman se nourrit de petits détails[17].

Ces phrases s'adressent alors, l'air de rien, à Constance Pipelet, qui vient de triompher avec une tragédie lyrique, *Sappho*, donnée à Paris en 1794 ; une écrivaine dont le mètre est si sûr et les formules si frappantes que ses contemporains l'ont surnommée « la Muse de la Raison » et « le Boileau des femmes ». Elles s'adressent aussi à Germaine de Staël, qui domine toute sa génération grâce à ses essais philosophiques et littéraires, sans parler de son premier grand roman, *Delphine* (1802). De fait, ces lignes s'adressent à toutes les femmes qui marquent alors la scène littéraire, les Beauharnais, les Dufrénoy, les Beaufort… Des femmes qu'au même moment Écouchard-Lebrun enjoint de se taire avec son *Ode aux belles qui veulent devenir poètes* (1796), qui se clôt par le fameux vers : « Inspirez, mais n'écrivez pas[18]. » Ajoutons, pour boucler la boucle, que c'est l'époque où Sylvain Maréchal profère cette grande vérité dans son *Projet d'une loi portant défense d'apprendre à lire aux femmes* (1801) : « Pas plus que la langue française, la raison ne veut qu'une femme soit *auteur*. Ce titre, sous toutes ses acceptions, est le propre de l'homme seul[19]. »

Nettoyé de ses anciennes gloires, chargé de ce qu'il faut pour repousser les nouvelles, le panthéon littéraire national dessiné par La Harpe est prêt pour la grande traversée du XIXe siècle, qu'il marquera de bout

17 *Ibid.*

18 Ponce-Denis Écouchard Le Brun, « Ode aux belles qui veulent devenir poètes », *La Décade philosophique*, 1796.

19 Sylvain Maréchal, *Projet d'une loi portant défense d'apprendre à lire aux femmes* [Paris, 1801], *suivi des réponses de Marie-Armande Gacon Dufour et Albertine Clément-Hémery. Textes présentés par Bernard Jolibert*, Paris, L'Harmattan, 2007, p. 98.

en bout grâce à la quarantaine d'éditions et la dizaine d'*Abrégés* que connaîtra son *Lycée*. Un temps marqué, comme on le sait, par une exacerbation sans précédent de la condamnation des « femmes auteurs » et autres « bas-bleus », dont la cause la plus importante pourrait bien être la législation sur les droits d'auteurs (mise en place sous la Révolution), que ses concepteurs ont oublié de fermer aux femmes. D'où le succès des Sand et compagnie, mais aussi des dizaines de femmes qui investirent les champs de l'histoire et du roman historique, sans parler des centaines qui réussirent à vivre de la littérature pédagogique, de la littérature enfantine, du journalisme, *etc.*

D'où, aussi, la poursuite des stratégies de minoration des femmes que l'on observe dans la grande entreprise éditoriale qui prend le relais de La Harpe, à savoir l'*Histoire de la littérature française* de Gustave Lanson (1892). Comment mieux faire comprendre aux femmes qu'on ne veut pas d'elles dans ce champ qu'en plaçant, à l'orée des siècles « modernes », ceux où les femmes émergent, ce jugement sur la première d'entre elles :

> Ne nous arrêtons pas à l'excellente Christine de Pisan, bonne fille, bonne épouse, bonne mère, du reste un des plus authentiques bas-bleus qu'il y ait dans notre littérature, la première de cette insupportable lignée de femmes auteurs, à qui nul ouvrage sur aucun sujet ne coûte, et qui pendant toute la vie que Dieu leur prête, n'ont affaire que de multiplier les preuves de leur infatigable facilité, égale à leur universelle médiocrité[20].

Un avis que ne reproduiront pas les fameux Lagarde et Michard, ses élèves, qui se contenteront de présenter des volumes vides de femmes jusqu'au XVIIe siècle, où deux font surface, avant que le vide regagne le siècle suivant…

Que ces temps où les femmes trouvèrent plus simple de se cacher pour écrire soient tout à fait derrière nous, rien de moins sûr si l'on en croit le nombre de rapports dormant dans les tiroirs du Ministère de l'Éducation nationale pour avoir alerté sur l'absence dans les manuels scolaires de grands noms d'écrivaines ou de créatrices, ou de grandes peintres, ou de grandes actrices de l'histoire. Si l'on en juge, aussi, par le fait que la plupart des licencié·es en lettres – et aujourd'hui des

20 Gustave Lanson, *Histoire de la littérature française*, 2e éd. revue et corrigée, Paris, Hachette, 1895, p. 162. La graphie « Pisan », plutôt que « Pizan », en usage à l'époque de Lanson, l'est moins aujourd'hui.

titulaires d'un master – n'ont jamais étudié une autrice, et qu'elles et ils continuent donc d'enseigner les « grands auteurs » et les « grands hommes », sans sourciller. Quant aux termes désignant les femmes qui ont contribué à la grandeur de la culture française, ils sont toujours, bien souvent, bannis du vocabulaire critique, sans parler du vocabulaire administratif et académique, où les titres masculins continuent d'être massivement employés.

Certes, les femmes ont vraisemblablement cessé d'écrire « dans l'ombre des grands hommes », puisqu'elles ont fini par entrer à l'université – et donc par en sortir avec des diplômes. Elles sont du reste, de nos jours, aussi nombreuses que les hommes à écrire. Je voudrais toutefois conclure en évoquant deux recherches effectuées récemment, qui montrent à quel point la discrimination continue de sévir. La première est une étude que j'ai menée sur *Le Monde des Livres* de l'année 1995. Elle faisait apparaître que les comptes rendus d'ouvrages de femmes ne représentaient cette année-là que 18 % de l'ensemble, la proportion s'élevant à 22 % dans les « brèves non signées », et s'effondrant à 7 % dans le grand article de première page[21]. L'autre travail concerne la guerre picrocholine menée par l'Académie française depuis 1984 contre le retour aux mots féminins désignant les activités des femmes[22]. Elle m'a permis de rencontrer une autrice, Monique Luton, signataire avec son mari, Alain Peyrefitte, au temps où il n'était encore que diplomate, d'un livre intitulé *Le Mythe de Pénélope* (Gallimard, 1949). Elle avait également signé plusieurs ouvrages sous le nom de Claude Orcival, dont l'un critiquait assez sensiblement les collaborateurs dudit mari : *Ton pays sera mon pays* (Gallimard, 1953). Elle devait ensuite se taire, pour ne pas lui faire de l'ombre, tandis qu'il republiait sous son seul nom *Le Mythe de Pénélope*. Nul critique, cependant, ni à cette époque-là ni depuis, pour en faire un *Penelope Gate*…

Éliane VIENNOT

21 É. Viennot, « Femmes et médias : le cas du *Monde des Livres* en 1995 », dans *L'Exclusion des femmes. Masculinité et politique dans la culture au XXe siècle*, éd. par O. Krakovitch et G. Sellier, Bruxelles, éd. Complexe, 2001, p. 191-221.

22 É. Viennot (dir.), *L'Académie contre la langue française : le dossier « féminisation »*, Donnemarie-Dontilly, Paris, Éditions IXE, 2016.

COMMENT ET POURQUOI SE CACHENT-ELLES ?

Un phénomène complexe retient ici toute notre attention : celui de la quantité impressionnante d'œuvres littéraires qui n'ont pas été signées, ou qui ont été signées d'un nom d'emprunt : anonymat et pseudonymie ne sont évidemment pas synonymes, mais les deux phénomènes peuvent interférer et présentent des ressemblances aussi bien dans leurs causes que dans leurs enjeux. La littérature écrite par des femmes n'est pas seule concernée ; les hommes aussi peuvent ne pas vouloir signer ou signer d'un pseudonyme. Cependant, le phénomène semble atteindre une plus grande ampleur chez les femmes, quoiqu'il soit absolument impossible de le quantifier au niveau de la littérature mondiale. En tous cas, les causes de l'anonymat féminin sont assez spécifiques pour mériter une étude à part. C'est donc à ce champ d'exploration que je vais me borner, tout en étant bien consciente que devant l'ampleur du sujet, je ne peux que suggérer quelques pistes.

FORMES ET CAUSES DE L'ANONYMAT ET DE LA PSEUDONYMIE

L'ANONYMAT COLLECTIF

On rappellera d'abord une évidence : l'activité de la majorité de femmes a toujours été et est encore anonyme ; la création première et fondamentale de la gestation – l'enfant prend le nom du père –, les activités domestiques, cuisine et couture entre autres, absorbent depuis des siècles les facultés créatrices de la femme, sans que cet apport indispensable à la vie de l'humanité prenne un nom. Je voudrais aussi rendre hommage aux artisanes, en général anonymes, et il ne s'agit pas seulement des ateliers de poterie ou de tissage d'Afrique, mais, en plein Paris, de l'activité des « petites mains » qui travaillent dans des ateliers de couture, ou même de haute couture, des maquilleuses et costumières, véritables créatrices anonymes, dans les coulisses d'un théâtre, de l'opéra, du cinéma.

Dans notre *Dictionnaire universel des créatrices*[1], nous avons tenu à ce que cette forme de création soit présente. Ainsi, « les femmes contrôlent presque entièrement l'artisanat textile au Tibet ». « Dans certaines parties de l'Himalaya, le tissage est assimilé à la conception d'un enfant[2]. » Anonymes aussi, ces « Rêveuses aborigènes » d'Australie qui pratiquent une sorte de psychanalyse : peintures corporelles, chants et danses leur servent à expliciter la signification des rêves. Les chamanes, si importantes au Japon, en Corée, et si créatrices, n'ont souvent pas laissé de nom.

Qu'on ne croit pas que la science moderne fasse forcément sortir la femme de l'anonymat : quand un prix Nobel est décerné à un grand physicien ou chimiste, seul figure son nom, alors que tout un laboratoire a travaillé avec lui, qui ne sera désigné que globalement ; les noms des hommes de l'équipe sont tout aussi obscurs que ceux des femmes, mais les femmes sont plus nombreuses à ne pas parvenir à franchir le plafond de verre, surtout dans les sciences. Dans les équipes qui travaillent pour la recherche mathématique et informatique, elles ne sont pas mieux mises en valeur.

Cet effacement du nom de la femme se décèle aussi dans ces équipes familiales que forment les musiciens de l'Ancien Régime en France. Jusqu'à une époque récente, on a ignoré Élisabeth Jacquet de la Guerre, cette grande musicienne de l'époque de Louis XIV : les histoires de la musique ne mentionnaient que ses frères. De même dans les ateliers de peinture. Mais on voit que, pour universel qu'il soit, cet effacement correspond à des formes sociales différentes, que le nom de la femme peut être effacé par celui du « grand homme » – le peintre célèbre, le directeur du laboratoire – ou correspondre à une conception de la

1 *Dictionnaire universel des créatrices*, sous la direction de Béatrice Didier, Antoinette Fouque et Mireille Calle-Gruber, 3 volumes, Paris, Édition des Femmes, 2014.

2 *Ibid.*, art. « Tisserandes » du Tibet de V. Ronge, in *Dictionnaire universel des créatrices*, *op. cit.*, p. 27.

création collective, à une absence de la notion d'auteur, et de « droit d'auteur ».

Certains genres littéraires se prêtent davantage à la création collective et en général le nom des femmes a, plus encore que celui des hommes, tendance à être omis. Ainsi ce que raconte George Sand des débuts dans le journalisme, sous la houlette de Delatouche : celui-ci avait acheté le *Figaro*, alors tout petit journal ; il offrait « quarante ou cinquante francs par mois » à la jeune Aurore qui ne s'appelait pas encore Sand et avait grand besoin d'argent, pour qu'elle travaillât à la « rédaction » :

> J'avais ma petite table et mon petit tapis auprès de la cheminée ; mais je n'étais pas très assidue à ce travail, auquel je n'entendais rien. Delatouche me prenait un peu au collet pour me faire asseoir ; il me jetait un sujet et me donnait un bout de papier sur lequel il fallait le faire tenir[3].

Il est le « patron », elle est l'« écolière ». Elle travaille avec Sandeau et Pyat à cette « besogne ». Il est bien délicat de déceler la part de Sand dans ces bouts d'articles[4] ; et Sand elle-même n'y attachait guère d'importance.

L'ANONYMAT DANS LE COUPLE

La difficulté à identifier l'œuvre de la femme est accrue du fait que sa création est souvent étroitement liée, surtout à ses débuts, à un homme, mari ou amant : un homme qui a un rôle parfois contradictoire, en ce sens qu'il la pousse à écrire, qu'il l'aide à percer dans les milieux littéraires ; ce fut le cas de Delatouche, qui ne fut probablement pas un amant pour Sand, et en tout cas de Sandeau, qui le fut. Puis l'homme s'attribue volontiers sa création, sans que la femme trouve tellement à redire, le plus souvent. Dans la collaboration entre Sandeau et Sand, la part de Sand fut longtemps ignorée ou négligée, et la lui restituer n'a pas été non sans difficulté pour les chercheurs ; dans les deux gros volumes des *Œuvres complètes* que nous avons intitulés *George Sand avant Indiana*, Yves Chastagnaret a dû faire preuve de beaucoup de science et de perspicacité, sans être aidé, si l'on peut dire, par Sand elle-même qui n'a guère marqué d'intérêt à préciser l'étendue de ces premières

---

3 George Sand, *Histoire de ma vie*, dans *Œuvres autobiographiques*, éd. G. Lubin, Paris, Gallimard, « Bibliothèque de la Pléiade », 1972, tome II, p. 152.

4 Voir l'ouvrage *George Sand journaliste*, sous la direction de Marie-Ève Thérenty, Presses de l'Université de Saint-Étienne, 2011.

ébauches[5]. Il a fallu qu'Aurore Dudevant rompe avec Sandeau pour qu'elle puisse enfin « signer Sand[6] ».

Colette présente un cas encore plus manifeste de l'exploitation par un homme de l'œuvre de sa compagne, avec cette grande ambiguïté lorsqu'il s'agit d'une jeune femme et d'un homme déjà bien connu dans les milieux littéraires, comme l'était Willy. Henry Gauthier-Willars est un journaliste à la mode. Il signe du nom de Willy des romans qui connaissent un grand succès et sont écrits par la jeune Sidonie-Gabrielle Colette : *Claudine à l'école, Claudine à Paris, Claudine en ménage, Claudine s'en va.* C'est lorsqu'elle est près de divorcer qu'elle signe enfin de son nom les *Dialogues de bêtes* en 1905. On peut s'indigner de cette malhonnêteté intellectuelle avec laquelle, sans scrupule, Willy a fait écrire par Colette l'œuvre qu'il signe, et pourtant, sans Willy, Colette aurait-elle si vite percé dans le monde littéraire ? Le rôle de Willy a-t-il purement consisté en cela ? Il a surveillé de près le travail de Colette et on a pu examiner les corrections qu'il suggérait sur les manuscrits ; elles sont souvent d'assez mauvais goût, visant surtout à la commercialisation de l'œuvre. Le vrai écrivain, encore voilé par l'anonymat, c'est bien déjà Colette.

ASPECTS HISTORIQUES ET SOCIOLOGIQUES DE L'ANONYMAT

Pour les œuvres anciennes, antérieures à l'imprimerie, le nom d'auteur est parfois incertain. Mais c'est alors la question de la transmission qui se pose et il est vrai que les manuscrits n'étaient pas recopiés avec autant de soin s'il s'agissait d'un texte de femme ou d'homme. Ainsi pour les poétesses de l'Antiquité : tandis que les moines du Moyen Age ont soigneusement recopié les textes des rhéteurs, des moralistes, et même des tragiques, ceux de femmes, considérés comme négligeables, ou condamnés par la morale, ont été négligés. Pour preuve, l'histoire des manuscrits de Sappho ; mais d'autres poétesses antiques ont été encore plus oubliées et on ne les découvre qu'au hasard, parce que tel parchemin a servi à envelopper une momie égyptienne, simple papier d'emballage !

---

5 George Sand, *George Sand avant Indiana, Œuvres complètes – 1829-1831*, éd. Yves Chastagneret, Paris, Champion, 2008.

6 C'est le titre du bel essai de Martine Reid (Belin, 2004) qui y étudie cette difficulté de la femme à signer son œuvre.

Il faut tenir compte, dans cet effacement du nom de la femme, des hasards de la transmission, mais aussi du statut même du nom dit « de famille » et du prénom qui n'est pas le même au Moyen Age ou de nos jours. Ainsi dans la célèbre histoire d'Abélard et d'Héloïse. Héloïse ne serait pas connue sans Abélard, à la fois parce qu'elle n'aurait peut-être pas écrit sans la passion qu'il suscita en elle, mais aussi parce que ses lettres seraient restées inconnues, si elles n'avaient été considérées comme une annexe à l'*Histoire de mes Malheurs* d'Abélard. La transformation de l'histoire en mythe a contribué à la notoriété d'Héloïse, sans que pour autant son rôle dans la rédaction des lettres qui lui sont attribuées puisse être établi, au point que, prudemment, l'édition que publie Sylvain Piron chez Gallimard en 2005 s'intitule : *Lettres des deux amants attribuées à Héloïse et Abélard.* On manque en effet de preuves historiques sur l'authenticité de ces lettres, et les sceptiques ne manquent pas de rappeler qu'il y a une grande distance temporelle entre le moment où vécurent Abélard et Héloïse, vers 1200, et la traduction de ces lettres qui les rendit célèbres, par Jean de Meung, vers 1280.

Et qu'en est-il des fameuses *Lettres d'une religieuse portugaise* ? La polémique s'en est emparée, et encore en plein XXe siècle, entre ceux qui voulaient les attribuer à une femme – Madame de Sévigné, Madame de La Fayette, ou encore une religieuse – et ceux qui les attribuaient à un homme – Racine ? –, Léo Spitzer, puis Jacques Rougeot et Frédéric Deloffre les attribuèrent à Guilleragues, avançant un certain nombre de preuves qui, tout en étant assez convaincantes, n'ont pas entraîné l'adhésion de tous, d'Yves Florenne[7] par exemple. Ce qui d'ailleurs est le signe, par delà cette question du nom, de la difficulté à discerner par des preuves internes la plume d'un homme et celle d'une femme.

ANONYMAT VOLONTAIRE

L'effacement du nom peut avoir été voulu par la femme, et le cas peut sembler plus curieux ; encore faut-il ne pas projeter sur des époques passées notre conception moderne de la création et de l'auteur. Ainsi, Madame de la Fayette n'a pas voulu signer son roman *La Princesse de Clèves.* Mais les raisons de ce refus sont diverses et la plus déterminante

7 *Lettres de la religieuse portugaise*, texte établi, présenté et commenté par Yves Florenne, Paris, Le Livre De Poche, 1979.

aura peut-être été son appartenance à la noblesse qui considère qu'écrire est une tâche bonne pour un bourgeois, ou une bourgeoise. Née dans une famille qui opéra une belle ascension sociale couronnée par son mariage aristocratique, elle a peut-être craint de déchoir en signant. Les notions d'époque, de classe sociale, doivent donc intervenir dans l'exploration de ce vaste anonymat féminin.

Peut-être aussi faudrait-il prendre en considération la notion de genre littéraire. Le roman a longtemps en France été considéré comme un genre mineur et l'on voit comment les Modernes, dans la célèbre bataille qui les oppose aux Anciens, se donnent de la peine pour justifier un genre dont ils ne connaissent pas de modèles valorisants dans l'Antiquité. Madame de La Fayette n'avait pas signé non plus *La Princesse de Montpensier* en 1662. Même anonymat que pour *La Princesse de Clèves.* Si elle s'abstint de prendre part aux querelles que suscita de son vivant même cet anonymat, il n'en contribua pas moins à exciter la curiosité et constitua paradoxalement une sorte de publicité en creux, si l'on peut dire. De nos jours, ces querelles nous apparaissent comme révélatrices de la difficulté qu'il y eut pendant longtemps à faire admettre qu'une femme puisse écrire un chef d'œuvre. S'il n'est pas exclu que des écrivains, tels La Rochefoucauld, aient donné des conseils, il est bien admis maintenant que Madame de La Fayette est l'auteur de *La Princesse de Clèves.*

PSEUDONYMIE

Avec le développement du journalisme et de ce que l'on appelle les media, l'anonymat complet est devenu plus difficile à faire respecter. La pseudonymie est alors plus fréquente que l'anonymat. Et se posent d'autres questions : où puiser ce nom d'emprunt ? Et d'abord, le sexe du nom. Plus souvent au XIXe siècle, les femmes ont pris des noms d'hommes, probablement pour se masquer davantage ou parce que l'œuvre d'un homme sera davantage prise au sérieux : « Sand » est tiré du nom de Sandeau, et « George », « homme de la terre » au sens étymologique du terme, fait référence à la campagne berrichonne à laquelle Sand est si attachée. La belle-mère de Sand croit que sa bru déshonorerait le nom pourtant bien obscur de Dudevant, en écrivant sous son nom de femme mariée – ce qu'elle n'a garde de faire !

Marie d'Agoult, son amie qui devint son ennemie, est née Flavigny ; elle est l'épouse du comte d'Agoult ; elle prend un pseudonyme, Daniel

Stern, parce que son entourage aussi serait choqué qu'elle publie en son nom. Daniel, c'est le nom de son fils, dont Liszt est probablement le père, et « Stern » signifie « étoile » en allemand, la langue de sa mère.

Delphine Gay, épouse d'Émile de Girardin propriétaire du journal *La Presse*, y tient une chronique parisienne sous le nom de « vicomte de Launay ». Snobisme de la particule ?

> À lire ces tableaux de mœurs, de mode, de spectacle et parfois de politique, l'impression vient que Delphine se plaît à réaliser un rêve secret : être un séducteur léger, blasé, un dandy profond sans y paraître... Séduire en homme, tout en restant une femme séduisante[8].

A contrario, voici ce qui advint à celle qui publia sous son vrai nom :

> Au temps de Sand et de Stern, une femme sans argent ni relations signa de son nom l'histoire de sa vie : Flora Tristan, *Pérégrinations d'une paria*, et en reçut le prix : une balle de révolver près du poumon, tirée par le mari[9].

Les raisons qui ont pu amener ces trois femmes de l'époque romantique, George Sand, Daniel Stern et le vicomte de Launay, à prendre des pseudonymes, ne sont pas exactement les mêmes, leur situation mondaine et financière étant sensiblement différente. Cependant, le poids de la société y fut déterminant. En revanche, dans les trois cas, on constate que le voile du pseudonyme fut bien transparent. Très vite l'on sut qui prétendait s'y cacher. À quoi bon alors le pseudonyme ?

Il faudrait, dans cette tentative de réflexion, ne pas se limiter à la littérature française, fût-elle riche en exemples, et s'interroger sur d'autres époques et surtout sur d'autres langues et civilisations. Dans le Japon ancien par exemple, où la répartition des genres littéraires entre hommes et femmes est bien définie, des hommes ont été amenés à prendre des pseudonymes féminins pour écrire dans des genres qui en principe leur étaient interdits. Mais j'en resterai par prudence au domaine occidental et surtout français, déjà assez riche pour permettre une réflexion qui suppose de définir ce qu'est le nom et pourquoi ce besoin de le dissimuler ou de le maquiller.

---

8 Dominique Desanti, « Masquer son nom », *Corps écrit, Le Nom*, n° 8, P.U.F., décembre 1983, p. 92-93.

9 *Ibid.*, p. 93.

CE QUE NOMMER VEUT DIRE

LA PEUR DU NOM

Le nom fait peur, mais son absence crée une angoisse encore plus grande : on le constate dans diverses traditions. Ainsi dans la Bible, l'homme donne un nom aux plantes, aux animaux, afin d'assurer sa puissance sur la création et c'est Adam, non pas Ève, qui donne le nom. Celui qui n'a pas de nom inquiète, il est l'infini, parce qu'indéfini dans le Bien ou dans le Mal : Dieu ne peut se nommer, mais le diable non plus : « Mon nom est légion, parce que nous sommes beaucoup », dit-il (Marc 5,9). Le Bien et le Mal sont innommables, l'un par son unité, l'autre par sa multiplicité.

Dans nos sociétés, dans la vie courante, le nom a aussi des valeurs ambiguës : les polices suspectent les changements de nom et les états civils troubles. Quant à la femme, sauf le jour où elle est supposée criminelle, elle végète dans cette catégorie des innommables, puisque – jusqu'à une époque récente encore – elle « perdait son nom », c'est à dire celui de son père, en se mariant, et elle prenait celui de son mari. Nom du père, nom du mari, tout puissants dans une société patriarcale. Et le nom de l'enfant ? Ce sera celui du père ; sur les documents d'état civil, le nom de la mère figure, mais dans la vie courante il disparaît. L'Espagne, sur ce point, offre une solution qui, du moins de prime abord, semble plus équitable : l'enfant a les deux noms, mais à la génération suivante, il n'est pas possible de réunir quatre noms et, en général, c'est le nom des mères qui disparaît. Une juriste, Michelle Gobert, intitule son étude : « Le nom, cet inconnu et une inconnue[10] ». Elle rappelle que dans la loi du 6 fructidor an II « toujours en vigueur », l'article 1er « interdit à tout citoyen de porter d'autre nom ou prénom que ceux qui figurent sur son acte de naissance. » Mais la coutume veut que la femme prenne le nom du mari et les institutions entérinent un usage quelquefois contraire au souhait de l'intéressée. À l'inverse, la stabilité du nom du père ne satisfait pas forcément l'homme et Michelle Gobert constate « l'augmentation du nombre des demandes de changement de

10 Michelle Gobert, « Le nom, cet inconnu et une inconnue », *Corps écrit*, *op. cit.*, p. 49 et *sq.*

nom ». Le nom est à la fois protection et prison, enfermement de l'être dans une identité. La pseudonymie est un moyen d'échapper à la loi du père et cela est bien sensible chez un Stendhal chez qui la pseudonymie a quelque chose de maladif : on a compté plus de cent pseudonymes et on sait le caractère conflictuel de ses relations avec son père. Se faire un nom, c'est échapper au nom qui vous a été attribué.

LE NOM DE LA FEMME

Le nom de la femme est un sujet particulièrement sensible, puisqu'il se trouve impliquer la filiation, l'organisation de la cellule familiale et, par conséquent, ses remises en cause, avec toutes les transformations actuelles de cette cellule. Et si l'anonymat et la pseudonymie étaient un moyen d'affirmer sa liberté ?

L'anonymat peut être un « instrument de mort[11] », une façon d'anéantir l'individu, de rendre sa voix inefficace ; il peut parallèlement renforcer la violence du groupe. Lorsque les femmes vont réclamer du pain lors des fameuses « Journées d'octobre » 1789 – peu importe d'ailleurs qu'il y ait dans leur groupe des hommes déguisés –, elles sont « les femmes », les nourricières, et elles ont ainsi une force que n'aurait par telle ou telle femme désignée par son prénom, ou par le nom du mari. Dans toutes les révolutions, s'affirme la force des « sans-noms » unifiés dans le groupe anonyme.

Échapper à la prison des noms, c'est peut-être ce que manifeste aussi dans les entreprises féminines, la prédominance du prénom. Alors que dans la vie professionnelle l'homme est souvent désigné par son seul nom, inversement, la femme est désignée par son prénom seulement : libération ? Là encore, les effets sont pervers car la différence entre nom et prénom peut correspondre à un clivage homme et femme, mais aussi à un décalage dans les responsabilités au sein de l'entreprise. Le patron est désigné par son nom, sa secrétaire par son prénom. Dans ce cas, le prénom n'est évidemment pas libérateur ; s'il affranchit du nom du mari, il enferme la personne à la fois dans son sexe et dans une situation sociale subalterne[12]. Qu'il est difficile de sortir du servage !

11 Selon le terme de Roger Dadoun dans *La Violence : essai sur l'homo violens*, Hatier, 1993.

12 Faute de pouvoir imaginer la structure sociale à laquelle appartenait la femme dont on a découvert les ossements, on lui a donné un prénom, Lucy.

UNE CONQUÊTE

Je voudrais cependant terminer ces quelques réflexions par une note plus optimiste, en montrant comment, si l'anonymat est entaché de servitude, la pseudonymie, elle, peut être libératrice et créatrice d'une identité. La femme qui a pris un pseudonyme se sent plus libre de dire tout un subconscient que des sociétés peu permissives l'empêchent d'extérioriser. Ce n'est pas seulement une question de pression sociale ; c'est aussi que le « moi » est multiple et que signer de son nom laisse courir le risque, au moment de la réception du texte, de voir assimiler le personnage de l'auteur à la créatrice. La critique littéraire a tendance à croire et à faire croire que le roman de la femme – et surtout le premier roman – est autobiographique. Signer d'un autre nom, c'est laisser la possibilité à d'autres « moi » de se manifester. L'histoire de la réception d'*Indiana* est à ce titre instructive. Le grand public, en 1832, ne sait pas encore que George Sand est une femme ; aussi les journalistes qui rendent compte du roman trouvent que le style est ferme et ils lui attribuent des qualités qui dans les clichés de l'époque, sont masculins. Quand peu après, on découvre que George Sand est une femme, les journalistes trouvent au roman une sensibilité toute féminine et pensent immédiatement que Indiana, c'est Sand, assimilation contre laquelle elle s'est toujours insurgée. Le pseudonyme, vite décodé, n'avait pas suffi à la protéger de ces interprétations, parce que le voile était levé.

Mais quand il protège vraiment, le pseudonyme est un outil de liberté ; il répond à un goût du masque, à une certaine théâtralisation du moi. Il peut aussi révéler la profonde bisexualité d'un être : la femme qui prend un pseudonyme masculin, devient homme, se crée une individualité masculine. Dominique Desanti, après avoir évoqué l'histoire très impressionnante de Romain Gary devenu Ajar, conclut par une réflexion qui me semble encore plus éclairante quand il s'agit de femmes :

> Cette histoire demeure le symbole de tout ce qu'un pseudonyme peut signifier de conquête et de refus, de distance prise envers soi-même et de revanche sociale. Il redouble jusqu'à l'heure de sa mort volontaire, le refus des frontières de l'identité. Tout pseudonyme porte en puissance cette décision de doubler sa capacité de vie[13].

13 Dominique Desanti, « Masquer son nom », art. cité, p. 58.

Parce que le poids de la société a longtemps été et est encore, dans bien des pays, plus lourd pour la femme que pour l'homme, le pseudonyme féminin, s'il peut être une conséquence de ces contraintes, est un moyen de s'en libérer. Vivre plusieurs vies grâce au pseudonyme, c'est affirmer cette puissance vitale de la femme, capable d'engendrer et de s'engendrer elle-même. Se cacher pour être pleinement, c'est un étrange paradoxe, mais qui s'explique par le caractère névralgique du nom, et par les incertitudes de l'identité.

Béatrice DIDIER

DEUXIÈME PARTIE

LES HUMILIÉES, EN MAL DE RECONNAISSANCE DU « GRAND HOMME »

LA COMTESSE DASH DANS L'ATELIER D'ALEXANDRE DUMAS

« REMUER LES CENDRES FROIDES »

La comtesse Dash – née Gabrielle Cisternes – journaliste et auteur de romans historiques sous la monarchie de Juillet et le Second Empire, est l'une des nombreuses écrivaines oubliées de la génération romantique. Accueillant amis et connaissances, au début de sa carrière, dans un bel appartement d'hôtel particulier de la rue d'Anjou à Paris, elle finit sa vie, selon le journaliste Philibert Audebrand, « assez tristement aux Batignolles, pauvre et presque isolée[1] ». Après sa mort en 1872, Le *Dictionnaire universel des contemporains* publia une notice biographique où la comtesse Dash est présentée comme un bas-bleu au « talent facile et gracieux » se spécialisant dans « les mœurs du grand monde[2] ». Son employeur au *Figaro*, Hyppolyte de Villemessant, convenait que la comtesse Dash « avait conquis sa position à la pointe de la plume[3] » mais admettait aussi le « défaut » de son œuvre, qui, disait-il, « s'adresse trop à la bonne compagnie[4] ». Les six volumes de ses Mémoires, intitulés *Mémoires des autres*, furent jugés par l'historien Jean Tulard qui les a catalogués, « d'un intérêt à peu près nul[5] ». Son œuvre consiste donc en une production d'écrits qui, malgré plus de deux cents entrées dans

1 Philibert Audrebrand, *Alexandre Dumas à la Maison d'or : souvenirs de la vie littéraire*, Paris, Calmann-Lévy, 1888, p. 314.

2 Gustave Vapereau, *Dictionnaire universel des contemporains contenant toutes les personnes notables de la France et des pays étrangers* (5e édition), Paris, Hachette, 1880, p. 513.

3 Hyppolyte de Villemessant, *Mémoires d'un journaliste*, Paris, E. Bentu Éditeur, 1884, p. 110.

4 *Ibid.*, p. 111-112.

5 Jean Tulard, *Bibliographie critique des mémoires sur l'époque napoléonienne*, Genève, Droz, 1991, p. 93.

le catalogue de la Bibliothèque Nationale, a été fortement dépréciée en son temps, et dont la légitimité littéraire ne fut jamais reconnue.

Son succès fut pourtant immédiat, dès la publication du recueil de nouvelles historiques intitulé *Le Jeu de la reine*, dont Barbey d'Aurevilly publia un compte rendu le 29 décembre 1838. Il y rend hommage au talent de l'auteur pour son ouvrage « simple et sans prétention », et il conclut en disant : « Pourquoi donc Mme Dash ne consacrerait-elle pas son talent [...] à la peinture des situations actuelles au lieu de remuer les cendres froides d'une société morte[6] ? » La comtesse Dash ne tint aucun compte de ce commentaire désobligeant, mais sa réputation était déjà faite[7].

L'opinion s'est vite répandue, parmi ses contemporains, que la comtesse Dash n'avait pu connaître la célébrité littéraire que grâce au patronage d'hommes de lettres comme Alexandre Dumas et Roger de Beauvoir. Audebrand écrivait que « grâce à leur crédit, la débutante eut accès chez les libraires » et que « on lui fit vite un nom et une clientèle[8] ». Dumas, il est vrai, apporta son soutien à celle qu'il appelait familièrement « Gabrio » en la mettant à contribution comme l'une de ses multiples « plumes de rechange ». C'est, selon l'historien Jean-Yves Mollier, une pratique à laquelle se soumettait facilement la comtesse « pour cause de notoriété insuffisante[9] ».

Pourtant, il est inexact que la comtesse Dash ne pouvait se faire publier que dans l'ombre et avec l'aide d'Alexandre Dumas. Avant le début de leur amitié, elle fut embauchée comme feuilletoniste par le directeur de presse Hippolyte de Villemessant et, à partir de 1840, elle livrait régulièrement des chroniques aux journaux *La Sylphide*, *l'Événement* et *Le Figaro*. C'est en 1853 qu'elle trouva un emploi de chroniqueuse dans le nouveau journal de Dumas, *Le Mousquetaire*.

6 Jules Barbey d'Aurevilly, *Premiers articles, 1834-1852*, Paris, Belles Lettres, 1973, p. 69.

7 Ce conseil de « passer à autre chose » est aussi celui que Balzac, à la même époque, adressa à Delphine de Girardin, autre romancière oubliée, lorsqu'elle lui envoya son roman *La Canne de M. de Balzac* : « Je vous en supplie, en voyant d'aussi riches qualités dépensées sur des mièvreries, je pleure [...]. Faites un grand beau livre. » Léon Séché, *Delphine Gay, Mme de Girardin*, Paris, Mercure de France, 1910, p. 220.

8 P. Audebrand, *Alexandre Dumas...*, *op. cit.*, p. 309.

9 Jean-Yves Mollier, *Michel et Calmann Lévy ou la naissance de l'édition moderne, 1836-1891*, Paris, Calmann-Lévy, 1984, p. 371.

« JE PARLERAI PEU DE MOI »

De la comtesse Dash, on sait peu de choses. Dans la première page de ses *Mémoires*, elle note avec la modestie qu'elle affiche à tout moment, « Je suis peu de chose par moi-même. Aussi je parlerai peu de moi ; ce sont *les autres* dont je m'occupe[10]. » Les trois premiers volumes de cet ouvrage sont, comme ses romans, une collection sans fin d'anecdotes parfois apocryphes sur les grands de ce monde. Ils nous donnent pourtant quelques repères biographiques mais toujours de façon vague et dissimulée, et c'est par recoupements que l'on peut reconstruire son parcours de vie. Le biographe de Dumas, Claude Schopp, qui a fourni un travail détaillé sur les différentes identités de la comtesse Dash, note son origine roturière[11] bien qu'elle se réclamât de la branche cadette et appauvrie des comtes de Cisternes, originaires d'Italie.

Née à Poitiers en 1804, elle fut mariée en 1822 à un capitaine de garnison, le vicomte de Saint-Mars qui, écrit-elle dans ses *Mémoires*, « n'était pas de ceux qu'on refuse[12] ». À peine épousé, le mari titré disparut complètement des pages des *Mémoires*, et l'on comprend que le couple s'est séparé, probablement au début de la monarchie de Juillet. Installée seule à Paris, elle connut, selon Villemessant, « des revers de fortune[13] » qui firent d'elle une romancière tenue, comme George Sand, à vivre de sa plume. Et comme Sand, la comtesse Dash imposa au public un pseudonyme « étanche », effaçant complètement le patronyme légal. Mais alors que Sand trouva dans son pseudonyme une plénitude identitaire telle qu'elle finit par l'inscrire dans l'état civil, la comtesse Dash fut du nombre des auteurs les plus exploités de sa génération.

Claude Schopp recense une douzaine de pseudonymes sous lesquels la comtesse Dash publia principalement des feuilletons et des chroniques de presse. Ces multiples usages du nom de plume visaient à créer le mystère sur la paternité de ses œuvres, dans le but d'augmenter les

10 Comtesse Dash, *Mémoires des autres*, vol. 1, Paris, Librairie illustrée, 1895, p. 1.

11 Claude Schopp, « Sous le manteau d'Alexandre Dumas, ou les douze noms de la comtesse Dash », dans *Les Romancières sentimentales : nouvelles approches, nouvelles perspectives*, éd. par A. Santa et M. C. Figuerola, Lérida, Publicacions de la Universitat de Lleida, 2014, p. 94.

12 Comtesse Dash, *Mémoires ...*, vol. 1, *op. cit.*, p. 240.

13 H. Villemessant, *Mémoires...*, *op. cit.*, p. 108.

ventes ; un exemple de cette stratégie commerciale est la livraison, sous le pseudonyme Jacques Reynaud, de ses *Portraits contemporains* au journal *Le Figaro*. Dans l'une des rubriques du 13 avril 1862, la comtesse Dash est identifiée par un rédacteur :

> Et voici venir une série de portraits qui obtiennent un grand succès [...] mais ne font autant de bruit que parce que la signature Jacques Reynaud cache un des 5 000 écrivains résidant à Paris. Chacun veut savoir qui c'est ; tout le monde l'ignore[14].

Lorsque l'auteur est enfin dévoilé, c'est la déconvenue, selon le rédacteur qui a identifié la comtesse Dash : « Je sais, à l'heure qu'il est, des gens furieux d'avoir applaudi à ces petites esquisses et qui préfèrent croire qu'on les trompe que de les supposer un seul instant de la main de Mme Dash[15]. »

Mieux valait donc se cacher derrière l'anonymat que procuraient à la comtesse Dash les patronymes de rechange. Il est vrai qu'elle ne circulait pas dans le même monde que George Sand et Daniel Stern, de son vrai nom Marie d'Agoult, qui revendiquaient haut et fort leur nom de plume, dont Sand disait qu'il « protège mon travail[16] ». Pour la comtesse Dash, le pseudonyme n'est pas le signe d'une émancipation et ne représente pas cette affirmation de soi dont Sand et d'Agoult ont longuement commenté l'importance dans la construction de leur identité littéraire. Le pseudonyme est un véritable effacement du moi qui a dû être vécu comme une dépossession par la comtesse Dash. Il n'est pas surprenant que l'ensemble de son immense œuvre romanesque traite si souvent de fraudes, de masques, de travestissements, de femmes voilées. Son personnel romanesque évolue dans un monde de duperies où chaque histoire est celle d'une identité perdue.

---

14 *Le Figaro*, 13 avril 1862, Gallica, p. 4.

15 *Ibid.*, p. 4.

16 George Sand, *Histoire de ma vie*, vol. 4, Paris, Calmann-Lévy, 1892, p. 109.

LA SOUS-TRAITANCE LITTÉRAIRE

On parlera plutôt, à propos du nom d'auteur, d'identité spoliée, si l'on en croit le bibliographe Joseph Quérard qui écrit dans *Les Supercheries littéraires dévoilées* que « tous les romans de Mme la comtesse Dash, sans exception [ont] été contrefaits à Bruxelles[17] ». Cette spoliation se traduit également par des contrats d'édition très désavantageux pour la comtesse, dont Jean-Yves Mollier a étudié le détail dans son livre sur les frères Michel et Calmann Lévy. De plus, ajoute l'historien : « La comtesse Dash acceptait ouvertement que ses éditeurs récrivent et modifient le contenu de ses romans, ou encore qu'ils en fassent endosser l'écriture par d'autres[18]. »

Avant de revenir sur ce labeur d'auteur à gages que Mollier appelle « la souffrance du nègre sans visage[19] », on doit comprendre le contexte personnel et professionnel qui a pu contraindre la comtesse Dash à la sous-traitance littéraire. Pour Mollier, il ne fait pas de doute qu'elle « était sans cesse à court d'argent ». L'historien cite d'ailleurs la comtesse Dash comme une « illustration de la difficile condition d'écrivain sans grand succès[20] ».

Cependant, le nombre de rééditions et de retirages avec changements de titres, le constant piratage de ses romans sembleraient indiquer que la comtesse Dash, surtout à ses débuts, était un écrivain très apprécié du public, comme l'ont confirmé bon nombre de ses contemporains. L'édition du *Jeu de la reine*, écrit Villemessant, « fut enlevée en six semaines » et « l'auteur se fit tout de suite un public qui ne l'a pas abandonnée depuis et qui est resté le sien[21] ».

Mais l'accès à un large lectorat et à des éditeurs aussi prestigieux que Michel et Calmann Lévy eurent peu d'impact sur les revenus d'auteur qui lui étaient attribués. Dans son travail sur les contrats d'édition,

---

17 J. M. Quérard, *Les Supercheries littéraires dévoilées*, Paris, G. P. Maisonneuve et Larose éditeurs, 1853, p. 353.

18 Jean-Yves Mollier, *Michel et Calmann Lévy…*, *op. cit.*, p. 371.

19 Jean-Yves Mollier, « Les femmes auteurs et leurs éditeurs au XIXe siècle : un long combat pour la reconnaissance de leurs droits d'écrivains », *Revue historique*, 2, 638, 2006, p. 328.

20 *Ibid.*, p. 370.

21 H. Villemessant, *Mémoires…*, *op. cit.*, p. 107.

Mollier insiste sur le mauvais traitement d'écrivains comme la comtesse Dash, mais il se garde bien de mettre les disparités de rémunération sur le compte d'une quelconque disqualification des auteurs féminins : « La consultation de plusieurs centaines de dossiers individuels chez Hachette, Michel Lévy Frères et Calmann-Lévy ne permet en aucun cas de justifier une approche distincte de l'écrivain et de l'écrivaine[22]. » Le profit est la loi du marché, pour les hommes comme pour les femmes, et c'est ainsi que George Sand, malgré ses récriminations et ses propos antisémites à l'égard de Michel Lévy, avait négocié avec lui des contrats bien plus avantageux pour elle qu'aucun de ses confrères n'avait pu le faire, y compris Flaubert[23].

Romancière de second ordre, méprisée par l'ensemble du panthéon littéraire pour ses productions « industrielles », formatées et faciles, la comtesse Dash dut faire nombre de concessions à ses éditeurs et se prêter à toutes sortes de stratagèmes publicitaires, en particulier les changements de titres d'ouvrages ainsi reconditionnés en vue d'un recyclage. Son roman intitulé *La Comtesse de Verrue* fut republié sous le titre *Mémoires de Mademoiselle de Luynes*, et lorsque Michel Lévy en acquit les droits, il changea à nouveau le titre pour celui, plus accrocheur, de *La Dame de volupté*[24]. Dans ces transactions, la grande perdante était bien la comtesse Dash, car *La Comtesse de Verrue* et un autre de ses ouvrages, *Les Deux Reines*, furent réédités sans qu'elle perçût le moindre droit d'auteur[25]. En effet, ces deux romans, d'abord parus sous le nom d'Alexandre Dumas dans le journal *Le Constitutionnel*, ne lui appartenaient plus. Le traité de vente précise que ces ouvrages « ne porteront pas le nom de Madame Dash mais seulement celui d'Alexandre Dumas[26] ». *La Dame de Volupté* constitue encore, dans les œuvres complètes de Dumas, le tome III de *La Maison de Savoie.*

Mais le besoin d'argent ne suffit pas à expliquer les contrats dérisoires que la comtesse Dash acceptait si imprudemment ainsi que le gommage systématique de son nom de plume. Une dynamique de dépendance s'était installée entre la comtesse Dash et Alexandre Dumas, qui dépasse la simple pratique de l'écriture en sous-main.

22 Jean-Yves Mollier, « Les femmes auteurs et leurs éditeurs… », art. cité, p. 332.
23 *Ibid.*, p. 315.
24 J.-Y. Mollier, *Michel et Calmann Lévy*, *op. cit.*, p. 371.
25 *Ibid.*, p. 371.
26 *Ibid.*, p. 371.

DANS L'OMBRE DE DUMAS

C'est en 1836 que la comtesse Dash dit avoir connu Dumas[27], et elle consacre quatre chapitres du dernier volume de ses *Mémoires des autres* à encenser le grand homme, affirmant que « peu de personnes l'ont aussi bien et aussi longtemps connu que moi[28] ». Plus révélateur de sa relation avec l'auteur des *Mousquetaires* est l'article qu'elle lui consacre dans ses *Portraits contemporains*, publiés en librairie en 1859. Elle y défend Dumas bec et ongle, et s'indigne des « attaques exécrables[29] » dont il est victime, visant sans le nommer le pamphlétaire Eugène de Mirecourt qui avait accusé Dumas, dans sa publication *Fabrique de romans : maison Alexandre Dumas et compagnie*, de plagiat et de piraterie littéraire, ce pour quoi il fut d'ailleurs condamné pour diffamation[30].

La comtesse nie formellement les affirmations de Mirecourt selon lesquelles Dumas signait des textes écrits par d'autres : « *Il fait tout lui-même* », insiste-t-elle en soulignant les mots dans son texte. Elle ajoute aussitôt cette phrase peu flatteuse pour ceux qui, comme elle, furent les « prête-plume » de Dumas : « il a, il a eu surtout, des collaborateurs, mais comme un chasseur a un chien, pour faire lever le gibier ». Quelques lignes plus loin, elle écrit, en complète contradiction avec sa déclaration initiale : « S'il a mis son nom à des œuvres qu'il n'a point remaniées, il l'a fait non pour en profiter, mais pour être utile à un malheureux[31]. » On peut lire dans ces pages un attachement affectif incontestable à l'écrivain, que la comtesse Dash considérait comme l'égal en talent de Victor Hugo, et dont elle admirait le dévouement et les largesses. Mais une lecture plus serrée révèle aussi des griefs enfouis dans ce portrait d'un homme exigeant et manipulateur :

> On arrive près de lui avec une rancune motivée, avec des dispositions hostiles. En se trouvant face à ce bon et spirituel sourire [...] on oublie ses griefs [...],

27 Comtesse Dash, *Mémoires...*, vol. 6, p. 201.

28 *Ibid.*, p. 181.

29 Jacques Reynaud, *Portraits contemporains*, Paris, Amyot, 1859, p. 26.

30 Claudine Giacchetti, « Fabrique de médisance : *Les Contemporains* d'Eugène de Mirecourt », dans *La Médisance*, éd. par Sylvie Mougin, Presses Universitaires de Reims, 2006, p. 381.

31 J. Reynaud, *Portraits...*, *op. cit.*, p. 23.

> on ne veut pas céder à cet entraînement dont on est honteux tant il ressemble à la domination. On capitule avec soi-même[32].

On a vu plus haut comment les deux romans, *La Dame de Volupté* (1852), et *Les Deux reines* (1864) furent attribués à Dumas. Il en existe deux autres qui subirent le même sort. Le premier, *Madame du Deffand*, d'abord publié en 1856 chez l'imprimeur Alexandre Cadot, fut repris en 1867 par Michel Lévy qui lui donna un nouveau titre, *Mémoires d'une aveugle*. Ce dernier imposa aussi une réduction du texte, faisant usage de ce que la comtesse de Ségur appelait le « droit de retranchement sans consentement d'auteur » dont elle s'était plainte à son éditeur chez Hachette, Émile Templier[33].

Le second roman, *Vie et aventures de la princesse de Monaco*, fut publié par Dumas dans *Le Mousquetaire* en 1854, puis en librairie en 1855. Le parcours qu'a connu ce roman jusqu'à sa publication dans les œuvres complètes d'Alexandre Dumas est repérable grâce au travail d'archive fourni par Claude Schopp et Jean-Yves Mollier, et par les lettres publiées par la comtesse Dash et par Dumas dans *Le Mousquetaire*. Il faut rendre justice au romancier qui n'accepta pas entièrement la paternité de ce roman, publié en librairie sous le titre *La Princesse de Monaco, vie et aventures* « recueillies » par Alexandre Dumas. Le roman *La Dame de Volupté, Mémoires de Mlle de Luynes* porte la mention « publiés par Alexandre Dumas ». Les deux expressions, « recueillis par » et « publiés par » sont assez ambiguës pour donner l'illusion au lecteur qu'il s'agit de textes remaniés par l'auteur des *Trois mousquetaires*.

Un bref regard sur les publications actuelles des romans de la comtesse Dash attribués à Dumas nous indique qu'elle n'est toujours pas reconnue comme auteur de ces textes par les maisons d'édition. Il est vrai que les éditeurs en ligne comme Nabu Press et Elibron, ou les plateformes de publications « à la demande » comme Hachette BNF ont mis à la disposition des lecteurs modernes les romans appartenant au domaine public signés par la comtesse Dash, ce qui contribuera peut-être à une modeste reconnaissance de son œuvre. Certains sites d'édition vont même jusqu'à inscrire son patronyme légal, Gabrielle de Saint-Mars, en première de couverture.

---

32 *Ibid.*, p. 17.

33 Comtesse de Ségur, *Œuvres*, vol. 1, Paris, Robert Laffont, 1990, p. LXVII.

En revanche, pour les quatre romans « publiés » par Dumas, la distinction entre auteur et éditeur – faite par Dumas lui-même – a entièrement disparu dans les éditions numériques. Qu'il s'agisse d'un support électronique ou papier, ces livres sont publiés exclusivement sous le nom d'Alexandre Dumas, donnant donc à croire, de façon bien plus insidieuse que de son vivant, qu'il est l'auteur de ces romans. Une exception de taille est à noter : les éditions Le Joyeux Roger à Montréal ont publié *La Princesse de Monaco* et *La Dame de Volupté* sous le nom d'auteur de la comtesse Dash, choix éditorial revendiqué par l'éditeur[34]. Mais il s'agit d'une publication numérique gratuite, au contraire des éditions payantes anglo-saxonnes comme Nabu Press et Elibron. On en conclut qu'à l'heure actuelle, les mêmes stratégies de vente qu'en 1854 semblent dicter la publication des livres : Dumas reste un nom rémunérateur.

« LA PRINCESSE DE MONACO N'EST PAS DE MOI »

La Princesse de Monaco et *La Dame de Volupté* sont rédigés sous forme de mémoires apocryphes, dans le style des *Souvenirs de la Marquise de Créquy*, qui mirent à la mode, pendant la monarchie de Juillet, ces pseudo-autobiographies, qu'un contemporain de la comtesse Dash avait appelées des « *autro-biographies* ».

Dans la préface de *La Princesse de Monaco*, texte publié sous son nom, le romancier raconte, suivant la grande tradition du « manuscrit

34 Ce dernier, Denis Beauchemain, m'a expliqué ce choix : « Quand j'ai décidé de publier *La Dame de Volupté, Les Deux reines et La Princesse de Monaco,* j'ai hésité longtemps avant de les attribuer d'autorité à la comtesse Dash. [...] il est certain que ces ouvrages ne sont pas de la main de Dumas, ce qu'il a lui-même admis ; et les spécialistes de Dumas sont à peu près tous d'accord pour les attribuer à la comtesse Dash. » (Entretien du 20 avril 2016). Voir : Comtesse Dash, *La Princesse de Monaco. Vies et aventures de Catherine-Charlotte de Gramont de Grimaldi*, recueillies par Alexandre Dumas, [1854], édition établie à partir de celle de Michel Lévy Frères (Paris, 1874), Montréal, Le Joyeux Roger, 2013. Comtesse Dash, *La Dame de volupté. Mémoires de Mademoiselle de Luynes*, publiés par Alexandre Dumas, [1863], édition établie à partir de celle de Michel Lévy Frères (Paris, 1875), Montréal, Le Joyeux Roger, 2013.

trouvé », comment les faux mémoires de cette princesse du XVIIe siècle se retrouvèrent en sa possession. C'est un *topos* romanesque qui a pris, dès le XVIIIe siècle, une connotation ironique, voire parodique[35]. Car il est bien entendu que le « manuscrit trouvé » est immédiatement perçu par le lecteur comme un signe de non-authenticité, c'est-à-dire de fiction, le détenteur des mémoires apocryphes ne pouvant être que l'auteur.

Dumas construit sa préface avec une habile maîtrise du *story telling* qui lui permet de détourner à son profit l'attention du lecteur ; il insère dans cette préface un autre texte qu'il dit avoir lui-même rédigé une vingtaine d'années plus tôt : le récit d'un voyage qu'il fit à Monaco avant l'épisode du « manuscrit trouvé ». Cet agencement du récit dans le récit est la figure en abyme du roman lui-même, un texte lui aussi contenu, le « dedans » de cette structure d'encadrement, un espace narratif dont Dumas est précisément l'architecte. Toujours dans la figure de l'emboîtement, cette fois à propos de l'attribution d'auteur, le romancier joue avec humour sur la confusion entre l'auteur fictif des soi-disant mémoires, la princesse de Monaco, et le *ghost-writer*, la comtesse Dash. Il les associe habilement et renforce ainsi l'ambiguïté à propos de l'attribution d'auteur en les emboîtant dans l'identité d'une troisième femme de lettres : « On voit, dit-il, que la femme qui a écrit ce livre qu'on va lire a écrit sur la table avec la plume de Madame de Sévigné[36]. »

Comme par un sursaut de remords, Dumas ajoute un post-scriptum à sa préface :

> Il va sans dire, je le répète assez haut pour que tout le monde l'entende, même les sourds, que je suis purement et simplement l'éditeur de l'œuvre de Catherine-Charlotte de Gramont de Grimaldi, duchesse de Valentinois, princesse de Monaco[37].

Mais cet ajout, qui « sur-identifie » l'auteur prétendu par l'accumulation de ses titres de noblesse et de ses patronymes à rallonge, noyant ainsi le nom monosyllabique – « Dash » – de l'auteur authentique, ne semble exister que pour faire rebondir le mystère de l'attribution d'auteur.

---

35 Christian Angelet, « Le topique du manuscrit trouvé », *Cahiers de l'Association internationale des études françaises*, 42, 1990, p. 169.

36 Alexandre Dumas, *La Princesse de Monaco*, Paris, Michel Lévy Frères, 1874, p. 12.

37 *Ibid.*, p. 12.

En effet, Dumas nous porte à croire – par ce procédé de l'exagération comique – le contraire de ce qu'il affirme. Or, c'est bien la seule vérité de cette préface dénégative.

Dans l'avant-propos du roman *La Dame de Volupté*, publié chez Calmann-Lévy, roman dont le personnage principal est « emprunté » aux *Mémoires* de Saint-Simon, Dumas revient sur la publication de *La Princesse de Monaco*. Il reconnaît qu'une « dame de mes amies » en a « revu » le manuscrit[38], et que cette même amie est responsable de la publication de *La Dame de Volupté* « non comme une œuvre d'elle ou de moi, mais comme celle de Madame de Verrue elle-même[39] ». Mais en se plaçant ainsi dans un rapport de substitution grammaticale, « elle *ou* moi », Dumas entretient à nouveau chez le lecteur l'idée d'une écriture partagée.

Encore plus révélateur est l'usage qu'il fait d'une longue citation de Saint-Simon qui occupe six des huit pages de sa préface, sorte de parasitage textuel où la citation arrachée à un autre texte remplace celui de Dumas. Ici, la pratique du récit dans le récit est utilisée pour suggérer l'usage qui peut être fait de l'écriture « empruntée » : « j'avais rouvert mon Saint-Simon », dit Dumas, et constatant que le texte du mémorialiste est « parfaitement en harmonie » avec le manuscrit trouvé, il écrit : « Je déchirais les pages de Saint-Simon et les envoyais pour lui servir de préface, à mon amie. » Ce n'est peut-être pas vraiment une invitation au plagiat, mais c'est du moins une façon de dépouiller la comtesse d'une écriture « propre » ou « sienne » et de faire d'elle un « *rewriter* », une « retoucheuse » de textes. Dumas semble argumenter que le fait littéraire est souvent et peut-être toujours le produit d'une hybridation d'écriture et de remaniement textuel qui dilue la notion d'auteur et brouille les frontières de la propriété littéraire.

Le jeu dumasien des attributions d'auteur s'est prolongé dans les colonnes du *Mousquetaire*. Dans la livraison du 1er septembre 1854[40], Dumas publia une lettre de la comtesse Dash qu'il avait auparavant « démasquée » comme le véritable auteur de *La Princesse de Monaco*. En reprenant exactement les mots de son illustre mentor, la comtesse désavoue cet *outing* : « *La Princesse de Monaco* n'est pas de moi », écrit-elle

38 Alexandre Dumas, *La Dame de Volupté*, Paris, Calmann-Lévy Éditeurs, 1886, p. 1.
39 *Ibid.*, p. 14.
40 http://alexandredumas.org/eJ/journal/Le_Mousquetaire/1854-09-01.

et, dans une attitude parodique, elle l'attribue elle aussi à « une amie » dont elle doit cacher l'identité, mais qui en tant que « nouveau bas-bleu » a beaucoup d'autres « manuscrits trouvés » à offrir en feuilletons au *Mousquetaire*. C'est ce qu'on appelle, en termes de publicité, un placement de produit. Dumas, dans le même registre de la plaisanterie, parvient à renverser les rôles, donnant à penser qu'il rend service à la comtesse Dash en lui ôtant l'autorité auctoriale : « Vous verrez que personne ne va plus vouloir les avoir faits et que je serai, moi, obligé de les prendre pour mon compte. »

Dumas met lui-même un terme à toutes les spéculations à propos des attributions d'auteur : l'acquisition du « manuscrit trouvé », conclut-il dans la préface de *La Princesse de Monaco*, « ne regarde que moi et n'intéresse que mon libraire[41] ».

LA PLUS-VALUE COMMERCIALE

On a dit que Dumas ne se proclama jamais l'auteur des romans de la comtesse dont il connaissait trop bien les défauts – un certain décousu, de trop nombreuses digressions anecdotiques, le manque de relief des personnages. Mais tout le paratexte, depuis les préfaces des romans non attribués jusqu'aux articles de masquage et de démasquage dans les colonnes du *Mousquetaire*, affecte sensiblement le statut de l'écrivain en le soumettant à une hiérarchie dans laquelle l'éditeur prime sur l'auteur. C'est le travail de détournement et de captation dont parle Gérard Genette à propos des préfaces allographes[42]. La comtesse est ainsi dans un rapport de subordination à celui qui est le « donateur » du texte, Dumas le préfacier. En échange de quoi le romancier lui « prête » son nom qui, selon Claude Schopp, « sécrète une plus-value commerciale dont il compte faire bénéficier sa vieille amie[43] ».

Mais sa collaboration forcée avec Dumas lui était-elle aussi favorable que le laisse entendre Claude Schopp ? On peut en douter. La comtesse

41 Alexandre Dumas, *La Princesse de Monaco*, *op. cit.*, p. 12.
42 Gérard Genette, *Seuils*, Éditions du Seuil, Paris, 1987, p. 265-278.
43 Claude Schopp, « Sous le manteau d'Alexandre Dumas… », art. cité, p. 109.

Dash – auteur mineur d'une littérature de divertissement, dévalorisée et délégitimée – était sous payée non seulement par les éditeurs de ses très nombreux romans mais aussi par les patrons de journaux pour des feuilletons qui n'enrichissaient qu'eux. Hyppolyte Villemessant qui voyait dans ce nouveau support d'édition une « affaire en or », écrivait dans ses *Mémoires* : « La ligne que je payais 25 centimes, je la revendais de 5 à 10 francs. Trouvez-moi un emprunt, fût-il mexicain, qui vaille un placement semblable[44] ! » La comtesse Dash ne profitait pas non plus des arrangements financiers avec Dumas, qui prirent rapidement fin, précise le journaliste Philibert Audebrand, lorsque la caisse du *Mousquetaire*, dont l'administration était « en désordre », se trouva vidée[45]. Face à cette violence économique, le seul recours de la comtesse Dash était d'augmenter sa productivité : le *Dictionnaire des contemporains* a donné le chiffre de cinq à six romans par an. Cela pourrait accréditer la rumeur que la comtesse Dash avait également recours à la sous-traitance, comme elle l'insinue elle-même dans les pages du *Mousquetaire*.

Il est évident que la comtesse Dash misait sur la notoriété de son protecteur, mais peut-être moins pour gonfler sa cote de popularité que pour trouver une certaine légitimité dans le monde des lettres que sa réputation d'écrivain mineur de littérature « bas-de-gamme » lui avait interdite. Dans ce rapport de vassalité, la loi du marché n'était pas la seule dynamique, et la comtesse Dash semble avoir trouvé dans sa proximité avec le romancier la satisfaction de voir retomber sur elle une parcelle de sa réputation.

Les dispositions affectives de la comtesse Dash, évoquées dans ses écrits personnels – un attachement inconditionnel et paralysant à la figure tutélaire du grand homme, sa peur d'être délaissée et sa pratique de l'effacement de soi – sont également à prendre en compte. Dans ce contexte, la phrase « Je suis peu de chose par moi-même » placée dans le prologue des *Mémoires des autres* et souvent répétée, n'est peut-être pas uniquement une banale convention de modestie de la part de la mémorialiste. On pourrait envisager qu'un sentiment de dévalorisation personnelle conduisait la comtesse Dash à accepter une fonction ancillaire de préparateur d'officine dans l'atelier littéraire de Dumas.

---

44 H. Villemessant, *Mémoires…*, *op. cit.*, p. 113.

45 P. Audebrand, *Alexandre Dumas…*, *op. cit.*, p. 312.

Dans l'ouvrage qu'il a récemment consacré au romancier, Daniel Desormeaux explique comment le talent de Dumas consiste à agréger et à remanier les contributions des autres :

> La fonction du génie dumasien réside non dans l'unicité de la mise en œuvre, mais dans la capacité de l'écrivain à combiner tous les éléments qu'il a sous la main, à mobiliser ses *nègres*, lesquels ne parviennent à rien de bon quand ils sont seuls, à produire une œuvre dont les qualités font oublier qu'elle procède de l'art du collage[46].

Pour ce qui concerne la comtesse Dash, la démarche de Dumas fut différente et peut-être plus insidieuse que cette pratique de recouvrement et d'assemblage d'écrits dont parle le critique : Dumas – sans franchir le seuil du paratexte – s'est approprié une part essentielle du capital littéraire de son amie Gabrio, non pas celle de l'ouvrier écrivain, de l'exécutant, qu'il confiait volontiers à la comtesse Dash, mais celle du maître d'œuvre. C'est là, à mon sens, une occultation du moi créateur plus dommageable, pour l'auteur des *Mémoires des autres*, que le *négriat* littéraire.

Claudine GIACCHETTI

46 Daniel Desormeaux, *Alexandre Dumas, fabrique d'immortalité*, Paris, Classiques Garnier, 2014, p. 45.

CLAIRE DE DURAS, CHATEAUBRIAND ET L'ANNÉE DES QUATRE ROMANS, 1822

Le 16 janvier 1828, Claire de Kersaint, duchesse de Duras, s'éteint à Nice. Le 28 janvier suivant, un article, non signé mais écrit par Chateaubriand, rend – assez maigrement – hommage à la disparue. Les amis de celle-ci sont ulcérés de « cette liberté d'esprit » que manifeste l'écrivain « jusque dans le saisissement d'une douleur récente ». Madame Swetchine écrit à Mme de Nesselrode : « Vous aurez vu un article sur Mme de Duras dans le *Journal des Débats*, il est de M. de Chateaubriand ; ce que j'en aime le mieux, c'est tout ce qu'il n'y a pas mis[1]. » Pour Madame de Boigne, Chateaubriand « a à peine consenti à tracer un article bien froid dans une gazette pour honorer les cendres de Madame de Duras qui, pendant douze ans, n'avait vécu que pour lui[2] ». Pendant non pas douze ans, mais durant près de vingt ans, cette personne d'une intelligence brillante, d'un esprit vif et cultivé, à l'âme très haute, n'a en effet vécu que (ou presque) pour son « cher frère », le soutenant sans faille dans toutes ses entreprises tant littéraires que politiques. Elle-même – elle l'affirme – n'a jamais « songé à écrire[3] » pour son propre compte. Madame de Duras n'en noircit pas moins plusieurs carnets d'écrits personnels, ébauche des romans, entame deux traductions, projette des articles et même des pièces de théâtre, mais sans rien mener à terme.

---

1 *Lettres de Madame Swetchine* publiées par le comte de Falloux, lettre du 15 avril 1823, Paris, Librairie académique Perrin, 1901, 3 vol., t. I, p. 404.

2 Comtesse de Boigne, *Mémoires. Récits d'une tante*, éd. Jean-Claude Berchet, Paris, Mercure de France, « Le Temps retrouvé », 1986, 2 vol., t. I, p. 202. Nous indiquerons désormais : Boigne.

3 Jean Favre, *Précis historique sur la famille de Durfort Duras, dédié à Madame la comtesse de La Rochejaquelein, née de Durfort Duras*, Marmande, Imprimerie Avit Duberort, 1858, p. 194.

Tout change vers la fin du mois de novembre 1821. De ce moment et jusqu'au mois de novembre 1822 – et au terme d'un cheminement de création que nous avons tenté de retracer dans notre article « Claire de Duras et Alexandre de Humboldt : voyage au bout de la nuit[4] », Madame de Duras écrit un roman, puis deux, puis trois, puis quatre : *Ourika*, *Édouard*, *Olivier ou le Secret* et *Le Moine*[5]. « Une fois en train, pendant un an, je n'ai fait que cela », écrira-t-elle à Rosalie de Constant[6]. Son amie, Mme Swetchine – que les lecteurs de Tocqueville connaissent bien –, écrit alors à Madame de Nesselrode :

> Vous avez toujours rendu justice à l'étendue et à la justesse d'esprit de Mme de Duras, mais vous ne lui connaissez pas un talent vraiment admirable et qui s'est développé avec une rapidité prodigieuse ; c'est celui d'écrire. Elle le portait en germe [...]. Au premier essai, l'histoire d'une jeune négresse [...] a si parfaitement réussi, lui a valu des suffrages si flatteurs, un succès si brillant, qu'il a été suivi par trois autres petits romans dont chacun suffirait à la réputation d'un auteur.

En effet, ces romans sont de petits chefs-d'œuvre :

> Force et vérité dans la peinture de la passion, sagacité dans les aperçus, originalité dans les traits des caractères, style toujours approprié, toujours élégant, plein d'énergie et de fécondité, de pensées et d'images, quelque chose de si sûr dans la touche, et ce dernier mérite, personne n'a pu en être frappé plus que moi qui ai lu ces charmants ouvrages page par page, à mesure qu'elle les écrivait, et qui ai pu m'assurer par là que tout était de premier jet. C'est une vraie ressource qu'un talent créateur [...][7].

---

4 In *De la Révolution à la Restauration : Claire de Duras (Brest 1777-Nice 1828), une femme de lettres et de pouvoir*, Actes du colloque de la Faculté des Lettres, Langues et Sciences humaines et sociales Victor-Segalen – Brest –, des 27 et 28 novembre 2014, à paraître aux Presses Universitaires de Rennes.

5 Voir *Ourika, Édouard, Olivier ou le Secret*, introduction de Marc Fumaroli, éd. M.-B. Diethelm, Paris, Gallimard, coll. « Folio classique », 2007 ; *Le Moine du Saint-Bernard* est à paraître aux éditions Manucius.

6 À Rosalie de Constant, 15 mai 1824, in Abbé Gabriel Pailhès, *La Duchesse de Duras et Chateaubriand d'après des documents inédits*, Librairie Académique Perrin, 1910, p. 462. Nous indiquerons désormais : Pailhès.

7 *Lettres de Madame Swetchine*, *op. cit.* t. I, p. 302.

LA « SŒUR » DÉVOUÉE

Pendant cette année des quatre romans, Chateaubriand est en grande partie absent, passant de Londres (où il exerce pendant près de six mois les fonctions d'ambassadeur) à Vérone où il assiste, en tant que plénipotentiaire, au congrès des puissances s'attachant à régler le sort de l'Espagne. Il va sans dire que Madame de Duras s'est dépensée sans compter pour obtenir que ces postes prestigieux lui soient offerts. Non contente de ce résultat, elle lui écrit presque tous les jours afin de le tenir au courant de tout ce qui, sur la scène française, peut contribuer à le soutenir dans sa tâche présente et son ambition future. Et quel soutien ! Les contemporains ont unanimement souligné le dévouement propre au caractère de Madame de Duras. Alexandre de Humboldt signale sans relâche la « bienveillance affectueuse[8] » de son amie de la rue de Varenne. Villemain souligne sa « chaleur de dévouement sans égale[9] ». Félicie de La Rochejaquelein dit de sa mère que « cette animation du plaisir de rendre service et d'être dévouée à ceux qu'elle aimait [...] était un des traits de son caractère[10] ». Pour Barante, « ses amis [...] seuls ont pu connaître tout ce qu'il y avait de vrai, d'actif, de dévoué, de passionné dans son généreux caractère[11] ». « Bienveillante pour tout le monde, aimant à rendre service et y mettant beaucoup de suite, elle était également constante dans ses affections[12] », écrit Madame de Maillé.

La surabondante correspondance de l'année 1822 témoigne assez de ce « généreux caractère » de Madame de Duras dont Chateaubriand, « l'objet de son culte », est le principal bénéficiaire. Puisque le « cher frère » est à Londres, Madame de Duras s'abonne à plusieurs journaux anglais : « Je me suis abonnée à *Galignani* et lis la gazette anglaise, je lis le *report on the State of the Nation* et j'ai vu hier soir l'ambassadeur

8 Alexandre de Humboldt, *Lettres à Claire de Duras, 1814-1828*, préface de Marc Fumaroli, introduction et édition Marie-Bénédicte Diethelm, Paris, Manucius, 2016, p. 234.

9 A.-F. Villemain, *Souvenirs contemporains d'histoire et de littérature*, Bruxelles, Méline, Cans et compagnie, 1854, p. 318.

10 Félicie de La Rochejaquelein à Mme de La Tour du Pin, coll. particulière.

11 Prosper de Barante, « Mme la duchesse de Duras », *Mercure du XIXe siècle*, 1828, t. XX, p. 238-241.

12 Duchesse de Maillé, *Souvenirs des deux Restaurations, Journal inédit*. Éd. de Xavier de la Fournière, Paris, Librairie académique Perrin, 1984, p. 231.

d'Angleterre, et tout cela c'est toujours vous[13] », lui écrit-elle le jour de son départ, le 4 avril 1822. Du côté français, elle lit chaque jour le *Moniteur* et les *Débats*, consulte également les brochures politiques nouvelles. Plusieurs fois par semaine, elle rédige également à l'attention de Chateaubriand de longues gazettes, enfin publiées, afin de l'informer de tout ce qui peut lui être utile. Tout cela en tenant le premier salon de Paris, entièrement dévoué aux intérêts de l'ambassadeur : « M. de Chateaubriand [est] le dieu [...] du salon de la rue de Varennes[14] » ; et elle intervient sans relâche afin d'obtenir sa désignation de plénipotentiaire à Vérone. Il lui faudra une persistante détermination, puisqu'il lui faut lutter contre l'opinion bien établie qui veut que Chateaubriand ne soit « jamais qu'ennemi redoutable et toujours ami inutile[15] ».

Pendant cette même année, et en dépit d'une santé très fragile, Madame de Duras parvient également à composer et à mener à terme quatre romans de décembre 1821 à décembre 1822. Mais Chateaubriand peine à reconnaître la fièvre créatrice qui s'est emparée de son amie. Après avoir manifesté un certain intérêt, il se montre rapidement surpris et, plus encore, irrité d'une activité autonome qui se développe – lui semble-t-il – à son détriment. Entendons au détriment de ses propres intérêts, c'est-à-dire de sa carrière diplomatique et politique. L'examen de la correspondance échangée par les deux amis laisse peu de doute à cet égard.

Le 20 novembre 1821, Madame de Duras note dans le journal qu'elle tiendra plus ou moins régulièrement jusqu'en 1827 :

> On va donner une tragédie intitulée *Le Paria* [pièce de Casimir Delavigne représentée pour la première fois le 1er décembre 1821]. Si M. Lavigne *[sic]* a senti tout le parti que le talent peut tirer du sentiment douloureux de l'isolement, il aura fait un bel ouvrage. [...] Celui que la société rejette de son sein est par cela seul le plus malheureux des êtres. Cette situation est admirablement peinte dans *Le Lépreux*, elle fait presque tout l'intérêt de *Philoctète*. Je voudrais qu'on traitât avec talent un autre sujet, c'est un événe[ment] qui s'est passé de nos jours [et dont] j'ai été témoin[16].

13 Chateaubriand, Delphine de Custine, Claire de Duras, *L'Amante et l'amie. Lettres inédites 1804-1828*, Gallimard, NRF, 2017, p. 253. Nous indiquerons désormais : *L'Amante et l'amie.*

14 A.-F. Villemain, *op. cit.*, p. 328.

15 *Lettres de Madame Swetchine*, *op. cit.*, t. I, p. 412.

16 *Ourika, Édouard, Olivier ou le Secret*, introduction par Marc Fumaroli, édition établie par M.-B. Diethelm, Paris, Gallimard, coll. « Folio classique », 2007, p. 327.

Le sujet de l'isolement, ce « véritable malheur », a donc été traité par Xavier de Maistre, dont Madame de Duras a lu avec admiration *Le Lépreux de la cité d'Aoste*, et à qui elle adressera un exemplaire d'*Ourika*. C'est le thème principal du *Philoctète* de Sophocle qui, retouché par Laharpe, est régulièrement donné sur la scène du Théâtre-français. Mais Casimir Delavigne saura-t-il tirer parti du « douloureux sujet de l'isolement » ? Claire, qui en doute (et à juste titre) songe à l'histoire, à la fois simple et tragique, de la petite Ourika, dont elle a bien connu la « bienfaitrice », Madame de Beauvau :

> Le chevalier de Boufflers avait rapporté du Sénégal à Mad[am]e la maréchale de Beauvau une petite négresse à peine âgée de deux ans, on la nomma Ourika, et elle devint dans le salon de Mme de Beauvau le jouet et l'amusement de la société [...][17].

Madame de Duras, dans un premier temps, ne conte pas elle-même ce fait qui la touche pourtant si profondément :

> Mme de Duras n'avait jamais songé à devenir auteur : ce fut par une circonstance toute fortuite qu'elle écrivit *Ourika*. Un jour elle racontait devant M. le baron de Vignet, diplomate, neveu de M. le comte de Maistre, l'histoire d'une jeune négresse, venue du Sénégal, et qui avait été confiée à Mme la princesse de Beauvau[18].

La première réaction de la duchesse est de proposer à Louis de Vignet (1789-1839), jeune diplomate assidu rue de Varenne, neveu de Xavier – et de Joseph – de Maistre, la tâche de mettre en forme cette histoire : « Mme de Duras engageait M. de Vignet à écrire une nouvelle sur un sujet si intéressant. » Or, Vignet engage Madame de Duras à tenter l'aventure : « M. de Vignet la supplia d'essayer de l'écrire elle-même. » Le résultat est instantané : « Le lendemain, ce touchant récit tombait de la plume de Mme de Duras, et devenait la première révélation d'un talent qui s'ignorait lui-même[19]. » L'auteur de cette notice exagère. Mais à peine.

---

17 *Collection d'autographes de la Maison de Chateaubriand-La Vallée-aux-loups.*

18 Jean Favre, *Précis historique sur la famille de Durfort Duras*, *op. cit.*, p. 194.

19 *Idem.*

CRÉATRICE, MALGRÉ ELLE

Car Madame de Duras écrit presque d'un trait son *Ourika*. Chateaubriand est le premier informé. Le 1er décembre, étant un peu souffrant, il écrit à sa « sœur » : « L'honneur de Laënnec est en sûreté. Sans *Ourika*, la fièvre quarte était assurée. » Autrement dit, une fièvre qui eût pu se prolonger au-delà de quatre jours a cessé grâce à la lecture du début de ce petit chef-d'œuvre. Le 6 décembre, Madame de Duras ayant donné la suite d'*Ourika* à son « frère », nouveau billet de celui-ci : « Je tâcherai [...] de vous voir demain. J'espère qu'Ourika sera morte[20]. »

Chateaubriand, on le voit, n'est que le spectateur de ce surgissement créatif. Toutefois, en dépit de ses propres préoccupations – l'ambassade d'importance qu'il souhaite puisque le ministère des Affaires étrangères qu'il convoite lui échappe –, il semble encourager sa « sœur » à écrire et il comprend l'état dans lequel elle se trouve :

> Allez donc à Saint-Cloud avec *Ourika*, et vous me direz demain matin ce que vous aurez fait. J'ai été comme cela : toutes les monarchies du monde se seraient écroulées autour de moi que je leur aurais préféré un cheveu d'Atala (9 décembre 1821).

Puis, lorsque Madame de Duras lui soumet son manuscrit, il lui écrit le 15 ou le 16 décembre : « *Ourika* n'a point perdu, et en lisant les premières pages, j'ai pleuré ». Puis à la fin du mois de décembre : « Je suis tout ému d'*Ourika*[21]. »

Le 8 janvier 1822, Madame de Duras note dans son journal : « J'ai fait *Ourika*, je ne sais si j'ai réussi[22]. » Immédiatement après, elle entreprend la rédaction de son deuxième roman. Aucune mention n'est portée dans son *Journal* mais Chateaubriand est, une fois de plus, le premier au courant : « Achevez *L'Avocat* [*Édouard*] », lui écrit-il le 7 février 1822.

---

20 Chateaubriand, *Correspondance générale*, éd. Béatrice d'Andlau, Pierre Christophorov, Pierre Riberette et Agnès Kettler en cours de publication, Paris, Gallimard, 9 vol. parus (1977-2015) couvrant les années 1789-1822 et juin 1824-1835. Cette correspondance est citée ainsi : *CG*, suivie de la tomaison et du numéro de page. Ici, *CG*, t. IV, p. 220 et 222.

21 *Ibid.*, p. 223 et 233.

22 *Journal 1821-1827*, *Collection d'autographes de la Maison de Chateaubriand-La Vallée-aux-loups.*

« Vous me le lirez demain. » Dans le même temps, Madame de Duras, sollicitée de toutes parts, entreprend de lire *Ourika* à haute voix. L'une des premières personnes à entendre cette lecture est la princesse de Poix – tante de Madame de Duras – qui a vécu au cœur du petit univers de la véritable Ourika (la maréchale de Beauvau est la deuxième femme de son propre père). La princesse d'Hénin, grande amie de Madame de Poix, annonce à sa nièce Lucy de La Tour du Pin, dont le mari est en poste à Turin, qu'elle a assisté à cette lecture. Aussitôt, celle-ci écrit à Félicie de La Rochejaquelein, la fille aînée de la duchesse, dont elle est très proche, une lettre du 11 mars 1822 :

> Parlez-moi, chère amie, toutes affaires cessantes, *du livre* de votre mère ; qu'est-ce, je vous prie ? Est-ce de la Politique, de la morale, du Roman, des Pensées ? L'avez-vous entendu lire ? [...] Écrivez-moi cela au plus vite ; ma tante [la princesse d'Hénin] nous mande qu'elle l'a lu chez Mme de Poix. Je vois d'ici la petite table, le verre d'eau et de sucre et les deux bougies[23].

Le 5 avril, Madame de Duras réfléchit aux deux ouvrages qu'elle a achevés : « Ces romans m'ont fait du mal, ils ont été remuer au fond de mon âme un vieux reste de vie qui ne servira qu'à souffrir ». La duchesse se sent d'autant plus encline à la mélancolie que Chateaubriand est parti pour Londres : « J'ai fait arrêter toutes mes pendules pour ne plus entendre sonner toutes ces heures où vous ne viendrez plus, je suis triste à mort ce matin[24]. »

Le nouvel ambassadeur est, de son côté, loin d'être aussi abattu. Il est parti de Paris avec l'intention décidée d'éblouir les Britanniques. Si l'on en croit le duc de Broglie, il n'y parvient guère : il « faisa[i]t grand état de son importance, qui n'était pas bien grande dans cet immense *emporium*[25] ». De plus, ses attachés d'ambassade ont maladroitement signalé, avant l'arrivée de leur chef, sa grande réputation de séducteur. Marcellus, selon Madame de Lieven, insiste sur le cas de trois duchesses mortes d'amour pour ce terrible homme au cœur « de glace » (« *assuring us*

23 Chateaubriand, *CG*, t. IV, p. 244. Marquise de La Tour du Pin, *Journal d'une femme de cinquante ans, suivi d'extraits inédits de sa correspondance*, éd. Christian de Liedekerke Beaufort, Paris, Mercure de France, coll. « Le Temps retrouvé », 1979, p. 384 ; vérifié sur l'autographe (coll. particulière).

24 Madame de Duras, *Journal 1821-1827*, *Collection d'autographes de la Maison de Chateaubriand-La Vallée-aux-loups* ; *L'Amante et l'amie*, p. 254-255.

25 Victor de Broglie, *Souvenirs du feu duc de Broglie. 1785-1870*, édition établie par Albert de Broglie, Paris, Calmann-Lévy, 1886, 4 vol., t. I, p. 234.

that his heart is of ice »), mais il a le malheur d'ajouter un détail comique (une cuisse cassée) qui suscite immédiatement la plaisanterie :

> *April 2. M. de Chateaubriand arrives tomorrow. The attachés have taken it into their heads to advertise him as a romantic hero ; and, yesterday, at a big diplomatic dinner, M. de Marcellus told us that one Duchess had died of love for him, that another had gone off her head, and that a third had fractured her thigh. [...] The whole table burst out laughing. The speaker was filled with righteous indignation that anyone could laugh about a thigh fractured in honour of the author of* Les Martyrs. *[...] The thought of the broken thigh will be too much for my gravity when I meet him*[26]...
>
> « 2 avril. M. de Chateaubriand arrive demain. Ses attachés se sont mis en tête de l'annoncer comme un héros romantique ; et, hier, à un grand dîner diplomatique, M. de Marcellus nous a dit qu'une duchesse était morte d'amour pour lui, qu'une autre avait perdu la tête, et qu'une troisième avait eu la cuisse cassée. [...] La table entière a éclaté de rire. Le conteur était rempli d'une vertueuse indignation à l'idée qu'on puisse rire à propos d'une cuisse cassée en l'honneur de l'auteur des *Martyrs* [...]. La pensée de la cuisse cassée sera trop forte pour je puisse garder mon sérieux la prochaine fois que je le rencontrerai... »

Lorsque le héros arrive en personne, il ne fait aucune conquête d'importance. Autant en Prusse, Chateaubriand avait été comblé d'égards par la famille royale de Prusse et, notamment, par la duchesse de Cumberland, ex-très jolie femme et sœur de la défunte reine Louise, autant les grandes dames anglaises demeurent réservées à son égard et il devra se contenter pour tout potage amoureux de la bourgeoise – et française – « Mme Lafont » : *very small fish indeed*... En dépit de ce qu'il assure à la duchesse – il lui écrit le 28 mai 1822 : « Je ne sais plus ce que j'ai à faire dans ce pays ; toutes mes *conquêtes* sont faites[27] » –, sa surprise et son mécontentement sont extrêmes si l'on en croit Madame de Lieven :

> *He is rude, disagreeable, and affects to treat the English as if they were dirt. He seizes on little things and ignores important. He displays a complete lack of taste and courtesy. His acquaintances say it is because no one has fallen in love with him. He goes about with a sentimental, dreamy air and a heart for sale but nobody wants it*[28].
>
> « Il est brusque, désagréable et affecte de traiter les Anglais comme de la poussière. Il s'occupe des petites choses et ignore celles qui sont importantes.

---

26 *The Private Letters of Princess Lieven to Prince Metternich, 1820-1826*, édition établie par Peter Quennell, Londres, John Murray, 1937, p. 166.

27 Chateaubriand, *CG*, t. V, p. 124.

28 *The Private Letters of Princess Lieven to Prince Metternich, 1820-1826*, éd. Peter Quennell, Londres, John Murray, 1937, p. 168-169.

Il manifeste un manque de goût et de courtoisie complet. Ses connaissances disent que c'est parce que personne n'est tombé amoureux de lui. Il erre avec un air sentimental, rêveur et un cœur à prendre mais personne n'en veut. »

Madame de Boigne confirme ce point :

Monsieur de Chateaubriand avait été enchanté d'être nommé ambassadeur en Angleterre où il remplaça le duc Decazes. Son imagination mobile jouissait du contraste de déployer les pompes diplomatiques là où il avait traîné l'existence de l'obscur émigré. Ce bonheur fut moins vif qu'il n'avait prévu, d'autant que sa gloire personnelle ne jette pas de grands rayons hors de France. Quelle qu'en soit la raison, monsieur de Chateaubriand n'est point apprécié hors de France, et c'est ce qui, en tout temps, lui a rendu impossible de séjourner dans d'autres pays[29].

CHATEAUBRIAND ASSOURDI DES ROMANS DE MADAME DE DURAS

Comble de contrariété, le nouvel ambassadeur arrive en Angleterre pour être accablé de Madame de Duras et de ses romans. Lui, l'auteur de *René*, d'*Atala*, du *Génie du christianisme*, des *Martyrs*, est soumis à un feu roulant de questions qui ne concernent même pas ses propres ouvrages. Les membres de la haute société anglaise connaissent tous Madame de Duras de longue date. Immédiatement informés de l'existence des romans de celle-ci, ils ont eu vent des lectures qui en ont été faites. Comme le remarque Mme Swetchine : « Les salons de toutes les capitales du monde se touchent aujourd'hui[30]. » La Prusse, le Piémont, et maintenant Londres ne bruissent que d'*Ourika*, puis d'*Édouard*, dont l'annonce produit un effet foudroyant. Aussi le cher frère écrit-il aigrement de Londres le 23 avril à sa « sœur » : « Vous dites que je ne parle de vous à personne, cela serait difficile car tout le monde me parle de vous et de vos romans[31]. » Au premier rang de ces admirateurs de la duchesse est l'illustre Wellington : « Le duc de Wellington veut savoir

29 Comtesse de Boigne, t. II, p. 61-62.
30 *Lettres de Madame Swetchine*, *op. cit.*, t. I, p. 355.
31 Chateaubriand, *CG*, t. V, p. 64.

si c'est aussi beau qu'une bataille, et pour vous amener à un traité, il va m'envoyer pour vous un grand livre sur les monuments gothiques. » Ce « grand livre », qui arrivera un peu plus tard, est en effet magnifique, il s'agit du considérable *History and Antiquities of the Metropolitical Church of Canterbery* de John Britton de 1821. Le 25 juillet 1822, Madame de Duras chargera son « frère » de transmettre au duc l'expression de sa gratitude : « Voici mes remerciements pour le duc de Wellington, ce qu'il m'a envoyé est une bibliothèque tout entière, j'ai surtout été ravie de *Brittons Gothic Views*[32]. » De même, Lord Bristol, Lady Malmesbury, Sir Charles Stuart, les Misses Berry, la duchesse de Devonshire, Lady Granville, Lady Anna-Maria, la fille de Lord Minto, Canning, Lady Canning, les Ellis et cent autres, tous habitués du salon de Madame de Duras, qui les mentionne à plusieurs reprises dans son journal, sont également avides de savoir ce qu'il en est des ouvrages de leur amie. Ceux qui, comme Lord Lansdowne, arrivent de Paris, ne tarissent pas d'éloges à ce sujet. C'est Chateaubriand lui-même qui le souligne : « Lord Lansdowne est arrivé, il me parle admirablement d'*Ourika* » (7 mai) ; la charmante Lady Glengall, dont Lawrence a laissé un beau portrait, porte « aux nues » Madame de Duras[33] ; elle désire à toute force savoir si les écrits de celle-ci seront publiés et si elle peut les lire : « Lady Glengall veut que je les fasse venir par la poste. » (23 avril). La duchesse répond à ce sujet à Chateaubriand le 21 avril : « Dites mille choses à Lady Glengall et dites-lui que je n'imprimerai rien[34]. » Lady Mansfield est tout aussi agitée : « Lady Man[s]field voulait que je les [les romans de Mme de Duras] lui raconte hier au soir[35]. » Agitation bien naturelle puisque la famille de Lord Mansfield a connu une situation analogue à celle que peint Madame de Duras dans *Ourika* : celle de la fameuse Dido Belle (1761-1804), jeune fille de couleur, élevée à Kenwood House, et dont un beau portrait porte le témoignage[36]. Lady Mansfield est donc particulièrement curieuse de l'équivalent français de la jolie Dido.

Au même moment, James de Rothschild se rend en Angleterre pour y négocier un emprunt. Le banquier (« votre protégé Rothschild », selon

32 *L'Amante et l'amie*, p. 315.
33 Chateaubriand, *CG*, V, p. 94, 64.
34 *L'Amante et l'amie*, p. 176 et 265.
35 Chateaubriand, *CG*, V, p. 94, 64.
36 Ce portrait (*Dido Elizabeth Belle avec sa cousine Elizabeth Murray*, 1778 environ) se trouve actuellement en Écosse (Scone Palace).

Chateaubriand) dîne donc à l'ambassade de France le 21 avril : « Roschild *[sic]* qui a dîné chez moi avant-hier est en adoration de vous, il tit que vous êtes une vemme de chénie[37]. » Le « chénie » que Rothschild reconnaît à Madame de Duras dans la foulée de ces personnes, est encore une allusion au talent d'écrivain de la duchesse. Chateaubriand commence à être exaspéré de cet intérêt qui n'est pas pour lui. Comme le dit Madame de Boigne : « M. de Chateaubriand [...] ne s'est jamais occupé que de lui-même et de se faire un piédestal d'où il puisse dominer sur son siècle ». Ne pas être le centre du monde lui est intolérable : « Il s'est toujours fait une petite atmosphère à part dont il a été le soleil. Dès qu'il en sort, il est saisi de l'air extérieur d'une façon si pénible qu'il devient d'une maussaderie insupportable ». Il devient alors « odieux[38] ».

Chateaubriand, ulcéré de tout ce bruit qui ne le concerne pas, se transforme donc – selon l'expression de Madame de Duras – en un véritable « fagot d'épines ». Son admiration pour le talent de son amie devient une humeur noire. Il lui fait des « tracasseries » à propos de tout et de rien. Ayant appris qu'à Paris on ne parle plus que d'*Édouard*, le deuxième roman de sa « sœur », il se plaint avec une insigne mauvaise foi qu'elle ne l'ait pas informé des lectures qu'elle en fait : « Vous ne dites pas tout », commence-t-il sombrement. En effet, son ami Frisell, venu à Londres, s'empresse d'apprendre à Chateaubriand qu'il a assisté à Paris à des lectures d'*Édouard* au sein de la meilleure compagnie. Le cher frère, offensé, écrit donc à sa sœur : « Vous lisez souvent *Édouard* que vous ne désirez montrer à personne. » Puis il spécifie son grief : « Vous l'avez lu à Mme de Dino et à Mme de Vintimille. Frisell y était. »

Ce qui irrite Chateaubriand, c'est d'une part que ces lectures aient eu lieu et d'autre part qu'il n'en ait rien su. Prompt à interpréter de la manière la plus malveillante cette omission, il estime que si sa sœur a conservé le silence, c'est par « honte » (« vous êtes un peu honteuse de votre faiblesse »). Et quelle serait la cause de cette mauvaise honte si ce n'est la « vanité d'auteur » dont la « chère sœur » serait possédée ? Et qui la prive de son discernement ordinaire. Et qui risque de la couvrir de ridicule. Quelle folie, ajoute-t-il méchamment, de lire *Édouard* à la duchesse de Dino qui n'est pas indulgente (« Prenez garde à Mme de Dino, je ne vous la voudrais

37 Lettre citée dans *La Duchesse de Duras et ses amis, Chateaubriand. Autographes & manuscrits*, jeudi 24 octobre 2013, vente Pierre Bergé, expert Thierry Bodin, n°98, 18-23 avril 1822, p. 76.

38 Boigne, t. I, p. 200.

pas pour amie. ») et à Madame de Vintimille qu'elle connaît trop peu à la différence de Chateaubriand lui-même, qui la fréquente de longue date, puisqu'elle faisait partie de la petite société de la rue Neuve-de-Luxembourg au temps de Madame de Beaumont : « Quant à Mme de Vintimille, c'est une femme d'esprit que j'ai beaucoup connue, mais vous, vous la connaissez à peine, et votre confiance me paraît extraordinaire. » Par ailleurs, quelle idée d'« envoyer [un] manuscrit à une personne aussi aigre et moqueuse que Mme de Montcalm ». Bref, la pauvre sœur ne fait que des sottises, sous l'influence du funeste « amour-propre d'auteur » qui la possède. Il lui aura même écrit, dédaigneux : « Est-ce que vous comptez imprimer ? », ravalant les ouvrages de son amie au rang d'opuscules impubliables tout juste bons à distraire quelques oisifs. Chateaubriand veut bien ensuite manifester quelque indulgence à l'égard de la coupable : « Je reconnais là toutes les faiblesses que j'ai eues moi-même. » Il achève sa mercuriale par ces mots de bénignité supérieure : « Quand vous serez comme moi un vieil auteur, vous prodiguerez moins votre talent et vos ouvrages[39]. »

Madame de Duras est naturellement fort blessée de cette lettre du 4 juin 1822. Elle répond à son « frère » : « Assurément si les lettres que vous écrivez à l'Abbaye [Mme Récamier] sont aussi sèches et aussi aigres que celles que vous m'adressez, je ne les envie guère[40]. » Elle ajoute que ce qui la peine, c'est non pas tant l'indifférence manifestée par son frère à l'égard de ce qu'elle a écrit que son peu d'amitié :

> Un autre à votre place eût joui de ce que j'avais eu un succès, mais je conclus, par votre lettre, que M. Frisell vous a dit qu'on s'était moqué de moi, eh bien, cher frère, cela me serait égal si seulement vous en étiez fâché[41].

Et elle tente de lui expliquer, le plus exactement possible, ce qu'il en est de cette nouvelle activité :

> Je voudrais que vous me connussiez assez pour savoir à quel point tout cela est hors de ma vie ! J'écris, au lieu de faire de la tapisserie. Cela fatigue moins mes yeux, et cela me fait du bien, en ce que cela occupe mon esprit d'autre chose que de moi, sans pourtant m'en trop écarter ; on joue ainsi de son âme comme d'un instrument, on voit quel son cela rend dans telle ou

39 *L'Amante et l'amie*, p. 232 ; Chateaubriand, *CG*, t. V, 4 juin 1822, p. 136-137 : toutes les précédentes citations sont dans cette même lettre.

40 *L'Amante et l'amie*, p. 296-297.

41 *Ibid.*, p. 297.

> telle position, voilà ce que je trouve d'agréable à cette occupation nouvelle, cela fait vivre sans faire souffrir, mais quant au résultat il en sera ce qu'il plaira à Dieu, et c'est de toutes les choses de ma vie, celle où j'ai mis le moins d'amour-propre, et où je me suis sentie plus indépendante des autres. Voilà qui est fini, j'ai dû vous répondre mais *ne craignez pas que je vous ennuie de mes livres* [nous soulignons], si vous étiez ici, vous subiriez mes lectures peut-être, mais de loin, vous n'en entendrez pas parler[42].

D'ailleurs, personne ne subit ces lectures qu'on lui demande instamment : « Malgré *mon amour-propre d'auteur* vous ne me verrez jamais jeter à la tête ce que je fais, je hais tant les lectures que pour en faire une il faut que je sois trois fois sûre qu'elle est désirée[43]. » Puis elle s'explique : « Je ne vous ai pas parlé d'*Édouard*, parce que (vous ne l'avez peut-être pas *remarqué*) je cherchais à ne remplir mes lettres que de ce qui pouvait vous intéresser. » Autrement dit, Madame de Duras n'a pas cru que le sort de son « Avocat » toucherait suffisamment son cher frère : « Je n'ai pas assez de confiance en vous pour vous parler ainsi de moi, de *moi-même*[44]. » D'ailleurs, l'empressement et le succès de ces lectures surprennent toujours Madame de Duras, demeurée – quoi qu'en pense Chateaubriand – d'une grande modestie. Elle écrira plus tard à sa fille cadette : « Tout le monde a pleuré ce matin en lisant *Édouard*. Est-ce que réellement j'aurais fait quelque chose de bon ? Je vois de si charmants aveuglements dans ce genre que je crois toujours le[s ?] partager[45]. »

Et voici pourquoi elle n'a cessé, dans ses lettres à Chateaubriand, de faire allusion à *Édouard* dont son frère ne lui parlait plus : « J'ai besoin pour cela d'être encouragée et qu'on me le demande *plusieurs fois*[46]. » Ce qu'a fait « *même* Mme de Vintimille », cette personne très remarquable que Chateaubriand accuse sa « sœur » de trop peu connaître. Grande joie pour Madame de Duras : « J'étais bien aise de le lui lire, parce que c'est à mon avis la femme la plus spirituelle qu'il y ait à Paris. » La duchesse a agi de même avec « Léontine » (Madame Alfred de Noailles, fille de la chère « Mouche ») : « J'ai laissé Léontine me prier longtemps, et écrire deux ou trois billets, avant que de consentir à lire[47]. » Or Léontine de

42 *Ibid.*
43 *Ibid.*
44 *L'Amante et l'amie*, p. 298, 292, 297.
45 *Lettres à la duchesse de Rauzan*, collection particulière.
46 *Ibid.*
47 *L'Amante et l'amie*, p. 297.

Noailles est fort intelligente : « *M*^me^ *Alfred is very clever and entertaining, and [...] under all her* évaporé *manner [...], she has* l'esprit le plus solide et les connaissances les plus profondes[48]. » En ce qui concerne Madame de Montcalm, voici ce qui s'est passé : « Je vous ai mandé que j'avais prêté *Édouard* à Mme de Montcalm parce qu'elle m'a persécutée de billets et de demandes[49]. »

Et puis, ajoute-t-elle non sans tristesse : « Est-ce que vous vous souvenez encore d'Édouard ? Au milieu de toutes les fumées de l'ambition et de la vanité satisfaite, est-ce que vous pensez encore à ce pauvre garçon si simple et qui savait si bien aimer[50] ? » Piqué au vif de cette comparaison qui ne lui est aucunement favorable, Chateaubriand répondra par quelques phrases sèches : « Eudore [le héros des *Martyrs*] me fait souvenir d'*Édouard*. Frisell ne m'a fait aucun commérage ; il parle admirablement d'*Édouard* et l'aime autant que moi[51]. »

Quelques semaines plus tard, Madame de Duras a repris quelque goût à la vie et entretient son « cher frère » d'un nouveau projet littéraire. Mais cette fois-ci, elle a pris toutes les précautions susceptibles de lui concilier la bienveillance de son terrible argus, lui écrivant le 15 juillet 1822 : « Savez-vous que je suis en train d'un certain sujet dont vous étiez tenté, [...] d'un certain paria, à sa manière, un abbé de Saint-Gildas. » Cet Abélard, c'est Olivier de Sancerre, le héros du roman dont elle est « en train » : « Mon roman [*Olivier ou le Secret*] ne va pas mal, cela ne vous fait rien, n'est-ce pas[52] ? » Madame de Duras a choisi un sujet lui venant de son « cher frère » (il en a été « tenté ») et elle a, de surcroît, choisi un thème, l'impuissance, qui devrait rendre impossible – du moins le croit-elle – une exposition publique : « Vous ne parlerez plus, j'espère, de mon *amour-propre d'auteur* [puisque] je fais un ouvrage que je ne pourrai jamais montrer à personne. » Ceci afin de montrer à son frère combien la vanité d'auteur n'est pas son fait. Ajoutant encore le 1er août : « Si cela ne vaut rien, je le jetterai au feu et il n'y aura pas grand mal[53]. »

48 *Letters of Harriet Countess Granville 1810-1845*, London, Longmans, Green, and Co., 1894, 2 vol., t. I, p. 341.
49 *L'Amante et l'amie*, p. 298.
50 *Ibid.*, p. 292.
51 *Ibid.*, p. 301.
52 *Ibid.*, p. 315.
53 *Ibid.*, p. 317.

Toutes ces précautions ne servent de rien. Au mois d'août, pendant que la rédaction d'*Olivier* avance, le cher frère écrit furieusement le 2 août à sa « sœur » que, puisqu'elle a « été occupée du roman », elle ne s'est pas souciée de ses affaires à lui et que, à cause de cela, sa nomination de plénipotentiaire au congrès de Vérone est compromise : « Non, Adrien n'ira pas au congrès, mais je n'irai pas non plus ; voilà le fait. J'admire votre *légèreté*[54]. » Ce reproche atteint Claire plus qu'on ne peut le dire : « ma légèreté, vous croyez donc m'affliger éternellement[55] ». Elle lui répond donc – toujours le 5 août – qu'elle n'a pas cessé un instant de tâcher d'obtenir ce qu'il souhaite si passionnément puis elle ajoute :

> Vous êtes le plus *ingrat* de tous les hommes ; je vous le dis dans la ferme conviction de mon esprit et dans la tristesse de mon cœur. Le roman n'a rien à faire avec ce qui est sérieux dans ma vie, s'il me distrait un moment et donne le change à des sentiments amers, ne m'enviez pas cette distraction, je voudrais bien qu'elle en vînt à la légèreté, je n'ai malheureusement pas besoin des affaires pour perdre mes illusions sur la race humaine, la vieillesse suffit [...]. Vous ne savez pas ce que c'est que l'amitié et puisque je ne vous l'ai pas appris vous ne le saurez jamais[56].

En effet, Madame de Duras ne ménage – Dieu sait – pas sa peine pour obtenir de Villèle que Chateaubriand soit envoyé au congrès de Vérone. Et, comme elle le rappelait plus haut à son « frère », elle ne lui parlera plus que de lui : « Je ne vous parlerai pas roman aujourd'hui, vous avez trop à faire, et puis vous savez que j'ai résolu de ne plus vous parler que de vous[57]. » (22 août). Un peu plus tard, le 6 novembre, elle lui écrira sans détour : « C'est votre incroyable légèreté et l'occupation où vous êtes de vous-même qui absorbe tout[58]. » Pourtant, une fois son frère en Italie et quelques mois s'étant écoulés, elle se risque à évoquer encore sa propre activité d'écrivain : « J'ai lu *Olivier* à Mme Swetchine, elle a été noyée dans les larmes[59]. » (21 octobre). Car *Olivier*, en dépit de son sujet difficile à énoncer, connaît une grande vogue que Madame de Duras ne cache pas : « Vous n'avez pas d'idée du succès d'*Olivier* auprès du peu

54 Chateaubriand, *CG*, t. V, p. 223.
55 *L'Amante et l'amie*, p. 321.
56 *Ibid.*
57 *Ibid.*, p. 329.
58 *Ibid.*, p. 340.
59 *Ibid.*, p. 347.

de personnes à qui je l'ai laissé lire. Mais je vais le jeter au feu[60]. » Dieu merci, il n'en est rien et, le 4 novembre 1822, Claire de Duras écrit encore : « *Olivier* a de grands succès, c'est une mode que de l'entendre et on ne s'en soucie que parce que je ne veux pas le montrer, le monde est ainsi fait[61]. » Comme à l'ordinaire, Chateaubriand est mécontent. Il se plaint. Madame de Duras, qui écrit à Rosalie de Constant le 10 septembre 1826 qu'il « faut l'aimer quand même[62] », lui répond le 2 décembre [1822] :

> Cher frère, il n'y a pas moyen de vous écrire tout bonnement ce qu'on éprouve, vous faites des commentaires sur tout. [...] Je vous parle d'*Olivier*, y a-t-il rien de plus naturel ? Je suis très vive contre la guerre, mais enfin mon cœur n'est pour rien là dedans, et je puis être *mobile*, tout à mon aise, prenez-moi donc comme je suis, et puisque vous m'avez aimée pendant quinze ans *mobile*, concluez-en qu'on peut être mobile et constante. Je crois que je vous l'ai assez prouvé, du reste je ne vous parlerai plus d'*Olivier*, je n'y pense plus moi-même j'ai un *Moine* en tête, voilà encore ma mobilité[63].

Madame de Duras a bien « un *Moine* en tête ». Autrement dit, un quatrième roman se profile. Le 18 novembre 1822, sans se décourager, elle en entretient Chateaubriand : « Savez-vous que je vous prépare un roman pour votre retour [de Vérone] ? C'est un sujet admirable, mais il faudrait plus de talent que moi, c'est le factice de la vie, guéri par la passion[64]. » En effet le héros du *Moine* est « un abbé d'autrefois, bien factice d'esprit et de cœur [...] et qui est ramené à tout cela et même à la vraie piété par l'amour[65] ». Puis, elle plaisante : « Cher frère, je ne suis qu'à vous, ou *au Moine* je ne sais lequel l'emporte dans mon cœur, il vaut bien mieux que vous [c'était déjà le cas d'Édouard] et cependant je crois que vous avez la préférence malgré ma mobilité, je ne retire pas mon amitié à mes vieux amis[66]. » (p. 354). Le 24 novembre,

60 *Ibid.*
61 *Ibid.*, p. 342-343.
62 Pailhès, p. 496. Le « quand même » est une allusion à l'expression « Vive le roi quand même », laquelle était en faveur chez les ultras, depuis un discours du 6 janvier 1816 de Charles de Béthisy qui se terminait par cette formule. Les ultras étaient, en effet, fort dépités de constater que Louis XVIII – à la différence de son frère le comte d'Artois, futur Charles X – pratiquait un royalisme moins « pur » que le leur.
63 *L'Amante et l'amie*, p. 353.
64 *Ibid.*, p. 352-353.
65 À Rosalie de Constant, Pailhès, p. 382, 15 mai 1824.
66 *L'Amante et l'amie*, p. 354 puis p. 351, 352 et 314.

la duchesse annonce que son roman s'est achevé comme sous l'effet d'un songe :

> Adieu, cher frère, j'ai fait un *Moine* qu'on dit mieux que tout ce que j'ai fait, me voilà femme auteur, vous les détestez, faites-moi grâce, en vérité ce n'est pas moi, je ne sais ce qui me possède, un souffle, un lutin, cette fois-ci j'avais cette épée dans le corps, comme pour *Ourika.* (p. 351)

Chateaubriand, de bonne foi, pouvait faire « grâce » à sa fidèle qui était bien autre chose qu'une « femme auteur », une femme qui ose publier, mais une authentique créatrice : il pouvait apprécier les héros de son dernier roman dont certains étaient bretons comme elle et comme lui. Claire lui avait écrit le 25 novembre : « Je vous attends pour vous lire *Le Moine*, je suis impatiente de savoir si vous l'aimerez, l'héroïne est bretonne. » (p. 352). Puis elle l'interroge : « Ah ! mon roman, vous n'y pensez guère, mais que dites-vous du sujet ? » (p. 314) On ne sait ce que Chateaubriand répondit, car il était alors occupé de mille autres choses que de sa « sœur » et de ses ouvrages. Grâce à elle, il avait enfin obtenu, en décembre 1822, le grand ministère – les Affaires étrangères – qu'il désirait ardemment depuis 1814. Une fois en place, il est absorbé par sa liaison avec Cordélia de Castellane et il néglige, selon Marmont, celle qui a tant fait pour lui : « Quand les mouvements continuels qu'elle se donna eurent amené au ministère l'homme de sa prédilection, l'objet de son culte, M. de Chateaubriand, elle eut la pénible mortification d'être repoussée et de devenir étrangère aux affaires[67]. » *Le Moine* attendra donc. Madame de Duras, qui espérait que son « frère » lui confie son sentiment sur ce quatrième opus, devra patienter presqu'un an ; au cours de l'été 1823, Chateaubriand lui écrira ce billet : « J'espère vous voir vers la fin de cette semaine à Andilly. Cadix sera peut-être tombé, et vous me lirez *Le Moine*[68]. » Les choses doivent durer car un billet du 9 octobre 1823 contient ces phrases : « Maintenant, vous allez me lire *Le Moine*, j'irai l'entendre à Andilly dans quelques jours, si vous y êtes encore, ou à Paris, si vous revenez. » C'était bien tard.

Pendant toute une année d'intense création, Madame de Duras n'aura jamais véritablement obtenu de son « frère » l'attention que méritait son

67 *Mémoires du maréchal Marmont, duc de Raguse, de 1792 à 1841*, Paris, Perrotin, 1857, 9 vol., t. VII, p. 207.
68 Pailhès, p. 242 puis p. 249.

œuvre, d'un ton si personnel et où elle se sentait « le plus indépendante des autres ». Chateaubriand s'égare constamment vers les à-côtés d'une œuvre dont pourtant la profondeur ne lui échappait peut-être pas. Se peut-il que ce grand et incontestable génie ait été irrité, tel le roi de l'Écriture convoitant la brebis du pauvre, par le talent d'écrivain de Claire de Duras, lequel sera ensuite consacré par un succès éditorial notable ? « Chateaubriand vieux et infatigable jaloux », s'exclamera Sainte-Beuve dans *Le Cahier vert*[69]. Cette activité paraissait surtout à ce terrible égoïste un vol fait au temps – et une dispersion de l'attention – que la duchesse lui devait exclusivement. Il lui reproche donc de consacrer son énergie à peindre des peines « imaginaires » alors qu'elle pourrait s'intéresser à ses propres « malheurs réels ». Elle répondra, dans une lettre imprégnée d'une très profonde tristesse, qu'« il n'y a rien d'imaginaire dans l'expression de la douleur[70] » et qu'il ne doit contester la vérité des chagrins qu'elle n'exprime si bien dans ses romans que parce qu'elle les connaît à fond : « Cela est la douleur, ne me contestez donc rien, et contentez-vous de la part que vous avez eue dans des peines si cruelles et si ineffaçables[71]. »

CHATEAUBRIAND EN REPENTIR

Une fois morte, le 16 janvier 1828, la « chère sœur » se métamorphose en une ombre éternellement fidèle à un frère qui l'est devenu à son tour : « qu'un de mes amis s'en aille de la terre, écrit-il, c'est comme s'il venait demeurer à mes foyers ; il ne me quitte plus[72] ». Plus de dix ans après la mort de Madame de Duras, Chateaubriand ne se contente plus des « quelques mots bien froids » que nous avons évoqués :

> Depuis que j'ai perdu cette personne si généreuse, d'une âme si noble, d'un esprit qui réunissait quelque chose de la force de la pensée de Mme de Staël à la grâce du talent de Mme de La Fayette, je n'ai cessé, en la pleurant, de me

69 Sainte-Beuve, *Cahiers, tome I (Le Cahier vert) 1834-1847*, Paris, Éd. Raphaël Molho, NRF, Gallimard, 1974, p. 87.

70 *L'Amante et l'amie*, p. 389.

71 *Ibid.*, p. 389.

72 Chateaubriand, *Mémoires d'outre-tombe*, éd. Jean-Claude Berchet, Paris, Le Livre de Poche, coll. « La Pochothèque », 2003-2004, 2 vol., t. I, p. 1148.

> reprocher les inégalités dont j'ai pu affliger quelquefois des cœurs qui m'étaient dévoués. Veillons bien sur notre caractère. Songeons que nous pouvons, avec un attachement profond, n'en pas moins empoisonner des jours que nous rachèterions au prix de tout notre sang. Quand nos amis sont descendus dans la tombe, quel moyen avons-nous de réparer nos torts ? Nos inutiles regrets, nos vains repentirs sont-ils un remède aux peines que nous leur avons faites ? Ils auraient mieux aimé de nous un sourire pendant leur vie que toutes nos larmes après leur mort[73].

Le remords l'agite et le trouble. Il écrit ces lignes en 1839 et elles ont trouvé leur place dans les *Mémoires d'outre-tombe.* Bel hommage du « cher frère » à Claire de Duras, pour l'éternité.

Marie-Bénédicte DIETHELM

73 *Ibid.*, p. 1139.

LOUISE COLET RABAISSÉE PAR FLAUBERT ET PAR LES FLAUBERTISTES

Mon Université a récemment renouvelé mon éméritat. Pour en être digne, j'aurais dû passer de longues heures studieuses à la Bibliothèque nationale de Tolbiac, pour relire les œuvres complètes –en vers et en prose – de l'infortunée Louise Colet ; mais je porte le deuil de la Bibliothèque nationale de France Richelieu, et de la salle Labrousse. Et je vais convoquer des souvenirs d'un autre siècle, de l'année universitaire 1960-1961. J'étais bien jeune alors –vingt-et-un ans –, mais j'étais vraiment un chercheur, sans doute pas un chercheur scientifique mais un chercheur d'absolu, et cet absolu je le pressentais dans Flaubert, le Flaubert de *Novembre*, de *L'Éducation sentimentale* et de la *Correspondance*, tout particulièrement des *Lettres à Louise Colet*, dont il sera question ici.

Devant choisir un sujet de mémoire, pour ce qu'on appelait D.E.S., qui devint Maîtrise et qui finit Master 1, j'allais solliciter un professeur en Sorbonne, qui avait publié un très bon livre sur Flaubert, *Flaubert et ses projets inédits*[1]. Cette femme remarquable, Marie-Jeanne Durry, redoutable par son autoritarisme, mériterait une étude quant à la condition féminine en milieu universitaire, première femme élue à la Sorbonne pour une chaire de littérature française, première titulaire à avoir été exclue de son poste en application de l'inique statut des Juifs de 1940, directrice de l'E.N.S. de Sèvres sans en avoir été élève, poétesse affamée d'une reconnaissance que l'époque n'accordait plus et brocardée comme telle par ses sévriennes. Je débarquais donc dans son bureau directorial et lui demandais, avec la mine mélancolique qui convenait, d'accepter mon sujet de mémoire sur « Le désespoir de Flaubert ». Elle m'en dissuada courtoisement et m'enjoignit d'aller à la Bibliothèque Historique de la

1 Marie-Jeanne Durry, *Flaubert et ses projets inédits*, Paris, Librairie Nizet, 1951. Elle n'a pas donné suite à son projet de publier l'ensemble des carnets.

Ville de Paris examiner le lot des *Carnets* de Flaubert, dont elle avait déjà commenté trois et dont elle envisageait la publication intégrale, sous son propre nom, bien sûr. Il était clair que je n'étais pour elle qu'un « nègre » normalien, un documentaliste, qu'elle voulait bien prendre dans son écurie. L'éclat de ses yeux bleus avait une telle emprise que je m'inclinai : lui dire non n'était pas concevable.

Les *Carnets* de Flaubert comportaient des notes de lecture, des notes de voyage, des notes d'apprentissage de grammaire grecque[2]. Évidemment, le chercheur débutant que j'étais se trouvait saisi du grand frisson des archives. Parfois il était confondu par l'érudition créative de Flaubert. C'était le cas du *Carnet 15* que je finis par commenter seul, après m'être perdu dans la lecture des livres lus par Flaubert. J'y trouvais aussi l'ivresse de la curiosité encyclopédique. Découvrir le parcours d'une simple citation d'un ouvrage technique jusqu'à une séquence d'un livre majeur de Flaubert me récompensait de longues heures arides à la Bibliothèque nationale (soyons juste : c'était aussi un lieu de rencontres, on pouvait y courtiser des jeunes filles studieuses, hélas ! bien vertueuses). Mais l'inventaire de ce fourre-tout légué par Caroline Commanville à cette bibliothèque était assez décourageant. Les notes de voyage, en particulier, inscrites au crayon et surchargées à l'encre, n'indiquaient pas un voyageur-écrivain de grand talent… du moins à mon goût d'alors.

UN LONG POÈME D'AMOUR DE LOUISE, D'ABORD MOQUÉ, PUIS INJUSTEMENT OUBLIÉ

Puis je tombe sur un carnet à l'italienne, en cuir, je crois, qui n'est pas de Flaubert mais calligraphié par Louise Colet, en novembre 1846. Que savais-je de Louise Colet ? Que des livres entiers avaient été écrits contre elle, comme les *Véhémences de Louise Colet*[3] de Gérard-Gailly, un regrettable misogyne. Que Thibaudet l'accusait d'avoir été doublement femme, au

2 C'est en 1988 que l'ensemble des *Carnets* a été édité et publié par Pierre-Marc de Biasi : *Gustave Flaubert, Carnets de travail, Édition critique et génétique*, Paris, Ed. Balland, 1998, 996 p. Le *Carnet* 15 dont nous traitons y est intitulé « Un grand carnet d'idées » et parfaitement étudié, selon les méthodes de la critique génétique dont nous n'avions aucune idée en 1961.

3 Gérard-Gailly, *Véhémences de Louise Colet*, Paris, Mercure de France, 1934.

sens le plus péjoratif du terme, comme femme et comme femme de lettres, alors que Flaubert avait voulu la traiter en homme, au sens viril et valorisé du terme. Maxime Du Camp, dans ses *Souvenirs littéraires*, avait proposé pour elle cette inscription funéraire : « Ici gît celle qui a compromis Victor Cousin, ridiculisé Alfred de Musset, vilipendé Gustave Flaubert et tenté d'assassiner Alphonse Karr : *Requiescat in pace*[4] ! » La fureur du mémorialiste en 1880 remonte loin. Il explique sans rire qu'en 1843, lui et Gustave se sont échangé des anneaux de « fiançailles intellectuelles », un camée et une chevalière, et que cette amitié sublime n'a jamais connu de divorce. Soit, mais en 1846, il y a le coup de foudre, ou le coup de sang, de Louise et de Gustave. Le grand fiancé, Maxime, a même dû jouer le rôle de médiateur et de boîte à lettres entre les amants Gustave et Louise. Il dit en avoir reçu trois cents lettres et s'est vu plus tard caricaturé dans une nouvelle de Louise, *Une histoire de soldat*, publiée en 1856 chez Alexandre Cadot. La férocité de son « Ici gît » a été reprise par la plupart des flaubertistes[5].

Grand lecteur des biographies d'André Maurois et donc de son *Lélia ou la vie de George Sand*, j'avais sans doute enregistré sa phrase très rude sur Louise Colet, tout à fait inhabituelle chez cet ami du genre humain et du féminin : « Enfin vient le coup de pied de l'ânesse : Louise Colet, femme de lettres aussi dépourvue de talent que riche de tempérament, écrivit *Lui*, pamphlet débordant de haine[6]. » Mais à vingt ans, à l'âge du D.E.S., on a toujours envie de relever une femme qui tombe sous les insultes de tous les bien-pensants réputés savants. Ayant lu la *Correspondance* de Flaubert, dans les quatre volumes de l'édition Charpentier, puis dans les neuf volumes de l'édition Conard[7], je n'avais pas trouvé ce long poème d'amour épistolaire qui, chose étrange, ne figure toujours pas dans les cinq volumes de la *Correspondance* parus à partir de 1973, dans la « Bibliothèque de la Pléiade ». J'estimais, comme tout lecteur, que les plus belles lettres de Flaubert sont celles qu'il adresse,

4 Maxime Du Camp, *Souvenirs littéraires*, tome II, Paris, Librairie Hachette, 1906, p. 266. Il rappelle la polémique entre George Sand (*Elle et lui*) et Paul de Musset, frère d'Alfred (*Lui et elle*), à propos de la liaison entre Musset et Sand. Le livre, regrettable, de Louise Colet, intitulé *Lui*, succéda à ces deux-là. Il peut être consulté sur Gallica. On y trouve une charge contre Flaubert qualifié de « petit Origène ». L'idylle de 1846 n'a laissé que des rancunes.

5 Voir la notice peu informée de Daniel Couty dans le *Dictionnaire des littératures de langue française*, Paris, Bordas, 1984.

6 André Maurois, *Lélia ou la vie de George Sand*, Paris, Hachette, 1952, p. 445.

7 S'y sont ajoutés alors quatre volumes de supplément sous la direction de Jean Pommier et de Claude Digeon.

en deux séquences, 1846-1847 et 1851-1854, à Louise Colet. Les plus personnelles, les plus véhémentes.

Je ne savais pas alors que toutes les lettres à Flaubert de Louise Colet étaient perdues, très probablement détruites par la nièce de Flaubert, Caroline Commanville, qui avait géré et rentabilisé les papiers du défunt[8]. Ce carnet intitulé bizarrement « Souvenirs » (car il retrace le rendez-vous tout récent à Mantes des deux amants) est donc la seule lettre de Louise Colet à Flaubert qui nous soit parvenue, du moins qui a été conservée, puisque personne, parmi les distinguées flaubertistes, ne l'a publiée[9]. Reste au lecteur le soin d'imaginer Louise, par défaut, d'après les lettres innombrables de Flaubert. Un grand plaisir que d'évoquer l'absente, réduite au silence épistolaire pour nous.

Maxime Du Camp avait évoqué, sarcastiquement, un « épithalame » de novembre 1846, en ironisant sur un vers cité par Flaubert lui-même, « comme un buffle indompté des déserts d'Amérique », qui rendait hommage à ses performances sexuelles et amoureuses de ce jour-là. Epithalame ? Plutôt idylle, ou oaristys, car le couple des amants était illégitime et donc clandestin. Moi-même, qui lisais ces vers comme lisait Madame Bovary, comme lit tout le monde (sauf les chercheurs assermentés), je fus ému et admiratif devant ces vers fluides, faciles, éloquents, alternant alexandrins et octosyllabes, scandés en douze épisodes. Mon cœur, mon lâche cœur, y trouvait de grandes consolations narcissiques. Doutant de moi, comme la plupart des jeunes gens de ces années de misère sentimentale, j'aurais bien aimé qu'une partenaire salue en moi, après usage, « un buffle indompté des déserts d'Amérique », qui « sans jamais s'épuiser [lui] insufflait la vie ». Beaucoup de biographes suggéraient que Gustave n'était pas brillant dans les alcôves ; Louise, elle, le disait « vigoureux et superbe en sa force athlétique ». Je m'identifiais tout bonnement à cet athlète de l'amour que je craignais de n'être pas alors tout à fait, et je rêvais de rencontrer une femme plus âgée (Louise avait onze ans de plus que Gustave) qui m'assurerait pareillement

8 Consulté, Yvan Leclerc nous dit plutôt croire que cette destruction est le fait de Flaubert lui-même. Pourtant, les Goncourt, en leur journal, raconte que Caroline projetait de publier les lettres de son oncle à Louise, en remplaçant systématiquement les « tu » par des « vous ». Elle ne badinait pas avec la décence.

9 La formule est excessive car l'édition de la « Bibliothèque de la Pléiade », outre le billet anticipant la rupture, présente une lettre, d'après le brouillon retrouvé dans le fonds Louise Colet d'Avignon : *Correspondance*, Paris, Gallimard, « Bibliothèque de la Pléiade », tome II, p. 500, datée du 6 janvier 1854.

de ma puissance exceptionnelle. Dans mon émoi, insolite dans cette bibliothèque assez sinistre, je m'avisais que personne (à part le Henry Miller des *Tropiques* ou de la *Crucifixion en rose* qu'on commençait seulement à publier) n'avait ainsi parlé de la jouissance sexuelle. Le paragraphe huit suppose que le lit des amants, devenu une « érotique lyre », va se mettre à parler, mais il fait une pause, ellipse marquée par des points de suspension, non sans signaler combien augmente l'ardeur de l'amant. Flaubert, qui ne donne pas son approbation entière à l'ensemble du poème, dira aimer à se réciter cette prosopopée du lit. Certes, sur un plan purement poétique, j'étais hésitant. Louise usait de la poésie comme on userait de la prose. Mais, aimant alors beaucoup Musset et Lamartine, je trouvais légitime cette poésie très narrative qui n'épargne ni les clichés, ni les épanchements et dont les facilités mêmes procurent au lecteur une euphorie continue[10]. Cette poésie au cours facile et naturel, en 1960, appartenait à un passé révolu, si l'on pense à Saint-John Perse, à René Char, à Pierre Reverdy, encore qu'Aragon, dans son *Roman inachevé*, n'ait pas négligé cette coulée narrative, ni Supervielle. Mais elle pouvait se concilier avec l'inspiration hyper-romantique du jeune Flaubert. S'il n'a jamais écrit de vers, il avait déjà écrit, au courant de la plume, ce magnifique *Novembre* : Marie, la prostituée prise d'amour fou pour le narrateur, y dit sa passion déchaînée et ses frustrations anciennes. Le discours que lui prête le jeune Flaubert semble consonner avec les « Souvenirs » de Mantes. Certes Flaubert a renié *Novembre* mais il en a laissé lire le manuscrit à Louise Colet et à Maxime Du Camp qui en ont été très impressionnés et admiratifs. Une nuance importe : la Lélia de George Sand et la Marie du jeune Flaubert mettent l'accent sur la frustration de la femme, son impossibilité d'accéder à l'orgasme pourtant pressenti (je ferais la même remarque sur la narratrice des romans de Simone de Beauvoir que nous lisions en 1960). Louise, elle, célèbre l'accomplissement de l'union, la jouissance, l'orgasme. À tort ou à raison, je pensais qu'aucune femme-poète (j'hésite devant poétesse) n'avait dit cela. Surtout pas Sapho, dont Marguerite Yourcenar, sa traductrice, célèbre la délicatesse. J'étais moi-même troublé par la crudité tranquille de cette jubilation charnelle : « Et ma chair bondit sous ta chair », « Alors, ardente et nue / J'oserai dans tes bras m'enivrer jusqu'au jour », « Deux langues dans la même bouche / Mêlaient

10 Dans la deuxième phase de leur liaison, Flaubert se plaît à dénoncer et à condamner Musset et Lamartine. Il y a là une pointe de sadisme envers Louise, car elle est bien de cette famille poétique-là, fort honorable au demeurant.

d'onctueux lèchements / nos corps unis broyaient la couche / Sous leurs fougueux élancements », « O spasmes, ô langueurs divines / Énervements qui font jouir ! » Le sublime étant proche du ridicule, le lecteur est tenté de crier au ridicule, parce que ces vers n'atteignent pas au sublime ; mais le sublime fait mauvais ménage avec le sexe[11].

Après cette prise de vue, Marie-Jeanne Durry me convoqua pour lui rendre compte de mon inventaire. Niaisement, je lui déclarai que la lettre-poème de Louise Colet était « impubliable ». De son bel œil bleu, elle me jeta un regard de commisération. N'empêche que cinquante-sept ans plus tard, il n'est toujours pas publié, alors que les éditeurs de la *Correspondance* de Flaubert ont reproduit les moindres *agenda*, *memoranda* et *memento* de la pauvre Louise quand ils concernent Flaubert. Sont-ils empêchés par la crainte du ridicule ? Mais ce ridicule doit être lui-même interprété. Aujourd'hui encore, au moins hier, on retire aisément à une femme le droit à l'écriture érotique ou pornographique, selon qu'on l'approuve ou qu'on la blâme. C'est Dominique Aury, sous le pseudonyme impénétrable de Pauline Réage, qui a écrit *Histoire d'O*, mais les critiques en ont attribué la paternité à Jean Paulhan, le préfacier, et il lui en a été fait grief quand il s'est présenté à l'Académie française. Une Violette Leduc n'a jamais été vraiment légitimée par le milieu littéraire, alors que Simone de Beauvoir aura été un écrivain relativement chaste. Pas de sexe, sinon sublimé, chez Marguerite Yourcenar. Seule Annie Ernaux, dans *Se perdre*, a franchi le pas, mais justement très nombreux sont les critiques qui entendent la ridiculiser, alors qu'ils célèbrent les transgressions de Jean Genet. Pour ces critiques, la pudeur reste le lot de la femme et l'impudeur, le privilège de l'homme. La pudeur n'est pas le fort de Louise Colet, et c'est pour cela que lui reste attachée la suspicion du ridicule ou de l'indécence. En un sens, c'est son honneur : pourquoi désapprouver chez elle ce qu'on apprécie dans le *Journal* de Jacques Lemarchand qui recense implacablement toutes ses victoires génitales ?...

Il faudrait replacer cette lettre dans la liaison même de Louise et de Flaubert. Malgré la quantité et la qualité des lettres prodiguées par Flaubert, cette liaison n'occupe que dix-huit mois, d'août 1846 à décembre 1847. Elle tourne assez vite à l'altercation permanente et aux

11 Fait exception Paul Claudel dans son *Ode « Les Muses »*. La muse Erato y clame sa jouissance et son désir. Il est vrai que, là aussi, le poème est essentiellement autobiographique. Le poète y atteint bien un point sexuel du sublime féminin.

récriminations clairsemées, le tutoiement laissant place au voussoiement et les déclarations d'amour aux restrictions d'une amitié à distance. La reprise de la liaison, au ton assez différent, ira de juillet 1851 à avril 1854. Bénissons-la car elle vaut comme un journal la genèse de *Madame Bovary*.

Avec qui d'autre Flaubert s'est-il ouvert ainsi des problèmes de sa création ? La journée de Mantes (y a-t-il bien eu une nuit ? ce n'est pas clair) représente le moment presque parfait de l'union des amants. Mais dès les premières lettres, on voit poindre les signes prémonitoires de la rupture. Louise a besoin de rencontrer et de retrouver son amant. Mariée, nantie d'un protecteur quasi-officiel Victor Cousin, au sortir de quelques liaisons, elle ne peut certes pas proposer la cohabitation avec Flaubert, mais elle estime que, célibataire, rentier, celui-ci pourrait facilement la retrouver à Paris, avec le sculpteur Pradier pour intermédiaire. Flaubert déploie toute une stratégie de résistances : il laisse penser à Louise que les pantoufles qu'elle lui a données le dispensent d'avoir à la rencontrer. Les raisons qu'il donne à son indisponibilité (sa mère en deuil de son mari et de sa fille) ne sont pas très convaincantes puisqu'elles ne vont pas empêcher le voyage en Bretagne et surtout le voyage en Orient, avec Maxime Du Camp devenu l'ennemi juré de Louise. L'interdiction faite à Louise d'accéder à Croisset ou à l'appartement familial de Rouen n'est justifiée que par la susceptibilité de Madame Flaubert, laquelle ne semble pas avoir exprimé de veto. Et puis Flaubert, après le succès de *Madame Bovary*, n'hésitera pas à s'installer à Paris, une partie de l'année. En somme, Louise éprouve un désir addictif des unions avec Gustave, et Gustave, tout en exprimant dans ses lettres des désirs volcaniques, s'ingénie à des dispositifs pour ne pas les satisfaire par des rencontres effectives. Il semble que Louise manifeste, bien que polygame elle-même, une jalousie très possessive. Mais Gustave se plaît à la stimuler, d'une part par ses lyriques éloges des prostituées, d'autre part en lui transmettant une lettre pour Eulalie Foucaud, la passade de jeunesse qui inspira la Marie de *Novembre*. Le jeu de la transparence qu'institue Flaubert ne peut qu'entraîner les imprécations de la Muse. Ce surnom est d'ailleurs offensant : Louise ne veut pas être l'inspiratrice d'un homme, mais une femme-poète inspirée. Il n'est pas question ici de répartir les torts entre deux amants condamnés à la rupture, mais de constater que Louise a aimé Gustave jusqu'à la dépendance, alors que Gustave a plus aimé les lettres d'amour qu'il écrivait à Louise que l'amour qu'il lui a fait, et qu'il ne tenait pas à faire trop souvent. Sa maladie, toujours mal identifiée, lui déconseillait les dépenses séminales fréquentes[12].

Bien sûr, la rancœur avec laquelle Louise a évoqué sa liaison avec Gustave l'a durablement desservie : *Une histoire de soldat* et *Lui* sont des romans à clés indéfendables, faute de talent romanesque. Mais les médisances de Flaubert, aux dîners Magny, que notent scrupuleusement les Goncourt, ne valent pas mieux. Il prétend avoir joué cyniquement le rôle du héros romantique, l'Antony d'Alexandre Dumas, et ainsi avoir tourné en dérision le romantisme de sa jeunesse. Mais celui qui a écrit *Novembre* ou la première *Tentation de Saint Antoine*, était un véritable romantique. Le reniement de l'amour passé relève de cette chiennerie des propos entre messieurs, qui s'étale dans les dîners Magny, comme elle se répand dans les correspondances entre les jeunes Flaubert, Maxime Du Camp, Alfred Le Poittevin, Louis Bouilhet. Entre l'amour des putains et la mystique de l'amour impossible, la misogynie devient une religion qui assure la solidarité des hommes « virils ». Louise Colet, au centre des désirs masculins par sa beauté exceptionnelle, aura été aussi la victime de cette « chiennerie » pour reprendre la juste formule de Julien Gracq[13]. L'histoire littéraire lui aura tout volé de ses efforts, en en faisant une partenaire ou, pire, un parasite d'écrivains plus notoires (Cousin, Flaubert, Musset, Vigny, etc.). L'éditeur, Jean Bruneau, de la *Correspondance* (tome II) dans la « Bibliothèque de la Pléiade » recense minutieusement les amants de Louise, sans noter qu'elle reste fidèle au long d'une liaison. Flaubert, lui, en tant de lettres, n'a jamais incriminé un ancien amant de Louise.

Faut-il justifier Louise ? Elle devait penser, comme Paul Morand le répète dans son *Journal inutile*, que la meilleure manière de converser avec une personne est d'avoir préalablement couché avec elle. À Paul Morand, on en ferait plutôt un atout. C'était aussi un principe de conduite avec les hommes de Louise de Vilmorin – un grand écrivain bien sous-estimé aujourd'hui. Louise Colet est une femme libre, prête aux unions libres et aux partenaires successifs. Ce qui a été brocardé au XIXe et au

12 Outre les craintes des crises d'épilepsie (fort bien décrites par Maxime Du Camp qui en fut témoin), il y a les aggravations d'une syphilis secondaire, que Flaubert relate à Bouilhet, au moment de la seconde rupture. Il se gorge alors de mercure et s'inquiète de la « couleur ardoise » de son gland.

13 *Cf.* Julien Gracq, *Préférences*, Paris, Corti, 1961. Julien emploie ce terme pour évoquer les réactions hostiles au *Deuxième sexe* de Simone de Beauvoir (1949).

XXe siècle, peut être honoré au XXIe siècle, une fois que l'exclusivité masculine (ils disent « virile ») sur la littérature a été abolie. Reste que Louise a aimé Gustave plus que tout autre, comme le confirmera une édition prochaine de ses *Memento*.

Louise Colet féministe ? Assurément oui, à en juger par un écrit de 1843, donc trois ans avant la rencontre de Flaubert dans l'atelier du sculpteur Pradier. Le titre de l'ouvrage, publié par Charles Gosselin est assez long : *Œuvres morales de Mme de Lambert précédées de l'éloge de l'auteur par Fontenelle et d'un essai sur les écrits de Mme de Lambert par Mme Louise Colet*. Remarquons que cette Madame de Lambert louangée par Fontenelle n'a pas droit au moindre article dans le *Dictionnaire des littératures de langue française* en trois volumes (Bordas, 1984), ni dans le *Dictionnaire des féministes XVIIIe-XXIe siècle* de 2017 (PUF). La jeune Louise remarque que tout le mal a commencé, sinon avec Molière, du moins avec sa pièce *Les Femmes savantes* : « Depuis Molière, un esprit de dénigrement systématique a toujours poursuivi les femmes auteurs[14]. » À partir du cas de Madame de Lambert, publiée à son insu et en ayant conçu de la gêne, Louise Colet remarque le paradoxe d'un anti-féminisme au XVIIIe siècle : « N'y a t-il pas quelque chose de puéril et de malséant dans cette terreur du ridicule qui s'est emparée de l'esprit des femmes, dans le siècle même où elles furent les plus remarquables par l'esprit ? »

D'un point de vue féministe, on peut opposer la démarche de Louise Colet à celle de George Sand, à peu près à la même époque. En 1837, celle-ci, qui vient d'adopter ce pseudonyme, publie les *Lettres d'un voyageur*. Elle assure dans sa préface qu'il ne s'agit pas d'un roman, mais de souvenirs personnels, on dirait aujourd'hui d'écriture de soi. Elle garantit le caractère masculin de son nom d'auteur « George Sand ». Le narrateur est donc un homme, et c'est en tant qu'homme que George Sand nous raconte son séjour à Venise, ce qui rend bien difficile la lecture de ce livre aujourd'hui. André Maurois rapporte que George Sand demandait aux critiques de ne parler d'elle qu'au masculin, du moins à cette époque. Il semble qu'elle ait voulu, par cette interversion des genres, échapper précisément à la crainte du ridicule que diagnostiquait Louise Colet.

---

14 Je me permets de confirmer ce jugement. Au lycée Lakanal, dans une classe de seconde réservée aux seuls garçons, notre professeur nous faisait apprendre par cœur les tirades les plus hostiles aux « bas-bleus » de cette pièce. Ce pauvre homme croyait aux limites de la nature féminine.

Au bout du compte, la stratégie de George Sand a été payante, car elle a obtenu par son talent la reconnaissance de ses contemporains, tandis qu'à Louise Colet, forçat de la librairie, une touche de ridicule est restée attachée, comme seule trace de la mémoire des lettrés. Par une ironie du destin, c'est Flaubert qui a le mieux exalté George Sand – après avoir vilainement médit de Louise Colet :

> Pauvre chère grande femme !... Il fallait la connaître comme je l'ai connue pour savoir tout ce qu'il y avait de féminin dans ce grand homme, l'immensité de tendresse qui se trouvait dans ce génie. Elle restera une des illustrations de la France et une gloire unique. (Lettre à Tourgueneff du 25 juin 1876)

Il est triste de constater que la poésie abondante de la belle Louise – il n'est que de voir son portrait par Courbet en amazone –, ne nous est accessible que dans les marges des éditions savantes de Flaubert, assortie de commentaires ironiques des éditeurs. En fait, entre 1851 et 1854, Flaubert, aidé par son ami Louis Bouilhet, poète de vocation, s'évertue à améliorer et réparer les poèmes que Louise compose pour les prix de poésie de l'Académie française, prix qu'elle remporte à cinq reprises. Il traite sa correspondante moins comme une amante que comme un confrère, avec lequel il parlerait métier. Louise conçoit un vaste *Poème de la Femme* dont elle ne publiera que des éléments : *Ce qui est dans le cœur des femmes*, titre malheureux mais significatif, indique son inspiration dominante ; mais même en poésie, Louise est une polygraphe exagérément éclectique. Elle n'a jamais connu la légitimation littéraire qu'aurait constituée un grand article de Sainte Beuve. Aujourd'hui, il nous faut imaginer la place qu'avait la littérature, et surtout la poésie, dans la société parisienne, un temps où la *Revue de Paris* de Maxime Du Camp pouvait publier le *Melaenis* de Louis Bouilhet et *Madame Bovary* de Flaubert. La poésie de Louise Colet, facile, désespérément facile, très aimable, était alors lisible, en tout cas publiable et agréable. Aujourd'hui elle ne l'est plus, parce que la poésie, en tout cas la poésie narrative et descriptive, a perdu son hégémonie et même sa présence sociale.

Flaubert préférait chez la Muse les vers à la prose. Or ce qu'on réédite aujourd'hui, chez Archipoche en 2014 – avec une excellente préface de Joseph Vernet –, c'est *Un drame dans la rue de Rivoli* suivi d'*Une histoire de soldat*, une longue nouvelle, un peu pataude, qui évoque Flaubert. Mais il ne serait pas juste de dévaluer comme poète Louise Colet.

Quand Louis Bouilhet compose un poème sur Pradier, il ne retient pas plus notre attention que celui de Louise : on ne le reproduit que par rapport à Flaubert, plus présent que jamais. On réédite aujourd'hui Baudelaire, mais qu'en est-il de Leconte de Lisle et même de Sainte-Beuve comme poète, ou encore de Lamartine qui, pourtant, avec les *Méditations* ou *Jocelyn*, connut les triomphes du best seller poétique ? La création poétique est devenue aujourd'hui une société secrète, farouche et solitaire. Pour Louise Colet, c'était la voie de l'expression féminine et de la reconnaissance élitaire. Ce qui lui a manqué, c'est une rencontre avec quelqu'un qui l'aurait fait rompre avec la production poétique ordinaire (quasi industrielle). On pense à ces versets de Claudel dans son poème « Verlaine » :

> Il a regardé Rimbaud et c'est fini pour lui désormais
> Du Parnasse contemporain, et de l'échoppe où l'on fabrique
> Ces sonnets qui partent tout seuls comme des tabatières à musique[15].

Louise a rencontré Flaubert, Maxime Du Camp, poète lui aussi, Bouilhet, mais elle n'est pas sortie de la vaste échoppe de la production postromantique, au demeurant un artisan très honorable, qui aurait mérité plus de reconnaissance et moins de sarcasmes.

ADDITIONS ET REPENTIRS (DÉCEMBRE 2017)

Mon intervention à Tours, de mars 2017, relevait d'un exercice de la mémoire. L'âge venu, les rémanences les plus vives concernent les premières fois, pour les lectures comme pour les autres impressions. Peu conforme aux bonnes règles de la méthode universitaire, cette anamnésie à longue portée, de 2017 à 1961, ne pourra pas éviter des erreurs et des confusions, d'autant plus qu'un demi-siècle de la recherche sur Flaubert a fait faire des pas de géant. Malgré tout, j'ai voulu conserver à l'exposé qui précède son tour oral et imprudent puisqu'il relevait de

15 Paul Claudel, *Œuvre poétique*, éd. par Jacques Petit, Paris, Gallimard, « Bibliothèque de la Pléiade », 1957, p. 192.

ce genre narcissique du « Je me souviens » perecquien. Qu'on pardonne cette aberration de méthode puisque la vérification et l'information ont succédé à une remémoration spontanée.

En 1961, je pouvais penser que « Souvenirs » de Louise Colet était un poème inédit puisqu'il ne figurait dans aucun des treize volumes de l'édition Conard de la *Correspondance* de Flaubert, lesquels pourtant donnaient en appendice les poèmes de Louise, corrigés par Flaubert dans la deuxième phase de leur liaison, entre 1851 et 1854. Aujourd'hui, il ne figure toujours pas dans les cinq volumes de la *Correspondance* dans la « Bibliothèque de la Pléiade » qui se sont échelonnés de 1973 à 2007, sous l'autorité de Jean Bruneau accompagné pour le dernier volume par Yvan Leclerc. Celui-ci, grand maître des études flaubertistes, propose aujourd'hui en ligne, gratuitement, 4450 lettres de Flaubert, soit le double de la dernière édition en volume. C'est à Yvan Leclerc que nous devons, d'une part, la transcription de l'oaristys de Louise, d'autre part, les renseignements sur une publication, en 1967, de ce poème, non dans un volume, mais dans un périodique, le bulletin *Les Amis de Flaubert* (n° 30, p. 19 *sq.*). Enfin, en cette année 2018, ce poème est accessible en ligne, du moins pour ceux – dont je ne suis pas hélas ! – qui y circulent avec toute la maîtrise nécessaire[16].

À y regarder de plus près, le présentateur des *Amis de Flaubert* (qui signe par les initiales A. D.) accumule tous les clichés défavorables à Louise Colet, s'excusant presque de présenter un « poème méconnu », alors qu'il ne s'agirait que d'un « document ». Il s'applique à ôter toute valeur à cette liaison : « un sentimental, doublé d'un Normand très gaillard » n'aurait jamais été impressionné par « cette ardente fille de la Méditerranée ». Cet « ami de Flaubert » ajoute le simplisme à l'erreur, mais il a le mérite de citer la réaction de Flaubert à l'envoi de ce poème : « Non, jamais je n'ai été aimé comme tu m'aimes [...]. Cela n'arrive qu'une fois dans la vie pour qu'on s'en souvienne toujours et pour qu'en mourant on bénisse ce souvenir. » (15 septembre 1846). Il y a plusieurs

16 Pour ceux-là, je ne puis que reproduire les indications qu'a bien voulu me fournir Yvan Leclerc, fondateur et responsable du site « Flaubert ». Voici les liens vers le poème de Louise Colet, transcrit par Danielle Girard : http://flaubert.univ-rouen.fr/correspondance/conard/autour/mantes.html. Comme dit, il a été antérieurement publié dans *Les Amis de Flaubert*, année 1967, bulletin n° 30, p. 19 (et repris en ligne : http://www.amis-flaubert-maupassant.fr/article-bulletins/030_019/). Le carnet où figure l'autographe a été numérisé par Gallica : http://gallica.bnf.fr/ark:/12148/btv1b10537023j?rk=21459;2.

échos, dans les lettres de Flaubert, à ce poème intitulé « Souvenirs », alors que la scène amoureuse ne remonte qu'à un mois à peine et que des vers de Louise ont été envoyés à Flaubert dès les lendemains. L'union amoureuse a été vécue par l'une et l'autre comme un futur souvenir, qu'il n'y ait eu qu'un délai d'un mois ou qu'on envisage la mort lointaine. Certes, Flaubert s'est amusé d'être comparé à « un buffle indompté des déserts d'Amérique ». Mais il en a été profondément flatté et rassuré car, quelques semaines auparavant, le 13 août 1846, il écrivait à Louise :

> Quel pauvre amant je fais ! n'est-ce pas ! –Sais-tu que ce qui m'est arrivé avec toi ne m'est jamais arrivé ? (J'étais si brisé depuis trois jours et tendu comme la corde d'un violoncelle) [...] Je t'ai su gré de cette intelligence spontanée qui ne s'étonnait de rien quand moi je m'étonnais de cela comme d'une monstruosité inouïe[17].

Le poème de Louise, écrit pour le seul Flaubert, fort peu lu de ceux qui l'ont moqué et n'en ont cité que l'hyperbole du « buffle d'Amérique » vaut aujourd'hui pour ce qui le singularise : une déclaration de la jouissance féminine par la femme même. Il émeut aussi comme la déclaration d'un amour, sans doute contrarié, mais ardent et même absolu d'une amoureuse véhémente.

Flaubert avait reçu beaucoup de ces vers dès septembre, puisqu'il y répond avec reconnaissance. Il est significatif qu'ayant détruit toute trace écrite de Louise et en ayant plus tard parlé avec malveillance ou dérision, il ait tout de même conservé et transmis ce carnet. Mêlé à des carnets de travail et de grammaire grecque, il a dû échapper à la vigilance pudibonde de la regrettable nièce, Caroline Commanville, plus tard Franklin-Grout.

Jacques LECARME

17 Gustave Flaubert, *Correspondance*, éd. J. Bruneau, Paris, Gallimard, « Bibliothèque de la Pléiade », 1973, tome I, p. 290-300.

CATHERINE POZZI, LA MUSE TRAHIE DE PAUL VALÉRY

Avec Paul Valéry, Catherine Pozzi était d'avance condamnée au sentiment de dépossession et de trahison. Le bien fondé de cette impression que nous pouvons avoir est difficile à évaluer objectivement au regard des textes. Son origine mérite cependant d'être élucidée parce qu'il faut en terminer avec les mauvais procès faits à Pozzi sur sa relation avec Valéry et, surtout, pour que l'œuvre pozzienne sorte de l'ombre du maître et manifeste sa propre originalité.

La profondeur du dépit qu'elle a pu ressentir ne peut se mesurer qu'à l'aune de l'ambitieux projet qu'elle s'était fixé et qu'elle a poursuivi tout au long de sa vie : la mise en mots d'un univers intellectuel, spirituel et affectif, dans ses poèmes, dans son autobiographie cryptée *Agnès*, et dans son essai philosophique *Peau d'âme*, dont le premier titre fut *De Libertate*. Valéry ne pouvait répondre à un tel idéal de fusion entre l'être et le monde, tout accaparé qu'il fut par le siècle, les honneurs, la postérité.

UN DON MAL REÇU

Le *Journal* ressasse l'amertume, la rancœur, l'écœurement. Pozzi craint d'abord, deux ans seulement après leur rencontre de 1920, pour son *De Libertate*, « le livre qui doit être l'œuvre de ma vie » ; elle aura en effet travaillé toute sa vie à cet ouvrage, perdu en partie et publié par son fils : « L'hiver de 1921, ou plutôt en décembre 1920, j'en ai parlé à P. V. mais c'est en juillet de cette année, à Paris, que je lui ai mis toutes les feuilles du début entre les mains. Et c'est en septembre qu'il commence la préface d'*Eurêka*[1]... » d'Edgar Allan Poe, traduit par Baudelaire. Pozzi voit dans cette préface des traces de son propre essai philosophique. Dix jours plus tard, elle constate « que l'homme de ma vie ne dédaigne pas de réécrire le livre de ma vie après que d'avoir lu le manuscrit[2]... » À ce moment-là, les amants séjournent à Vence, dans la demeure de Pozzi, et le dialogue entre eux tourne à l'aigre :

> Il est entré, il m'a dit, un matin : « Cette idée de l'univers me court »... faisant allusion à sa préface dont je venais de parcourir les feuilles. Je réponds doucement : « Il me semble que vous avez déjà lu quelque part... ce que vous avez écrit là, à l'instant. » Il dit : « Vous ? », il parle d'autre chose, il sort. C'était il y a dix jours.
>
> Il savait qu'il commettait une ignominie, mais il le savait sans en discourir avec lui-même et donc ne le savait pas. J'ai fini très vite par lui dire que ce qu'il faisait était mal. Il s'est tu. Et puis, m'a offert de déchirer ce qu'il avait écrit. [...]
>
> Mais aujourd'hui, je traverse sa chambre. Il y a des pages sur la table : je les prends, devant lui, je les lis. C'est la première fois qu'il fait un mouvement pour m'enlever des mains ce à quoi il travaille. Et ce mouvement m'a plus instruite que les idées reproduites de *mes* pages... [...]
>
> Quand il a lu le *De Libertate*, le manuscrit de 1915 – de cinq années avant que je ne sache qu'il y avait un P. V. –, il ne m'a même pas dit que cela valait quelque chose, y pensait, le laissait devenir et c'est assez bon pour être son meilleur. [...]
>
> Je ne crois pas que j'aie tellement mal du vol, de l'espèce de fraude : j'ai mal de la pauvreté en Bien de mon ami[3].

Il n'aurait suffi à l'« ami » que de rendre grâce. La dimension spirituelle qui caractérise le don chez Pozzi est ruinée par ce qu'elle ressent comme le refus, par l'être aimé, de la reconnaissance au double sens, reconnaissance de soi et gratitude. Tout le « Bien » attendu d'un esprit double, uni dans la pensée, achoppe sur le silence distancié de Valéry et tourne à l'affrontement, avatar manqué de la communion.

La plainte enfle et quelques années plus tard vise *Rhumbs* de Valéry dans lequel Pozzi reconnaît encore des pages du *De Libertate* :

---

1 Catherine Pozzi, *Journal 1913-1934*, [Ed. Claire Paulhan, 1997], nouvelle édition, revue et complétée, établie et annotée par Claire Paulhan avec, pour les notes, la collaboration d'Éric Dussert, préface de Lawrence Joseph, Paris, Phébus, coll. « *Libretto* », 2005, 10 octobre [1922], p. 269.

2 *Ibid.*, 20 octobre [1922], p. 269.

3 *Ibid.*, p. 269-270.

> J'aurais pu croire que vous les aviez trouvées très faibles, si leur plus belle idée (de mon encre de 1915) ne terminait (avec mes mots) *Rhumbs* (où Dieu merci, on ne l'a pas comprise). M'auriez-vous peut-être quittée, si j'avais fait la même chose ? Je vous aimais assez pour vous donner ce que j'avais pris chez Dieu, je n'ai rien dit, Lionardo mio[4].

Deux semaines plus tard, le *Journal* précise le passage incriminé : « Allons, allons, personne ne vous a fait remarquer que l'avant-dernière page de *Rhumbs* appartenait, tout inventeur que vous soyez, à quelqu'un d'autre[5]... »

Symbiose impossible, divorce consommé entre elle et l'ennemi de Lettres, le « voleur » qui trahit – et c'est la pire offense – la pensée de Pozzi. Valéry, indigne du don, le dénature (« on ne l'a pas comprise »), et c'est là la véritable cause de la rupture : « Nous ne voulons pas de ces marchandages à la gestion de notre seule fortune. Gardez vos petits papiers ; imprimez les nôtres s'ils sont *digni entrare* », autant dire sans être dénaturés. Adjectif et pronom possessifs, « vos », « les nôtres », se font la guerre sur fond de méfiance réciproque.

Très tôt dans leur relation, Valéry apparaît, dans le *Journal* de Pozzi, comme un boutiquier soucieux de gérer un bien dont Pozzi ne doive retirer aucune reconnaissance :

> Que voulez-vous ? a-t-il dit. Vous seule connaissez ma pensée. Il n'y a que vous qui puissiez faire cela. Faites un papier, indiquez vos conditions, je signerai[6].

Au propriétaire Valéry, gardien d'un territoire interdit, s'oppose la généreuse Pozzi, prête à se consacrer à la mise en œuvre des cahiers valéryens : « Donner ma moelle qui sera mangée sous un autre nom[7]. » Valéry prédateur est même soupçonné de rétention d'information pour faire son propre miel ; autre manquement au pacte d'union spirituelle entre les deux êtres :

> Chose bien curieuse et remarquable : le Pape a inventé la méfiance. À propos d'une « définition de + » ce matin, refus de la communiquer. *Idem*, prétexte pour ne pas apporter les cahiers dactylographiés sur lesquels on offrait de préparer le Système[8].

4 *Ibid.*, 10 janvier 1927, p. 380.
5 *Ibid.*, 25 janvier 1927, p. 382.
6 *Ibid.*, 30 décembre 1923, p. 310.
7 *Ibid.*
8 *Ibid.*, 25 janvier 1927, p. 382.

Ces cahiers font l'objet d'un marchandage qui unit, derrière Valéry, toute sa famille, épouse au premier plan. Catherine Pozzi se sent donc spoliée non seulement par son amant, mais par le clan Valéry dont elle craint l'avidité :

> Le papier exprimant ses volontés qu'il m'a laissé, semble fait seulement pour défendre la fortune de ces gens contre moi. Moi, j'administre, j'édite, et je rends des comptes. Il n'est même pas question de merci… Non que j'aie besoin de merci. Je me suis offerte à cette pensée, il y a trois ans et demi, je dois la servir. Mais je ne la servirai que librement. Que mes notes explicatives – ni la peine de les écrire telles qu'elles soient dignes du texte –, ne méritent de gratitude, c'est justice au point de vue de Dieu ; mais une chose est due à qui met l'œuvre au monde, c'est qu'on lui f… la paix. Les ayants droit ne me f… pas la paix[9].

La collaboration devait être le partage amoureux d'un même idéal fusionnel : elle, annotait ses cahiers ; lui, dessinait dans les pages de son journal. Le doute suspicieux ruine progressivement la complicité amoureuse : « il commence de montrer quelque curiosité des pages qui précèdent la page sur laquelle il dessine[10] ». Et c'est au point que Pozzi, qui répugnait à rendre public *Agnès*, conte d'inspiration autobiographique, s'y résigne :

> J'ai décidé brusquement de la publier, pour avoir lu, sur un cahier de Valéry, une version « arrangée » de mon travail qu'il allait publier un jour, comme je vis imprimées dans *Eurêka*, des pages de mes pages, ou *Rhumbs*, des passages[11].

Et de redire l'atteinte, la blessure :

> Je ne l'aurais jamais publiée si je n'avais trouvé dans un des derniers cahiers de V. (cahier de 1926) un projet d'*Agnès* en décalque. Alors, je l'ai donné à Marie[12], afin du moins que le mien paraisse, soit à moi[13].

Dans le journal, la confidence, des années après la rupture avec Valéry, en 1931, se teinte de plus en plus de ressentiment :

9 *Ibid.*, 30 décembre 1923, p. 310.
10 *Ibid.*, 10 février 1927, p. 387.
11 *Ibid.*, 21 avril 1927, p. 395.
12 Marie de Régnier.
13 *Ibid.*, 9 mai 1927, p. 396.

> Il y avait à côté de moi cette jalousie littéraire que j'étais trop aimante pour considérer, qui m'a défaite au jour le jour et même prenait ces précautions vénitiennes de faire des « à la manière d'*Agnès* », sur son cahier, avant que je ne publie *Agnès*, avec ce que je disais, afin que l'histoire littéraire même me retirât mon Werther[14].

Le parasitisme de Valéry s'est insinué en elle, trop empreinte de lui encore pour en être tout à fait consciente et pouvoir s'en défendre. Le pastiche ne lui apparaît que comme un prétexte suspect pour « faire passer » le pillage et l'effacement de son auctorialité.

LE DOUBLE PERDU : POZZI DUPÉE

Ce florilège de plaintes ne plaide guère pour l'objectivité d'une Pozzi submergée par la désillusion. La jeune fille de quatorze ans rêvait dans son journal de jeunesse d'un homme idéal ; la femme déchanta avec celui qu'elle avait cru son âme double.

> J'ai aimé un homme, un homme de mon Rêve. Un homme dont l'âme était belle, et forte, et noble, et grande, et qui me comprenait… Et alors je lui disais tout… Et il me répondait que, lui aussi, avait pleuré[15].

À la lecture des œuvres de Pozzi et de Valéry, d'assez faibles indices peinent à « étayer les fortes accusations de l'absolue Catherine[16] », et l'on voit plutôt le fruit, aussi bien chez l'un que chez l'autre, de conversations et de correspondances entre deux esprits fertiles et perméables à toutes les richesses des échanges incessants pendant les huit années de leur relation. Valéry reconnaît leur étrange concordance ; il y trouve même une justification à l'identité de leurs écrits : « C'est vrai, nos pensées sont étrangement pareilles, mais nous n'avons pas le même motif, alors, ce que je puis dire qui vous ressemble, cela ne fait rien[17]… » En

14 *Ibid.*, 3 avril 1931.

15 Catherine Pozzi, *Journal*, *op. cit.*, 22 juin 1897.

16 Pierre-Olivier Walzer, « Catherine Pozzi, Paul Valéry et *Agnès* », *in Bulletin des Études valéryennes*, 16e année, novembre 1989, n° 52, Université Paul-Valéry, Montpellier, p. 30.

17 Catherine Pozzi, *Journal 1913-1934*, *op. cit.*, 20 octobre 1922, p. 270. Propos de Valéry rapportés par Pozzi dans son journal.

écho, Pozzi ne dit pas autre chose de cette gémellité : « nos deux têtes sont pareilles », et elle décrit précisément comment s'opère la double imprégnation :

> Avant-hier matin, conversation sur l'instinct. Je l'écoute, je le regarde, je le surprends avec horreur et délice, à inventer ce que j'ai déjà écrit dans le *De Libertate*. Aucune des deux n'y peut rien : nos deux têtes sont pareilles. Il a la mathématique en plus, En moins, la persévérance[18].

Voilà l'exacte vérité : deux âmes en fusion. Mais il a manqué à Pozzi la reconnaissance de celui qui n'était pas, tant s'en faut, le maître de l'élève, mais simplement son égal. La hiérarchie implicite, mais rudement ressentie par l'amante, entre les deux esprits, a perverti le rêve de l'idéal partagé : « Il ne fut jamais mon maître. Il fut mon frère, mon pareil, ma tendresse très pure. Ce n'est pas la même chose[19]. »

En avril 1921, Catherine vit déjà les derniers feux de cette dualité parfaite à laquelle elle a cru avidement : « Un seul moi pour deux Personnes – un invariant pour deux Zaïmphs – un zéro pur pour un double espace[20]. » En évoquant le voile sacré de la déesse punique, en reprenant au Flaubert de *Salammbô* ce néologisme fantaisiste, forgé à partir de l'hébreu biblique signifiant un voile de femme, Pozzi inscrit son union avec Valéry dans une dimension sacrée et mythique que le quotidien de leur relation ne cessera de gauchir. Le désenchantement est vertigineux : « Que m'importe une idée qui n'est pas pensée à deux. Je suis absolument seule. Cette tête que j'ai, je m'en fiche ; j'ai besoin qu'elle pense pour un autre. Étrange constitution[21]. » On mesure l'abîme où sombre cet esprit de « très haut amour », premiers et derniers mots du poème « Ave », seul à avoir été publié de son vivant dans la *NRF* du 1er décembre 1929. La dernière strophe dessine les contours de cet être double qu'elle a cherché en vain toute sa vie :

> Vous referez mon nom et mon image
> De mille corps emportés par le jour,
> Vive unité sans nom et sans visage,

18 *Ibid.*, 4 octobre 1923, p. 307.
19 *Ibid.*, 30 décembre 1923, p. 310.
20 *La Flamme et la cendre, Correspondance*, Catherine Pozzi et Paul Valéry, édition établie par Lawrence Joseph, Paris, Gallimard, 2006, p. 148.
21 *Journal 1913-1934*, *op. cit.*, 22 février 1927, p. 390.

Cœur de l'esprit, ô centre du mirage
Très haut amour[22].

Son journal implore avec regret l'amant qui ne sut être cette « unité », ce « cœur de l'esprit » où fusionnent matière et esprit, corps et âme :

> Pas une pensée qui n'ait votre trace, pas un moment où je ne vous aie donné accès, pas une recherche où votre volonté n'ait pas été contre la mienne ; vous êtes dans les vers grecs que je vous ai traduits, dans ces images des trajets nerveux que nous avons regardées, dans les questions sur les nombres, et dans les figures de l'énergie, dans la phrase même d'un écrivain quelconque où je ne lis que ce que vous en diriez[23].

Pourtant, à peine quelques mois avant la fin de la rupture définitive en 1928, des moments de grâce subsistent de l'extraordinaire union :

> Mais l'extraordinaire, – non pas l'extraordinaire, l'étonnant qui est ordinaire –, c'est qu'à peine je suis, à peine je vais dans une région de pensée, que, lui, il y va de même et ceci sans être prévenu. Nous en sommes à un synchronisme tel que l'esprit de l'un donne le même son que l'esprit de l'autre, tous renseignements de langage inutile : au point que nous ne pouvons pas, du point de vue de l'esprit, essayer d'être à part[24].

Fugaces miracles entre les affres de la colère et de la rancune.

LES ACCUSATIONS DE POZZI À L'ÉGARD DE VALÉRY, MAL INTERPRÉTÉES PAR LA CRITIQUE

Trop de mauvaises raisons ont souvent été avancées pour discréditer les acerbes reproches adressés à Valéry, mais qui ne disaient rien d'autre que la faillite de l'union absolue. On a invoqué la jalousie de l'amante à l'égard de l'épouse que Valéry n'eut jamais l'idée d'abandonner pour

22 Catherine Pozzi, *Très haut amour, poèmes et autres textes*, Édition de Claire Paulhan et Lawrence Joseph, Paris, Gallimard, « *Poésie*/Gallimard », 2002, p. 24.

23 Catherine Pozzi, *Journal 1913-1934*, *op. cit.*, 22 août 1927, p. 414.

24 *Ibid.*, 7 décembre 1927, p. 425-426.

l'âme sœur ; pire encore, la rancœur à l'égard du mondain qui courait les salons, à la chasse à l'Académie française où il fut élu le 19 novembre 1925, tandis qu'elle-même bravait la maladie, reléguée dans son domaine refuge de Graulet où Valéry avait sa chambre.

Quand on n'ose pas s'en prendre à de si médiocres ressorts d'un tempérament ordinaire que n'était pas Pozzi, on cherche circonstance atténuante du côté de son corps torturé par la tuberculose. L'époque y voyait une maladie de la passion. En voulant excuser son amertume à l'égard de son amant, on abaisse outrageusement la grandeur d'un esprit ambitieux et brillant, comme si l'exacerbation de la sensibilité devait davantage à une pathologie douloureuse qu'aux extrêmes raffinements d'un être sublime en recherche perpétuelle de perfection et d'authenticité.

Voici enfin, le coup de grâce, à savoir la « déviation paranoïaque », que s'est permis de diagnostiquer Françoise Simonet-Tenant :

> Une rivalité intellectuelle s'est affirmée entre eux, et Catherine Pozzi est de plus en plus certaine d'être dépouillée du fruit de ses réflexions : il est difficile de vérifier le bien-fondé d'une telle accusation qui peut être expliquée, en partie, par la prédisposition, chez Catherine Pozzi, à la déviation paranoïaque.

Terrible, hâtif verdict qui prête une explication pathologique à une quête quasi mystique dont l'essai philosophique *Peau d'âme* se fait l'écho.

VALÉRY, OU LA DÉSILLUSION PHILOSOPHIQUE

La relation entre Catherine Pozzi et Paul Valéry ne pouvait être envisagée que dans la continuité de son expérience spirituelle, nourrie de lectures précoces et de fréquentations exceptionnelles : accompagnée par Marcel Schwob dans ses premiers tâtonnements intellectuels, après sa mort en 1905, elle se rapproche d'Arnaud de Gramont, physicien familier des milieux occultistes qui cherche à concilier matérialisme et spiritualisme. Dans son désir d'appliquer à la psychologie les méthodes de la science exacte, elle se lance dans l'étude de la pensée du médecin William James, l'un des fondateurs de la psychologie moderne. Puis, nourrie de Bergson qui la met sur la voie du dépassement du positivisme par le spirituel, elle s'oriente vers la nouvelle science de la psychophysique élaborée par l'Allemand Gustav Theodor Fechner. La pensée bouddhique lui ouvre encore de nouveaux horizons jusqu'à ce que sa rencontre avec la pianiste virtuose Marie Jaëll lui révèle enfin un monde de correspondances sensorielles, psychiques et spirituelles aux potentialités infinies.

La rencontre avec Valéry en 1920 ne pouvait que s'inscrire dans ce cheminement intellectuel exigeant, qu'elle que fût la ferveur amoureuse entre les deux êtres. Valéry devait répondre aux attentes spirituelles d'une femme qui voyait en lui la réalisation concrète d'une certaine conception du monde, où la vérité réside dans l'unité parfaite des âmes en résonnance.

La rédaction de *Peau d'âme*, conçu dès 1915 sous le titre *De Libertate*, ne fut pas seulement retardée par la maladie. Mise à l'écart de toute formation intellectuelle pendant sa jeunesse, Catherine Pozzi est autodidacte et elle décide de passer le baccalauréat à trente-huit ans, en 1920. Recalée, ce n'est qu'à quarante-cinq ans que, diplôme en poche, elle peut enfin accéder à l'Université, ainsi que le détaille Lawrence Joseph :

> Elle se lance immédiatement dans un programme ambitieux d'études scientifiques à Paris où, au cours des années suivantes, elle travaille au Collège de France, à l'Institut Pasteur et surtout à la Faculté des sciences où elle reçoit l'enseignement des professeurs Rabaud, Caullery et Picard en génétique et en biologie. Forte de ses nouvelles connaissances, elle commence en 1929 une révision fondamentale de son livre, abandonnant le titre *De Libertate* pour *Le Corps de l'âme*[25].

Le titre *Peau d'âme* n'est trouvé qu'en 1931 et marque le caractère anticonformiste de l'ouvrage, mêlant les connaissances scientifiques les plus pointues à la liberté poétique teintée de frivole fantaisie et de provocation.

Lawrence Joseph, premier biographe de Pozzi, explique qu'un autre obstacle, contemporain du premier échec au baccalauréat fut précisément la rencontre avec Valéry. On sait qu'elle lui communique des pages du manuscrit commencé depuis cinq ans déjà mais que celui qu'elle admire ne manifeste aucune réaction. Elle perd alors confiance en elle :

> Doutant, devant ce silence, de la valeur de son travail, elle décide de se consacrer plutôt à celui de son ami. Parmi d'autres tâches entreprises à la demande de

25 *Peau d'âme*, préface et notes de Lawrence Joseph, Paris, Ed. de la Différence, 1990, p. 13.

> Valéry, elle se met à transcrire d'anciens *Cahiers* où, tous les matins, il avait noté des réflexions sur de nombreux sujets [...][26].

Les traces laissées par Catherine Pozzi dans les *Cahiers* ont été effacées par les héritiers de Valéry lors de leur publication, partielle jusqu'à ce jour : « certaines pages ont été omises ainsi que des feuilles volantes, et enfin quelques fragments trop personnels, à la demande de la famille, n'ont pas été reproduits[27] ». Tel est le constat de l'équipe de L'Observatoire de la Vie Littéraire de l'Université Sorbonne Paris IV, sous la responsabilité de Michel Jarrety. Le projet ambitieux de cette équipe, commencé en 2014, vise à une première édition numérique, complète : « Comme Valéry va tomber dans le domaine public le 1er janvier 2016, le projet de l'Obvil est donc de mettre en ligne la totalité des *Cahiers* manuscrits ainsi que leur transcription annotée. » La contribution de Pozzi à l'œuvre du grand homme sera-t-elle enfin reconnaissable et objet de reconnaissance ? Ce serait l'improbable réalisation d'un rêve qui a hanté Pozzi, celui d'une résonance parfaite entre deux êtres :

> La résonance est seulement le mariage parfait (et donc l'addition) de deux formes pareilles de l'énergie. Pour parler homme : deux mouvements collent. Par exemple [...], une balançoire entre en résonance avec l'impulsion si l'impulsion a la forme de son mouvement[28].

De telles épousailles entre deux esprits, deux corps en mouvements semblables, devaient achopper sur la loi ordinaire : l'ambition d'un homme en quête de légitimité d'auteur et l'amour propre blessé d'une femme étonnament douée dans un siècle où le talent féminin était empêtré dans trop de préjugés et d'appréhensions. Le plafond de verre auquel les femmes ne cessent de se heurter de nos jours, certes dans une moindre mesure, était à cette époque, de toute façon, dans leur tête.

Hélène Maurel-Indart

26 *Ibid.*, p. 12.

27 http://obvil.paris-sorbonne.fr/projets/les-cahiers-de-valery.

28 *Peau d'âme*, *op. cit.*, p. 67.

COLLABORATIONS INVISIBLES DANS LE MONDE DE L'ART

Beethoven, Nannette Streicher et Bettina Brentano

La construction mythique de la figure de nombreux artistes, telle qu'elle s'est développée au XIXe siècle et jusqu'aux années 1940 principalement, met en avant deux traits de caractère de l'artiste : la force créatrice et l'originalité, qui constituent les deux pierres de touche de l'idéal romantique. Au tournant du XXe siècle, ce diptyque tend souvent à se préciser et à s'infléchir vers un autre diptyque : virilité et individualité. Dans les biographies d'artistes du début du XXe siècle, le personnage qui se déploie sous les yeux du lecteur, redevable autant à l'histoire qu'à toute une tradition narrative, est donc le plus souvent un être d'une solidité, physique et morale, à toute épreuve, manifestant une autonomie quasi totale de création, qui exclut systématiquement l'idée d'une quelconque collaboration, principalement avec le pôle féminin.

Une telle représentation de l'auteur occasionne des discours misogynes particulièrement violents au tournant du XXe siècle et des réactions de panique face aux premières revendications féministes. En 1908, paraît par exemple un pamphlet antiféministe, *Le Sexe faible*, d'une qualité littéraire discutable, mais qui constitue, par l'outrance qu'il manifeste, un témoignage éclairant sur l'atmosphère des débats de l'époque. L'auteur, William Vogt, est un pamphlétaire suisse antimaçonnique qui sous-titre son ouvrage *Riposte aux exagérations, aux absurdités et aux utopies du féminisme.* Dans le chapitre sur « Les femmes et l'art », Vogt critique leur « incapacité à s'élever » et leur « absence de génie artistique[1] » ; il affirme que Marie Bashkirtseff fut « toujours l'élève de quelqu'un[2] »,

1 William Vogt, *Le Sexe faible, riposte aux exagérations, aux absurdités et aux utopies du féminisme*, Paris, M. Rivière, 1908, p. 138.

2 *Ibid.*, p. 139.

que la Princesse Mathilde a pour seul mérite d'avoir su retenir des artistes masculins dans son salon, que Madame Roland, Madame de Staël, George Sand procèdent de l'esthétique d'un malade, Jean-Jacques. Dans le chapitre sur l'influence des femmes sur les hommes, il exprime d'une façon très pittoresque le danger que représente « la femme » pour l'artiste et le grand homme :

> Évidemment, Mmes Quinet, Michelet, X., Y., Z., femmes de penseurs, consolatrices, conseillères, collaboratrices, si vous l'exigez, providences de l'artiste ou du savant. Toutefois, établissez la balance entre ces exceptions, encensées démesurément quant à leur appoint intellectuel, et les innombrables poupées insignifiantes, les déséquilibrées ou les harpies surexcitables, qui ne cessèrent d'être, pendant l'existence laborieuse de leur conjoint de talent, la vivante personnification d'un cauchemar terrifiant, l'empêchement énorme à la réalisation de toute envolée. [...] Par bonheur, poussés par une intuition salvatrice, certains des plus altiers tinrent la femme à distance. En dépit de la *Joconde*, on ne se représente guère Léonard féministe. Michel-Ange, pas plus que Beethoven, ne le sont, et La Fontaine, ignorant le beau sexe, en a toujours pensé pis que pendre à en juger sa vie et ses *Contes*. Le Dante, lui aussi, n'était pas un coureur de ruelles. Kant haussait les épaules et Gœthe, de complexion amoureuse mais que l'égoïsme sauva, fut un païen volage qui finit par épouser sa cuisinière. Si les milliers d'autres exceptionnels eussent passé leurs jours et leurs nuits à se laisser suggestionner par leur moitié ou à courir le guilledou, soyez persuadés que, malgré leur génie, ils seraient classés, à bon droit, dans un rang inférieur. La femme tient en suspens, exige, absorbe trois prérogatives de son sexe bien faites pour abrutir celui que détiennent ses charmes[3].

Si dans ce panthéon des grands hommes misogynes apparaît le nom de Beethoven, ce n'est pas un hasard. Le cas des biographies de Beethoven est en effet exemplaire, tant en ce qui concerne le traitement des personnages féminins, que par le fait que bien des éléments de sa biographie, réels ou supposés – surdité, misanthropie – le forgent comme un personnage essentiellement solitaire et autonome.

3 *Ibid.*, p. 193-194.

MUSICOLOGIE ET RECHERCHES FÉMINISTES

Les recherches féministes se sont intéressées assez tôt à Beethoven, mais certaines théories très polémiques ont malheureusement empêché que celles-ci ne se développent de façon assez large. À la fin des années 1980, la musicologue Susan McClary, pionnière de la *New Musicology*, notamment dans sa branche féministe, s'est particulièrement attaquée à la musique de Beethoven, considérée comme phallique et violente. Elle a même provoqué un scandale dans la communauté universitaire en qualifiant la fin du premier mouvement de la *Neuvième Symphonie* de reproduction symbolique d'un viol. Elle a ensuite repris cette idée en 1991, en l'édulcorant quelque peu, dans son essai *Feminine endings* qui lui aussi fit beaucoup de bruit : croisant les théories féministes et la musicologie dans une perspective critique de sa discipline, Susan McClary essaie d'y montrer que l'écriture des œuvres musicales répond à des logiques sexuées, ce qui lui a valu d'être critiquée à la fois par la frange la plus traditionnelle de la musicologie, mais aussi par les féministes qui l'ont accusée d'essentialisme. Malgré cette « affaire », des chercheurs continuent de creuser cette voix. Un colloque à Berlin en 2011, *Der « männliche » und der « weibliche » Beethoven*[4], s'est interrogé sur le « genre » des formes musicales comme la sonate. Il faut également mentionner des recherches d'histoire de la musique sur les musiciennes, notamment celles du très actif CREIM, Cercle de recherche interdisciplinaire sur les musiciennes. À propos de Beethoven, les recherches se concentrent sur les figures de musiciennes qui se réclament de son héritage. On peut noter à ce propos l'ouvrage collectif *Maßstab Beethoven ? Komponistinnen im Schatten des Geniekults* publié à Munich en 2001[5]. Mais, dans toutes ces recherches, quasiment aucune ne s'interroge sur la collaboration active de femmes à l'œuvre de Beethoven.

4 Cornelia Bartsch, Beatrix Borchard et Rainer Cadenbach (dir.), *Der « männliche » und der « weibliche » Beethoven*, Bonn, Verlag B-Haus Bonn, 2003.

5 Bettina Brand et Martina Helmig (dir.), *Maßstab Beethoven ? Komponistinnen im Schatten des Geniekults*, München, Edition Text + Kritik, 2001.

LES PERSONNAGES FÉMININS DANS LES BIOGRAPHIES DE BEETHOVEN

Pourtant, les biographes de Beethoven, depuis les premières années après sa mort, jusqu'aux récentes tentatives psychanalytiques comme celle de Maynard Solomon, se sont montrés obsédés par l'entourage féminin du compositeur. Une preuve parmi d'autres : Alfred Christlieb Kalischer, philologue allemand qui fut le premier à avoir mené un réel travail critique des sources sur Beethoven, consacre deux tomes entiers, sur les quatre que comporte sa monumentale monographie, à « l'entourage féminin » de Beethoven. Mais le plus frappant, c'est que dans les centaines de pages de ces deux tomes, aucune réelle collaboration n'est abordée, alors que l'on parle ici de musiciennes, d'artistes, de femmes pour l'écrasante majorité très éduquées et évoluant dans le milieu musical. Lorsque cette armée de femmes est évoquée, dans les essais ou les biographies, c'est dans l'unique but de mettre en valeur le génie de Beethoven, et cette entreprise de valorisation suit des modalités bien précises.

Premièrement, c'est presque toujours le corps des femmes qui entre en jeu : caché ou dévoilé, il constitue toujours un enjeu du discours. Celles qui reçoivent les louanges sont celles qui ont su abolir leur corps dans leurs relations aux hommes, comme Thérèse von Brunsvick, qui ne se maria jamais. Inversement, la jeune Giulietta Guicciardi endosse, dans la plupart des biographies, le rôle de la séductrice. Beethoven l'avait manifestement demandée en mariage lors de ses premières années à Vienne, alors qu'elle n'était âgée que de seize ans et que son rang la plaçait bien au-dessus de lui. Le père refusa la proposition. Sur cette mince trame va se construire le personnage de Giulietta, personnage-repoussoir type de la méditerranéenne sensuelle et cruelle, qui aurait provoqué le désespoir du malheureux héros. Chez René Fauchois, Giulietta est mise en scène comme un monstre d'orgueil et de cruauté, dont il imagine les manigances pour perdre le grand homme. L'accent n'est pas sans rappeler celui de William Vogt cité en introduction :

> Ce projet insensé, elle le détruirait doucement, gentiment. Néanmoins, elle lui en voulait un peu ; c'est lui qui aurait dû penser tout cela avant elle. À aucun

prix, elle n'endurerait un scandale ! Avec un homme aussi intransigeant que Beethoven, si entier dans ses opinions, irascible et plein d'orgueil, la prudence s'imposait ! Diplomate, par sa race et par son père, elle l'était doublement ! Elle ruserait donc, par nécessité. S'il grondait, son lion apprivoisé, elle l'apaiserait, au besoin, par de petites caresses sans conséquences ! Elle roucoulerait, elle tomberait à ses pieds, elle lui baiserait les mains en lui demandant pardon ! [...] Aussi Juliette échafaudait des raisonnements fallacieux, préparait des excuses plausibles, fourbissait de subtils mensonges[6].

Les femmes tentatrices et cruelles, femmes de mauvaise vie, sans moralité, à la sexualité exhibée, forment donc un ensemble qui s'oppose symboliquement au groupe des « saintes », des servantes mystiques constitué, à des degrés divers, par les sœurs Brunsvick, Eleonore von Breuning, Nannette Streicher, et quelques autres. De façon générale, les qualités mises en avant chez les personnages féminins adjuvants sont donc la modestie, la pudeur, la piété et le dévouement.

Nannette Streicher et son mari Andreas, facteurs de pianos, compositeurs, interprètes, pédagogues, étaient des figures de premier plan de la vie musicale viennoise. Mais lorsque Nannette est évoquée dans les biographies beethovéniennes, c'est toujours à travers l'aide qu'elle aurait apportée au compositeur dans son ménage, en lui cherchant une domestique, voire en nettoyant elle-même son appartement, devenant ainsi dans ces récits le type même du dévouement féminin face au génie incompris, comme chez Fauchois :

La sueur plaquait à son beau front des mèches de cheveux échappés du linge qui lui enveloppait la tête. Ses joues roses et son joli menton luisaient comme des pommes d'api, bien vernissées. [...] Immobile, en face de lui, son chiffon à la main, haletante un peu, elle ne disait rien. Son sourire répondait à celui de Beethoven. Elle savait qu'il était inutile de lui parler, d'abord parce qu'il n'entendait plus, ensuite parce qu'il comprenait en la regardant, et qu'il lisait sur son visage, clairement, qu'elle l'admirait et que le servir l'emplissait d'une joie forte et d'une immense fierté dont elle rayonnait[7].

L'érotisme mystique qui se dégage de la scène, accentué par le silence, manifeste bien le fantasme que constitue pour Fauchois, et pour d'autres, l'image de la femme dévouée corps et âme, ici peinte sous les traits de la servante mystique. C'est un *topos* de la littérature du XIXe siècle que

6 René Fauchois, *La Vie d'amour de Beethoven*, Paris, Flammarion, 1928, p. 123-124.
7 *Ibid.*, p. 98-99.

ce personnage de femme qui se dévoue au héros : c'est souvent la sœur, au sens propre, qui endosse le rôle, position qui interdit tout rapport de désir, mais qui ne se réduit pas au déterminisme biologique maternel. La sœur du héros, qui forme souvent couple avec la mère, choisit, contrairement à cette dernière, sa soumission et son dévouement ; c'est sur ce modèle que sont construites Ève, la sœur de Lucien de Rubempré dans les *Illusions perdues*, mais aussi Dounia, la sœur de Raskolnikov dans *Crime et châtiment*, et plus tard Antoinette, la sœur d'Olivier dans *Jean-Christophe*. Nannette Streicher, dit Wilder, qui « veill[e] sur l'entretien de son linge et de ses hardes », voue aussi à Beethoven « l'affection d'une sœur[8] ».

Les revendications féminines du tournant du siècle, par la terreur qu'elles provoquent chez beaucoup d'hommes, contribuent à la persistance, et même à l'accentuation de ce type de représentations. Pas de juste milieu : les femmes sont pieuses et soumises, ou perverses et séductrices. Les biographies de Beethoven s'inscrivent dans cette logique, en polarisant fortement, au sein du système adjuvants/opposants, les personnages féminins. Le dévouement des adjuvants féminins s'accompagne souvent du motif de la *consolation* : le personnage féminin positif est celui qui soulage le héros des misères qu'il subit. Caroline Unger et Henriette Sontag, deux chanteuses qui travaillèrent avec Beethoven pour la *Neuvième* et la *Messe en ré*, ont « du moins [...] été douces pour lui : sans chercher à l'aimer, elles ont mis dans sa vue quelques rayons de printemps[9] », affirme Teodor de Wyzewa. Imaginant les répétitions, le critique croit « voir un peu d'indulgente pitié se mêler à leur sourire[10] » et leur sait gré d'avoir « un moment distrait, apaisé l'angoisse qu'il éprouvait à vivre[11] ».

Parmi tous ces personnages féminins qui peuplent les biographies beethovéniennes, Bettina Brentano a un statut un peu à part. Elle rend visite à Beethoven en 1810 et publie ensuite les lettres qu'ils auraient échangées, dont certaines – les plus fougueuses – se sont avérées apocryphes. La nature exacte de leur relation reste, elle aussi, très mystérieuse. Les

8 Victor Wilder, « Beethoven : ses dernières années. Beethoven en pantoufles », *Le Ménestrel*, 10e livraison, 14 novembre 1880, p. 394.

9 Teodor De Wyzewa, « Amitiés de musiciens : deux amis de Beethoven ; un faux ami de Wagner », *Revue des deux mondes*, 15 novembre 1893, p. 446.

10 *Ibid.*, p. 447.

11 *Ibid.*, p. 451.

biographes hésitent sur la façon dont ils doivent traiter ce personnage. La confiance qu'ils accordent – ou non – aux fameuses lettres détermine en grande partie ce traitement. Pour certains, elle est une amante mystique, comme Thérèse, ou une muse inspiratrice ; pour d'autres, une fieffée coquine ou une hystérique qui a colporté des mensonges. Victor Wilder, puis Édouard Schuré, en font une jeune fille extravagante et charmante qui aurait consolé Beethoven à un moment de souffrance. Wilder lui consacre deux livraisons de son feuilleton : elle est « l'esprit consolateur », une « charmante apparition », une « jeune et belle inconnue, qui lui souriait avec la familiarité d'une vieille amie » et à la vue de laquelle « le visage du maître s'adoucit[12] ». Schuré reprend le même récit et les mêmes images en 1884, faisant de Bettina une « jeune fille espiègle et enthousiaste[13] », une « charmante jeune fille dont les yeux, pleins d'admiration et de coquetterie, lui souriaient », et qui fait comme chez Wilder « se radouci[r][14] » le visage du maître. Jean Chantavoine, en 1907, insiste davantage, non plus sur la consolation qu'elle a procurée, mais sur l'admiration que Beethoven aurait éprouvée pour elle, ce qui a le mérite de l'originalité : « Jamais encore il n'avait rencontré chez aucune femme un esprit si cultivé, si brillant : s'il ne l'aima pas, il s'enthousiasma pour elle et lui fit même… un sonnet[15]. » Déjà, Chantavoine se montre réticent à prendre au sérieux l'une des lettres qu'il qualifie de « bien curieuse[16] ». Pour Paul Valayer, en 1936, c'est dans le camp des pécheresses qu'il faut la ranger : c'est une « grande coquette », une « Célimène », et « toute sa correspondance trahit une imagination folle et la pensée de se faire valoir. Elle s'agite, elle intrigue, elle se vante ». La conclusion est sans appel : « On doit voir en elle un oiseau babillard et charmant, ce que le langage moderne appelle une allumeuse[17]. » Selon lui, c'est bien davantage son départ que son arrivée qui soulagea Beethoven !

Les personnages féminins ont donc une fonction purement narrative dans ces biographies : adjuvantes quand elles apparaissant dans le rôle

12 Victor Wilder, « Beethoven, les jours de gloire et de souffrance. L'esprit consolateur », *Le Ménestrel*, 21e livraison, 25 mai 1879, p. 202.

13 Édouard Schuré, « Les Concerts du dimanche et les maîtres symphonistes », *Revue des deux mondes*, 15 avril 1884, p. 795.

14 *Ibid.*, p. 794.

15 Jean Chantavoine, *Beethoven*, Paris, Félix Alcan, 1907, p. 36.

16 *Ibid.*, p. 37.

17 Paul Valayer, « Le Cœur de Beethoven », *La Nouvelle Revue*, 15 mars 1936, p. 114.

de muses ou de servantes, opposantes quand elles prennent les traits de séductrices castratrices et cruelles. De collaboration artistique, point. Parmi ces trois exemples, Giullietta Guicciardi, Nannette Streicher et Bettina Brentano, les deux dernières semblent pourtant avoir joué un rôle décisif dans la pratique et l'esthétique de Beethoven, chacune à sa manière.

LA « VRAIE » NANNETTE STREICHER

Née en 1769, d'un an l'aînée de Beethoven, Anna-Maria Stein est la fille du célèbre Andreas Stein, facteur de pianos à Augsburg. Pianiste précoce, et même enfant prodige, elle donne des récitals à cinq ans : elle est présentée à Mozart en 1777, qui reconnaît son « génie » mais fait un rapport assez sévère, bien que très amusant, de la performance dans une lettre au père Stein[18]. Selon les témoignages de contemporains, le niveau de Nannette est celui des virtuoses de l'époque, et elle aurait pu mener une carrière de pianiste ; cependant, c'est le métier de factrice de pianos qu'elle choisit, devenant, selon les mots de Kalischer, une « artiste de la technique » (« *mechanische Künstlerin*[19] ») : après avoir appris le métier avec son père, en l'accompagnant dès son plus jeune âge dans ses tournées de travail, elle reprend l'affaire, à sa mort en 1792, avec l'aide de son jeune frère. Après son mariage en 1794 avec Andreas Streicher, pianiste, pédagogue, compositeur, ami de jeunesse de Schiller, elle déménage avec lui à Vienne et y poursuit son activité, assistée de son mari puis de ses fils. L'affaire est prospère, comme en témoigne, par exemple, le contrat qu'elle conclut avec Breitkopf und Härtel en 1802.

UNE COLLABORATION D'ABORD D'ORDRE TECHNIQUE

Sa collaboration avec Beethoven est d'abord d'ordre technique. Une exposition à la Beethoven-Haus de Bonn, en 1999, a montré que le

18 Peter Clive, « Streicher », *in Beethoven and his world. A biographical dictionnary*, New York, Oxford University Press, 2001, p. 357.

19 Lettre anonyme citée par Anna Gertrud Huber, *Ludwig van Beethoven, seine Schüler und Interpreten*, Vienne, Walter Krief, 1953, p. 28.

travail de composition de Beethoven est fortement lié aux innovations de Nannette Streicher sur le pianoforte, sans lesquelles un grand nombre de ses œuvres n'auraient simplement pas pu advenir[20]. Leur rencontre est assez ancienne, puisqu'elle date d'une visite de Beethoven chez Stein, lors de son premier voyage à Vienne et à Augsbourg en 1787. Il rencontre toute la famille, dont la jeune fille. Par la suite, peu après son arrivée à Vienne, il écrit aux Streicher nouvellement installés, des lettres concernant la technique des pianos qu'il a eu l'occasion d'essayer ou de louer. Cette correspondance, d'ordre technique, durera de nombreuses années. En 1796 par exemple, il écrit à Andreas que le piano qui lui a été prêté ne lui permet pas une liberté de ton assez complète, car il est « trop bien pour lui[21] ». Le piano sera ensuite modifié selon ses commentaires, par Nannette évidemment, puisque Andreas se consacre alors à son activité de professeur de piano. En 1810 encore, il demande conseil pour corriger un piano français qu'il vient d'acheter. C'est aussi à cette époque qu'il demande à Nannette Streicher de lui confectionner des instruments adaptés à sa surdité, qui s'aggrave d'années en années. Ainsi le 7 juillet 1817, de Nussdorf, il commande aux Streicher un piano adapté à son audition difficile, jurant que depuis 1809 il considère que leurs instruments sont les meilleurs, et estimant qu'eux seuls sont capables de lui fournir un piano qui convienne à son handicap. Les lettres et les témoignages de contemporains confirment que la demande a été entendue et elles font état des inventions et des prouesses techniques que Nannette Streicher déploie pour lui fournir des outils pour entendre, ou sentir, les vibrations des cordes du piano.

C'est pourquoi il faut noter un paradoxe frappant : les seules lettres techniques, professionnelles, que nous ayons, sont adressée à Andreas et non pas à Nannette, alors que les témoignages de l'époque la désignent clairement comme la technicienne de l'entreprise. Beethoven, dans ses lettres, ne manque jamais de transmettre ses amitiés chaleureuses à

20 Voir Michael Ladenburger, Uta Streicher-Goebl et Utta Streicher (dir.), « *Diesem Menschen hätte ich mein ganzes Leben widmen mögen* », *Beethoven und die Wiener Klavierbauer Nannette und Andreas Streicher*, Bonn, Verlag Beethoven-Haus, 1999.

21 Ludwig van Beethoven, lettre du 19 novembre 1796 à Andreas Streicher, reproduite dans *Briefwechsel*, tome 2, Brandenburg Sieghard (éd.), München, G. Henle Verlag, 1996, p. 33 : « zu gut [...] für mich ». Notre traduction. Citation complète : « *ich müßte lügen, wenn ich ihnen nicht sagte, daß es mir zu gut ist für mich, und warum ? – weil es mir die Freiheit benimmt, mir meinen Ton selbst zu schaffen, übrigens, soll sie das nicht abhalten alle ihre forte-piano so zu machen, es werden sich auch wohl wenige zu finden, die ebenfalls solche Grillen haben.* »

Madame, mais les lettres sont adressées à Andreas. Respecte-t-il par là certaines convenances sociales ? Il échange pourtant avec Nannette une correspondance amicale abondante. Cela tient peut-être tout simplement au fonctionnement de l'entreprise, dans laquelle Andreas, moins technicien, aurait assuré la gestion des affaires courantes, notamment épistolaire.

DIFFUSION DE SA MUSIQUE

Outre la collaboration technique, Nannette Streicher offre également à Beethoven une aide que l'on pourrait qualifier de sociale, dans la mesure où elle apporte un soutien non négligeable au développement de sa carrière, en grande partie grâce au lieu de sociabilité que constitue son magasin. Assez rapidement après leur arrivée à Vienne, les Streicher développent en effet un réseau professionnel, musical, qu'ils entretiennent grâce à la salle de concert dont ils dotent le magasin, mais aussi grâce au salon qu'ils tiennent chez eux tous les dimanches. Beethoven profite abondamment de ces lieux de sociabilité pour faire connaître sa musique, ainsi que des liens privilégiés entretenus par Nannette Streicher avec plusieurs éditeurs. Dans la salle des concerts de la maison comme lors des matinées dominicales, la musique de Beethoven est en permanence interprétée, soit par lui-même, soit par les maîtres de maison, soit par les élèves d'Andreas, qui « testent » ainsi à la fois les pianos neufs de la maison Streicher et les œuvres nouvelles de Beethoven.

Pour le compositeur, qui appartient aux premières générations de musiciens indépendants, il est essentiel de construire un réseau pour faire connaître – et acheter ! – sa musique. En cela, le réseau et les moyens que Nannette Streicher met à sa disposition lui sont d'une aide précieuse ; il semble même avoir été un familier de la maison. Cela n'empêchait pas que l'atmosphère y fût parfois houleuse : dans une lettre à Nannette, en 1817, Beethoven s'excuse d'avoir provoqué dans son salon « un petit échauffement » (« *eine kleine Entzündung*[22] »). L'incident ne semble pas avoir entamé leur amitié, et Beethoven entretient avec la famille Streicher des rapports quasi-familiaux jusqu'à la fin de sa vie. En 1824 encore, Andreas envoie à Beethoven, depuis Baden, des conseils et des encouragements pour dépasser ses difficultés, en particulier l'insuccès

22 Ludwig van Beethoven, lettre à Nannette Streicher [peu avant le 12 janvier 1818], *Briefwechsel*, *op. cit.*, p. 155. Notre traduction.

de la *Neuvième Symphonie*, et la même année, il l'enjoint à venir les voir plus souvent.

AIDE MATÉRIELLE ET PSYCHOLOGIQUE

C'est là une dernière forme d'aide qu'ont pu prodiguer les époux Streicher à Beethoven : une aide psychologique, mais aussi matérielle et domestique, dont Nannette semble s'être chargée en particulier. Entre janvier 1817 et juin 1818, Beethoven envoie à Nannette Streicher plus de soixante lettres et billets. Lancé dans une bataille judiciaire contre sa belle-sœur pour obtenir la garde de son neveu, Karl, Beethoven s'enquiert auprès de Nannette, presque quotidiennement, de détails domestiques, afin d'établir un ménage susceptible d'accueillir un enfant ; mais ces lettres sont aussi l'occasion de se plaindre et d'exprimer ses angoisses à celle qui est devenue son amie et sa confidente. Maynard Solomon résume ainsi leur relation :

> Nannette Streicher devint, selon l'expression des Sterba, « sa protectrice et sa conseillère maternelle », à qui il demandait conseil au sujet de toutes les choses de la maison – cuisine, linge, embauche et conduite des domestiques, soins et achat d'ustensiles de maison, déménagement, et jusqu'à l'éducation de son neveu Karl. C'est à Nannette Streicher qu'il avouait aussi sa crainte profonde que ses domestiques aient partie liée avec Johanna ou le trompent ou encore le volent. Au cours de sa correspondance qui commença dans la bonne humeur et dans une réserve aimable, Beethoven glissa de plus en plus dans les expressions d'une profonde dépendance et de sentiments d'abandon[23].

En effet, le ton des lettres est très familier et le compositeur, comme à son habitude, parsème sa prose de plaisanteries, de jeux de mots et de récits enlevés de ses déboires domestiques : le 27 décembre 1817, il se vante d'avoir jeté une demi-douzaine de livres à la figure de sa cuisinière… Dans ces lettres en apparence centrées sur le matériel, Beethoven se confie énormément, avoue ses craintes, partage également les joies que lui procure la présence de son neveu. C'est ce qui fait écrire à Kalischer qu'« en ce qui concerne l'implication, le sacrifice de soi, l'amitié immuable au compositeur, Nannette Streicher n'a aucun rival, qu'il soit masculin ou féminin. C'est pourquoi, en un mot, nous pouvons la désigner comme la

23 Maynard Solomon, *Beethoven* [1977], traduction de Hans Hildenbrand, Paris, J.-C. Lattès, 1985, p. 270-271.

bonne samaritaine de Beethoven[24] ». Maynard Solomon, dans sa biographie de 1977 qui constitue une tentative de psychanalyse à distance de Beethoven, interprète « sa liaison étrange et intense[25] » avec Nannette comme une volonté de participer à la vie familiale des autres. Toutefois, cette relation quotidienne et quasi maternelle provoqua la perplexité de l'entourage : « L'intérêt que Nannette Streicher portait aux affaires domestiques de Beethoven et les continuelles visites qu'ils se rendaient l'un à l'autre éveillèrent inévitablement le soupçon – non pas cependant de la part du mari[26]. » Malheureusement, une partie de la relation reste mystérieuse, puisque, d'une part, les relations entre Beethoven et les Streicher étant rapidement devenues intimes, et les protagonistes se donnant des visites continuelles, la correspondance écrite n'avait plus lieu d'être, sauf pour des soucis domestiques et matériels ; d'autre part, Beethoven n'a pas conservé les lettres de Nannette Streicher et ne nous sont parvenues que celles du compositeur. De façon générale, on peut remarquer que Beethoven s'est montré plutôt ingrat avec elle : malgré les remerciements qu'il exprime dans ses lettres et quelques cadeaux, notamment plusieurs bouteilles d'eau de Cologne, pas une seule de ses œuvres n'est dédiée à Nannette Streicher.

LA « VRAIE » BETTINA BRENTANO

Un autre cas de figure intéressant, bien que tout à fait différent, est celui des rapports entretenus entre Beethoven et Bettina Brentano. Née en 1785, de quinze ans la cadette de Beethoven, c'est une jeune poétesse et musicienne qui, lorsqu'elle rencontre Beethoven en 1810, a déjà quelques faits d'armes derrière elle. En 1807, elle a entrepris un voyage à Weimar pour rencontrer Goethe ; cette rencontre donnera lieu, par la suite, à une abondante correspondance, qui prendra fin en 1811

24 J.-K. Kalischer, *op. cit.*, p. 35 « *An selbstlosester Teilnahme, an Aufopferung, an unwandelbarer Freunhdschaft zu unserm Tonmeister hat Nannette Streicher weder einen männlichen noch einen weiblichen Rivalen. Nennen wir sie darum kurz : Beethovens barmherzige Samariterin* ». Notre traduction.

25 M. Solomon, *op. cit.*, p. 104.

26 *Ibid.*, p. 271.

à la suite d'une dispute, et que Bettina publiera bien plus tard et avec d'importantes torsions romanesques sous le titre *Goethes Briefwechsel mit einem Kinde* en 1835. Elle a, en outre, participé à la collecte des chansons folkloriques que son frère, Clemens Brentano, et son futur mari, Achim von Arnim, publient de 1805 à 1808 sous le titre *Des Knaben Wunderhorn : Alte deutsche Lieder*. Gustav Mahler les mettra plus tard en musique. Elle a enfin étudié le chant, le piano et la composition à Munich de 1808 à 1809, et publié certaines de ses compositions. C'est donc une jeune artiste très complète qui rencontre Beethoven lors de son voyage à Vienne en mai 1810, par l'intermédiaire de sa belle-sœur, Antonia Brentano.

Quelles discussions ont pu tenir cette jeune artiste et un compositeur grand lecteur de Goethe, qui compose, justement à ce moment-là, *Egmont* (en 1809-1810), *Six lieder sur des poèmes de Goethe* (1809) et *Trois lieder sur des poèmes de Goethe* (1810) ? Nous n'en avons malheureusement plus de traces. Le récit que fit Bettina Brentano de cette rencontre rapporte une forme de miracle : Beethoven, d'humeur sombre et misanthrope, refusait toute compagnie depuis des semaines, mais il fit un accueil plus que chaleureux à Bettina et Antonia et passa avec elles les derniers jours qui restaient à la jeune femme avant de partir pour Berlin épouser Achim von Arnim. À en croire la lettre qu'il lui envoya ensuite à Berlin, on peut considérer que la rencontre fut pour le moins cordiale : c'est une lettre très chaleureuse et qui témoigne d'une réelle complicité, puisque Bettina Brentano est la seule femme, à part l'anonyme « Immortelle Bien-Aimée », qu'il tutoie dans sa correspondance. En outre, une lettre de Goethe à Beethoven du 25 juin 1811 évoque la visite de Bettina, qui lui aurait parlé de Beethoven avec la plus grande affection. Bettina a publié cette lettre reçue de Beethoven, bien plus tardivement, dans la revue *Athenaeum* en 1839, puis dans son roman *Ilius Paphilius und die Ambrosia*, ainsi que deux autres lettres, datées des 11 août 1810 et 15 août 1812, qui se sont avérées apocryphes. Dans la seule lettre authentique qui est restée, malgré la chaleur du ton, il n'est question ni de poésie ni de musique. Il n'est donc pas étonnant que la jeune Bettina, frustrée sans doute, ait eu l'idée de rédiger puis de publier les fausses lettres, bien plus développées, qui mettent en scène Beethoven réfléchissant sur la profondeur de son art et sur son lien avec la poésie. Bettina Brentano met-elle en forme des considérations qu'il a émises pendant les quelques jours qu'ils passèrent ensemble ? Se sert-elle de ce personnage pour développer sa propre esthétique ? La question reste ouverte. Ce que Beethoven a pu retirer de cette relation, nous n'en savons quasiment rien. La rencontre que Bettina Brentano organisa deux ans plus tard à Teplitz entre Beethoven et Goethe fut un échec et la correspondance entre les deux hommes, comme entre Beethoven et Bettina, cessa alors, ce qui peut laisser croire que Beethoven la considéra surtout comme une intermédiaire possible entre lui et le grand poète qu'il admirait tant.

Mais ce deuxième exemple, associé au premier, met en évidence un élément assez gênant dans le cadre des recherches de collaborations entre hommes et femmes : les artistes ne semblent pas considérer ces collaborations comme valables et n'en gardent pas de trace. Beethoven ne conserve pas les lettres de Nannette Streicher, il ne lui écrit directement que pour se plaindre de ses soucis domestiques et ne s'intéresse visiblement pas à ce que pourrait lui apporter une correspondance suivie avec Bettina. Il ne s'agit là que d'une hypothèse : les lettres ont-elles été brûlées, perdues ? On sait qu'Anton Schindler a fait disparaître un certain nombre de documents après la mort de Beethoven. Mais ces deux exemples sont étrangement concordants.

Le cas de Beethoven incarne un double paradoxe assez étonnant : d'une part, la postérité le présente comme un misanthrope, mais entouré de femmes ; d'autre part, malgré l'obsession des biographes pour les personnages féminins et la variété des figures concernées (musicienne, factrice de piano, chanteuse, poétesse), les biographes peinent à définir la nature exacte des relations, et au besoin, recourent à leur imagination.

Pourtant, il semble évident, dans le cas de ces deux femmes, qu'elles ont, par leur stature et la proximité qu'elles ont eues avec le compositeur, apporté quelque chose à l'œuvre. Nannette Streicher, par ses innovations techniques et son aide à la diffusion ; Bettina Brentano, par l'originalité de son univers. Il faut donc faire le constat d'un échec relatif : au début de ce travail, il semblait évident qu'il se solderait par la découverte d'éléments probants de collaboration. Dans le cas de Bettina Brentano, la récolte est quasi nulle ; dans le cas de Nannette Streicher, il y a bien des traces d'une collaboration professionnelle, sociale, mais les éléments qui auraient pu nous mettre sur une voie précise (travail de la composition en fonction des différents modèles de piano) ont disparu.

Cet échec permet cependant de mettre en lumière un élément primordial : le problème écrasant des sources dans les recherches sur les collaborations entre hommes et femmes. Premièrement, la postérité empêche souvent de retrouver les traces d'une réelle collaboration possible, car non seulement l'histoire donne la priorité aux hommes, mais la perspective romantique de l'art privilégie la valeur de l'autonomie. Deuxièmement, les artistes eux-mêmes n'accordent pas à ces collaborations un prix assez haut pour conserver les lettres, ni pour rendre visibles les échanges, qu'ils soient techniques, esthétiques ou philosophiques.

Marie GABORIAUD

SUZANNE DUCHAMP

Sortir de l'ombre et repenser la pratique de la collaboration

Si l'expression « être à l'ombre de » peut suggérer la position agréable de celui ou de celle qui profite de l'ombre d'un grand arbre, par exemple, pour éviter d'avoir trop chaud, la question que je poserai plutôt sera celle de la femme qui se trouve « *dans l'ombre* de grands hommes » : c'est d'un effet obscurcissant de l'ombre bien plus que protecteur qu'il sera question ici. À un premier niveau, Virginia Woolf faisait déjà, en 1929, dans *A Room of One's Own*, le constat des obstacles auxquels les femmes qui écrivent ont toujours été confrontées pour accéder à la reconnaissance, sortir de l'ombre et acquérir le statut d'auteure. De la dépendance financière aux idées reçues sur leur inaptitude à la création artistique en passant par les restrictions de l'enseignement artistique et la domination masculine régnant dans les institutions artistiques, les raisons pour lesquelles les femmes ont, historiquement, été maintenues dans l'ombre sont nombreuses. Même celles qui ont surmonté les obstacles et produit une œuvre n'ont eu et n'ont qu'une place extrêmement réduite dans les canons littéraires et artistiques, produisant l'impression qu'il y aurait très peu de femmes dans l'histoire des arts occidentale. L'ombre que les « grands hommes » de notre patrimoine portent aux femmes artistes est donc, en ce sens, historiquement construite par les structures socio-politiques, idéologiques et culturelles[1] : il s'agit d'un processus d'invisibilisation, de « mise à l'ombre ». À un second niveau, qui s'articule logiquement au premier et qui constitue souvent l'une des

1 La question est toujours d'actualité, il suffit de penser aux récentes pétitions lancées pour donner une plus grande place aux auteures dans les programmes d'enseignement : voir la pétition « Pour donner leur place aux femmes dans les programmes de littérature du bac L », lancée en mai 2016 ou encore celle lancée en avril 2017 pour réclamer plus d'œuvres de femmes au programme de l'agrégation de lettres.

modalités de cette « mise à l'ombre », nombreuses ont été les femmes qui ont travaillé pour, ou avec, un artiste homme, voire dans l'ombre de ce dernier (pour s'en tenir au dernier siècle et demi, les noms de Camille Claudel et Auguste Rodin, Colette et Willy, Dora Maar et Picasso, Zelda et Francis Scott Fitzgerald viennent, pêle-mêle, à l'esprit). Dans *Femmes d'artistes, femmes artistes*, Catherine Lopes-Curral brosse, de Marthe Bonnard ou Colette à Niki de Saint-Phalle ou Yoko Ono, quarante-quatre portraits de femmes compagnes de grands artistes, dont beaucoup sont aussi des femmes artistes[2]. Les modalités de ce travail « pour », « avec », « dans l'ombre de » sont variées : sacrifice consenti par celle qui fait office de secrétaire, de muse ou de modèle (à l'instar d'Hortense Cézanne, posant des heures durant et supportant les insultes de son mari), collaboration forcée (qui dépossède la femme de son œuvre, effaçant sa signature au profit de celle du mari – c'est l'histoire de Willy et de Colette, qui finit par se rebeller et conquérir sa liberté), effacement complet (comme celui de la peintre Jeanne Hébuterbe qui, après avoir partagé la vie de Modigliani pendant trois ans jusqu'à la mort de ce dernier, met fin à ses jours le lendemain), ou encore collaboration plus harmonieuse (comme pour Niki de Saint-Phalle et Jean Tinguely). Envisager le rapport de la femme artiste « dans l'ombre » d'un grand homme, implique, à ce niveau, d'interroger la nature de leur collaboration.

Le cas de Suzanne Duchamp et de sa contribution au mouvement dada parisien est particulièrement intéressant dans ce contexte, précisément parce qu'il permet d'éclairer, dans le cadre des avant-gardes de la première moitié du XXe siècle, à la fois le processus d'occultation historiographique d'une femme artiste, active et reconnue dans le mouvement dada, et son apport spécifique sur un sujet crucial dans la pensée et les pratiques de cette avant-garde : celui de la nature collaborative du travail artistique, prônée et pratiquée en particulier par Marcel Duchamp. Entre 1916 et 1922, Suzanne Duchamp évolue et crée dans le cadre souple de Dada à Paris – dès avant l'officialisation de Dada Paris, avec le retour de Picabia en 1919 puis l'arrivée de Tzara en 1920, et jusqu'à la prise de distance qui intervient peu avant la fin officielle de Dada Paris. Mouvement qualifié *a posteriori* d'avant-garde, Dada a été décrit, au même titre que les autres mouvements d'avant-garde de la première moitié du XXe siècle,

2 Catherine Lopes-Curral, *Femmes d'artistes, femmes artistes*, Paris, Des femmes, 2016.

comme un « club d'hommes[3] » dans un contexte social où la domination masculine règne toujours dans le monde artistique et dans les jurys des Salons, et où la misogynie est générale. Nombreuses sont néanmoins les femmes artistes à avoir créé et à avoir été reconnues à l'époque même de ces mouvements[4]. Pour toutes ces femmes artistes, actives dans les avant-gardes, plutôt que d'un statut prédéterminé – « à l'ombre d'un grand homme » –, on a affaire à une véritable relégation, « à l'ombre » d'un groupe d'hommes. Il s'agit bien d'une construction historiographique qui, dès l'époque des premières avant-gardes, ne retient, pour les intégrer aux canons, que des figures masculines. Suzanne Duchamp ne fait pas exception : pour elle, comme pour de nombreuses autres femmes artistes des avant-gardes, un mouvement historiographique de « sortie de l'ombre » s'est mis en place avec les approches féministes et les études de genre et grâce à elles. Mais au-delà de la reconnaissance de l'apport de Suzanne Duchamp aux pratiques artistiques dadaïstes du collage, c'est aussi la notion même de collaboration qui est au cœur de certains *ready-made* réalisés par les deux Duchamp.

SUZANNE DUCHAMP : DE L'OMBRE À LA RÉHABILITATION

Si Suzanne Duchamp ne fut pas un membre central du groupe Dada parisien, elle fut néanmoins une artiste très productive, et dont la production dada remonte à 1916. Artiste reconnue par Marcel Duchamp,

---

3 Ruth Hemus parle de « mouvement d'hommes » (« men's movement ») et de « club réservé aux hommes » (« men-only club » : Hemus Ruth, *Dada's Women*, New Haven et Londres, Yale UP, 2009, p. 8 et p. 6) et Valerie Preston-Dunlop décrit un « territoire masculin » (« Dada was a male domain », « Notes on Bodies in Dada », dans *Dada : The Coordinates of Cultural Politics*, vol. 1, dir. par Stephen C. Foster, New York, G. K. Hall, 1996, p. 175).

4 Pour ne citer que quelques noms tout en donnant une idée de l'ampleur de leur présence : dans les pôles européens de Dada ont évolué Céline Arnauld, Alice Bailly, Marguerite Buffet, Gabrielle Buffet-Picabia, Nelly von Doesburg, Suzanne Duchamp, Renée Dunan, Germaine Everling, Emmy Hennings, Hannah Höch, Angelika Hoerle, Maja Kruscek, Adrienne Monnier, Suzanne Perrottet, Adya van Rees-Dutilh, Käte Steinitz, Sophie Taueber, Maria Vanselow, Mary Wigman, Käthe Wulff.

qui le dit dans ses entretiens de 1966 avec Pierre Cabanne[5] et avec qui elle produisit plusieurs œuvres en collaboration (ce qui est un signe de reconnaissance), elle figure parmi les 391 présidents de Dada dans le *Bulletin Dada* qui fut distribué comme programme lors de la Matinée Dada du 5 février 1920 à l'occasion de la réouverture du Salon des Indépendants après la guerre (28 janvier-29 février 1920), et plusieurs de ses œuvres furent exposées dans ce contexte, à côté de celles de Picabia, de Georges Ribemont-Dessaignes et de Jean Crotti qu'elle a épousé en 1919. Elle signe ensuite, en janvier 1921, le manifeste « Dada soulève Tout[6] », à l'époque qui marque l'apogée de Dada à Paris. En avril 1921, elle organise avec son mari une exposition individuelle à la Galerie Montaigne : deux mois plus tard, la galerie accueillera, du 6 au 18 juin, la manifestation collective du Salon Dada et organisera trois Soirées Dada (seule la première, le 10 juin, se déroule régulièrement). Elle participe également au Salon d'automne 1921, mais à cette date elle et son mari ont pris parti pour Picabia dans le différend qui l'oppose à Dada et qui a éclaté publiquement en mai 1921, d'abord dans un article de Picabia paru dans *Comoedia* le 11 mai et ensuite, deux jours plus tard, à l'occasion du « Procès Barrès ». La manifestation la plus visible de l'éloignement de Suzanne Duchamp par rapport à Dada est le « mouvement » Tabu qu'elle et Jean Crotti lancèrent en distribuant le manifeste *Tabu-Dada* à l'occasion du vernissage du Salon d'automne le 21 septembre 1921 et dont ils resteront les seuls représentants. Ainsi donc, la participation de Suzanne Duchamp à l'entreprise Dada est loin d'être négligeable et sa place dans les manifestations du groupe est reconnue.

Pourtant, l'apport de son travail a longtemps été ignoré et elle a même, très tôt, été effacée de l'historiographie dadaïste, « mise dans l'ombre » de ces hommes célèbres que furent ses frères, tout particulièrement Marcel, et son mari. Ses deux patronymes – celui de Duchamp comme son nom marital de Crotti – suffisent à la faire disparaître derrière les hommes de sa famille et ont contribué à consacrer sa place dans l'histoire

5 – Cabanne : « La personne la plus proche de vous c'était votre sœur Suzanne ? » – Marcel Duchamp : « Oui, elle était également un peu "dans le coup" puisqu'elle a peint toute sa vie, un peu moins mais avec beaucoup plus de persévérance et beaucoup plus d'enthousiasme que moi » (Duchamp Marcel, *Entretiens avec Pierre Cabanne* [1967], Paris / Pin-Balma, Éditions Allia / Sables, 2014, p. 15).

6 Reproduit dans *Documents Dada*, réunis et présentés par Poupard-Lieusson Yves et Sanouillet Michel, Paris, Weber, 1974, doc. 26, p. 52-53.

de Dada en tant que « sœur de » et « femme de ». Dès les années 1920, quand André Salmon rédige la préface au catalogue de l'exposition des œuvres de Suzanne Duchamp et de Jean Crotti en avril 1921, il consacre quatre pages à Jean Crotti et quatre lignes à Suzanne Duchamp. Il n'y a de référence à Suzanne Duchamp ou de reproduction de ses œuvres ni dans l'« Histoire de Dada » que Georges Ribemont-Dessaignes publie en 1931[7] ni dans la série d'articles que Georges Hugnet publie entre 1932 et 1936, dans les *Cahiers d'Art*, sur « L'esprit Dada dans la peinture[8] ». Comme pour la quasi-totalité des femmes artistes pendant la période des avant-gardes de la première moitié du XXe siècle, cet effacement de l'historiographie officielle s'enracine donc dans les premiers récits, écrits par les acteurs – hommes – des mouvements : les premiers chroniqueurs du mouvement Dada ont été des hommes ; tandis que Ball, Hausmann, Huelsenbeck, Hans Richter, ont laissé des mémoires ou des récits autobiographiques (dans lesquels l'absence des femmes en dit long sur le statut qu'ils leur accordaient), il y a très peu de récits similaires écrits par des femmes – et quand Emmy Hennings écrit, c'est surtout sur son mari Hugo Ball. Il faut sans doute voir là l'expression d'une misogynie « ordinaire », banalisée et intégrée dans une certaine mesure même par les actrices de ces mouvements. Cette marginalisation initiale est ensuite répétée et se perpétue : pas de référence à Suzanne Duchamp dans l'anthologie de Robert Motherwell, *The Dada Painters and Poets*[9], et à peine une dizaine d'entrées dans le *Dada à Paris* de Michel Sanouillet, entrées qui sont au nom de « Suzanne Crotti » et qui renvoient essentiellement à des notes de bas de page et à des mentions dans des listes (de programmes de soirées ou de signataires de tel ou tel document). Quand elle n'est pas « femme de Jean Crotti » (comme le souligne le nom choisi pour l'indexation dans l'ouvrage de Sanouillet, alors même qu'elle signe Suzanne Duchamp), elle est « sœur de » son célèbre frère Marcel, ou encore sœur du sculpteur Raymond Duchamp-Villon et du peintre Jacques Villon. Suzanne Duchamp est en ce sens « dans l'ombre de » son mari et surtout de ses frères. Symptomatiquement, quand

---

7 Georges Ribemont-Dessaignes, « Histoire de Dada », *La Nouvelle Revue française*, n° 213, juin 1931, p. 867-879 ; n° 214, juillet 1931, p. 39-52.

8 Georges Hugnet, « L'esprit Dada dans la peinture », *Cahiers d'Art*, 1932, vol. 7 (n° 1-2, 6-7, 8-10) ; 1934, vol. 9 (n° 1-4) ; 1936, vol. 11 (n° 8-10).

9 Robert Motherwell, *The Dada Painters and Poets*, New York, Wittenborn, Schultz Inc, 1951.

Pierre Cabanne écrit un ouvrage sur les artistes de la famille Duchamp, il l'intitule *Les Trois Duchamp*[10] et construit ainsi une fratrie d'artistes qui exclut Suzanne. D'une façon similaire, l'exposition consacrée aux Duchamp par la galerie Dina Vierny à Paris, en octobre-novembre 1988, est intitulée « Marcel Duchamp et ses frères[11] ».

Très longtemps à peine mentionnée dans l'historiographie Dada, Suzanne Duchamp n'y figure généralement que dans deux contextes qui valorisent bien peu son talent artistique et renforcent sa place « dans l'ombre » de son frère Marcel. Le premier est l'hypothèse de désirs incestueux du frère pour sa sœur. Une telle lecture est initiée par Arturo Schwarz en 1969 dans son édition des œuvres complètes de Marcel Duchamp, et reprise dans l'édition mise à jour, revue et corrigée de 1997[12]. Dans cette édition en anglais, qui fait référence, comme dans ses autres travaux, Schwarz développe une lecture psychanalytique des productions de Marcel Duchamp, dans lesquelles il voit une sublimation de désirs incestueux[13]. Comme le note Ruth Hemus, malgré le peu d'éléments pour étayer cette hypothèse, la lecture a laissé des traces dans l'histoire de la critique sur les Duchamp[14]. Le second récit, qui associe Suzanne à son frère tout en la plaçant dans son ombre, rapporte qu'en 1915, alors qu'il lui avait demandé de vider son appartement parisien, elle a jeté le premier porte-bouteilles acheté par Marcel en 1914, et qui aurait dû devenir le premier de ses *ready-made*. L'anecdote a créé l'image d'une Suzanne Duchamp quelque peu stupide et inconsciente du génie novateur de son frère et pas du tout « dans le coup », pour reprendre une expression utilisée par Marcel Duchamp lui-même à propos de sa sœur. On aura l'occasion de voir que l'anecdote peut être relue différemment et faire sortir Suzanne Duchamp à la fois de ce statut d'idiote et de l'ombre de son frère.

À l'effacement des artistes femmes en général, et de Suzanne Duchamp en particulier, de l'histoire des avant-gardes, répond un geste symétrique de réhabilitation pour faire sortir ces femmes artistes de l'oubli et évaluer

10 Pierre Cabanne, *Les Trois Duchamp*, Paris/Neuchâtel, Éditions Idées et Calendes, 1975.

11 Le catalogue, *Marcel Duchamp et ses frères*, inclut des textes de Pierre Cabanne, Bernard Lorquin et Francis M. Naumann.

12 *The Complete Works of Marcel Duchamp*, dir. Arturo Schwarz, édition revue et augmentée, 2 vols., Londres, Thames and Hudson, 1997.

13 Voir en particulier « Prolegomena to the "Large Glass" », dans Klaus Beekman et Antje von Graevenitz (dir.), *Marcel Duchamp*, Amsterdam, Rodopi, 1989, p. 27-58.

14 Voir Ruth Hemus, *Dada's Women*, *op. cit.*, p. 130.

leur apport. Cette démarche n'est pas spécifique à Dada. Elle a également caractérisé le futurisme[15], le vorticisme[16] et le surréalisme[17]. Pour ce qui concerne Suzanne Duchamp, dès 1980, dans *L'altra metà dell' avanguardia. 1910-1940*, Lea Vergine lui consacre une entrée dans la section « Dadaïsme », au même titre qu'Else Von Freytag-Loringhoven, Juliette Roche, Katharine Nash Rhoades, Hannah Höch, Béatrice Wood, ou Greta Knutson[18]. La première étude d'envergure sur le travail de Suzanne Duchamp revient à William A. Camfield, dans le catalogue de l'exposition de 1983 consacrée à Jean Crotti et Suzanne Duchamp, puis dans l'article qu'il publie en 2001 dans le collectif édité par Naomi Sawelson-Gorse, *Women in Dada*[19]. Ruth Hemus réserve ensuite un chapitre à Suzanne Duchamp dans l'étude qu'elle consacre, en 2009, à cinq femmes Dada[20].

Cette sortie de l'ombre historiographique conduit à mettre en lumière les innovations apportées par Suzanne Duchamp, tout particulièrement dans le contexte de la production, par les dadaïstes hommes, d'images mécanomorphes (telles que les produisent Francis Picabia d'abord, puis Marcel Duchamp, Man Ray ou Jean Crotti). Suzanne Duchamp est la première à introduire des images mécanomorphes à Paris dès 1916 (c'est à New York que Picabia les introduit, dans la revue de Stieglitz *291*, en 1915), ce qui l'inscrit dans le cercle des « expérimentateurs » Dada de premier plan. De plus, son travail mécanomorphe, tel qu'il est illustré par une œuvre comme *Un et une menacés*[21], qui associe des

15 Voir, en particulier, les travaux de Claudia Salaris, Lea Vergine, Silvia Contarini, Cinzia Sartini Blum.

16 Voir, par exemple, les travaux de Brigid Peppin sur Helen Saunders.

17 Voir, entre autres : Whitney Chadwick, *Women Artists and the Surrealist Movement* (1985 ; rééd. 1991) et *Mirror Images : Women, Surrealism and Self-Representation* (1998) ; Mary Ann Caws, Rudolf E. Kuenzli et Gwen Raaberg (dir.), *Surrealism and Women* (1991) ; ou encore l'anthologie éditée par Penelope Rosemont, *Surrealist Women* (1998), qui élargit l'enquête de 1991 au domaine littéraire.

18 Lea Vergine, *L'altra metà dell' avanguardia. 1910-1940*, Milan, Gabriele Mazzotta Editore, 1980, traduit en français par Mireille Zanuttini sous le titre *L'Autre Moitié de l'avant-garde. 1910-1940*, Paris, Des femmes, 1982.

19 William A. Camfield et Jean-Hubert Martin (dir.), *Tabu Dada : Jean Crotti & Suzanne Duchamp, 1915-1922*, Bern, Kunsthalle, 1983 ; William A. Camfield, « Suzanne Duchamp and Dada in Paris », dans *Women in Dada : Essays on Sex, Gender and Identity*, dir. Naomi Sawelson-Gorse, Cambridge (USA), MIT Press, 2001, p. 82-102.

20 Ruth Hemus, *Dada's Women*, *op. cit.*, p. 129-163.

21 Réalisée en 1916, l'œuvre est présentée, avec d'autres réalisations Dada, au Salon des Indépendants de 1920 : aujourd'hui dans une collection particulière, on peut facilement la trouver sur internet (par exemple à l'adresse http://whoisdada.it/wp-content/uploads/2016/03/Suzanne-Duchamp-Un-et-Une-menacés.jpg, consultée le 22 juin 2017).

formes dessinées et des objets collés, est particulièrement original, au sein même du groupe Dada, par la nature des matériaux utilisés et la combinaison de « dessins mécaniques » (représentations dessinées de formes de machines) et d'éléments réels de machines et d'outils utilisés comme des collages (mécanisme de la montre, fil à plomb et anneaux métalliques). L'innovation est d'importance puisque, à la même époque, le travail mécanomorphe de collage de Picabia repose essentiellement sur l'utilisation de la peinture métallique comme matériau innovant, mais ne recourt pas encore à des objets tri-dimensionnels[22]. Enfin, l'innovation porte également sur les implications genrées de l'œuvre : *Un et une menacés* se présente, par son titre, comme une représentation associant « un » masculin et « une » féminine, association placée sous le signe d'une menace. Ainsi, tandis que les œuvres mécanomorphes de Picabia et de Marcel Duchamp qui se présentent explicitement comme des représentations genrées[23], la femme est avant tout objet du désir masculin[24], dans *Un et une menacée*, la représentation des deux sexes est plus complexe : on ne peut pas identifier avec certitude ce qui, dans le dessin ou le collage, relève de « un » ou de « une » ; on ne sait pas non plus si « un » et « une » sont liés, unis ou s'ils sont au contraire séparés et figés dans la séparation ; on ne peut enfin pas déterminer si le danger vient de l'union ou de la séparation ou si c'est l'union, ou l'indépendance de l'un vis-à-vis de l'autre, qui sont elles-mêmes menacées. Dans *Un et une menacés*, tout se joue dans l'ambiguïté concernant l'articulation féminin-masculin, sujet et objet de la menace[25]. À une misogynie large-

22 Le premier collage de Picabia (identifié comme tel par William Camfield dans *Picabia : His Art, Life and Times*, 1979), en 1915, « Très rare tableau sur la terre » est composé avec un mélange de peinture à l'huile, peinture métallique et feuilles d'argent et feuilles d'or sur bois. Les deux demi-cylindres sont peints en or métallique.

23 Qu'il s'agisse du *Portrait d'une jeune fille américaine dans l'état de nudité* (1915), qui représente une bougie de moteur, de *Voilà la femme* (1915), qui figure un fil à plomb à l'allure phallique, ou de la *Fille née sans mère* (1916-1918), qui donne à voir un mécanisme d'engrenage.

24 Ainsi, chez Picabia, la femme est tantôt « allumeuse » en bougie de moteur dans le *Portrait d'une jeune fille américaine dans l'état de nudité*, tantôt entité négligeable puisque la procréation se passe d'elle dans *Fille née sans mère*.

25 Comme en témoignent d'ailleurs les divergences de lecture entre William Camfield (dans *Tabu Dada : Jean Crotti and Suzanne Duchamp 1915-1922*, *op. cit.* et *Women in Dada*, *op. cit.*) et Ruth Hemus (dans *Dada's Women*, *op. cit.*). Si tous deux s'accordent pour voir du masculin dans la grue et du féminin dans les différentes roues, l'un voit les pinces de la grue comme féminines tandis que la seconde les associe à la grue et les met donc au compte d'une forme masculine. Si tous les deux voient le croissant de lune comme figurant des jambes, Hemus les voit comme féminines tandis que Camfield, qui associe

ment partagée à l'époque, Suzanne Duchamp oppose une interrogation beaucoup plus complexe sur les rapports masculin-féminin.

Les travaux entrepris depuis une cinquantaine d'années dans le cadre des études féministes et de genre conduisent ainsi à faire sortir la production de Suzanne Duchamp de « l'ombre des grands hommes » dadaïstes.

SUZANNE DUCHAMP ET LES *READY-MADE* EN COLLABORATION AVEC MARCEL

Au-delà de son apport innovant aux pratiques dadaïstes de collages mécanomorphes, ce sont aussi la notion et les termes mêmes de la collaboration artistique que Suzanne Duchamp interroge dans le cadre de *ready-made* qui relèvent d'une collaboration avec son frère. La *collaboration artistique* est une pratique dadaïste hautement revendiquée par Marcel Duchamp en ce qu'elle permet de repenser le statut de l'artiste dans sa singularité et sa supériorité, c'est-à-dire le statut de l'artiste comme « grand homme ». Mais, alors même qu'en 1967 il reconnaissait à sa sœur d'être « dans le coup » et d'avoir du talent[26], quand en 1966 Marcel Duchamp évoque la production artistique en collaboration, ce n'est ni au modèle de la collaboration entre époux ni à celui de la collaboration frère-sœur qu'il pense :

> Une autre caractéristique de ce siècle est que les artistes viennent par paires : Picasso-Braque, Delaunay-Léger, bien que Picabia-Duchamp constitue un couple étrange. Une sorte de pédérastie artistique. Entre deux personnes, on arrive à un échange d'idées très stimulant. Picabia était amusant. Il était iconoclaste par principe[27].

C'est le même modèle de collaboration qu'il met en avant dans ses entretiens avec Georges Charbonnier en 1960 : « Nous [lui et Picabia], c'était

le fil à plomb au masculin et la roue à du féminin, voit les jambes lunes comme à la fois masculines et féminines.

26 Voir les *Entretiens avec Pierre Cabanne*, cités plus haut.

27 Otto Hahn, « Passport no. G255 300 », *Art and Artists* [Londres], Vol. I, n° 4, juillet 1966, p. 6-11.

assez comme les deux pôles, si vous voulez, chacun ajoutant quelque chose et faisant éclater l'idée par le fait qu'il y avait deux pôles. Étant seuls – il aurait été seul, j'aurais été seul –, peut-être moins de choses se seraient-elles produites en nous deux[28]. »

De fait, le modèle de la « pédérastie artistique », avec ses connotations explicitement homoérotiques ou en tout cas homosociales, se retrouve dans le travail réalisé en collaboration par Marcel Duchamp et Man Ray pour produire les photographies de la *persona* féminine de Marcel Duchamp, Rrose Sélavy[29]. Or, une telle collaboration « entre hommes » se solde par la « mise dans l'ombre », au sens propre, et l'occultation d'une femme.

En effet, entre 1921 et 1923, Man Ray photographie Rrose Sélavy, c'est-à-dire Marcel Duchamp posant en femme, plus précisément en figure de « femme moderne » à l'hyperféminité exacerbée[30]. Au-delà du fait que le travestissement révèle la contingence radicale de la relation entre genre et sexe, et dénaturalise le genre sexué en mettant au premier plan les mécanismes de sa production sociale et culturelle (en particulier, les articulations entre vêtements, regard, posture qui construisent le personnage féminin de Rrose Selavy), cette collaboration entre Man Ray et Marcel Duchamp met les deux collaborateurs en lumière, tous deux signataires de l'œuvre sous la forme de deux dédicaces : en haut à

28 Georges Charbonnier, *Entretiens avec Marcel Duchamp* [réalisés en 1960], Paris, André Dimanche Éditeur, 1994, p. 70.

29 La création par Duchamp, en 1920, d'une *persona* féminine ne peut être réduite à la simple adoption d'un pseudonyme, puisqu'il a octroyé à Rrose Sélavy un statut de sujet et une production artistique indépendante. Rrose Sélavy signe des œuvres plastiques (par exemple *Fresh Widow* en 1920 ; *Belle Haleine* ou *Why not sneeze Rrose Sélvay ?*, qui sont des *ready-made* retravaillés en 1921), écrit et publie (*Poils et coups de pieds en tous genres*, 1939) ; elle est femme d'affaires, présidant le Conseil d'Administration de la société exploitant la « Roulette de Monte-Carlo » et signant à ce titre, en 1924, le bon des obligations pour la roulette de Monte-Carlo ; elle est également réalisatrice d'avant-garde (*Anémic Cinéma*) et éditrice (de la *Boîte verte*, publication de 1934).

30 Deux séries de photographies montrent Marcel Duchamp travesti en femme, la première réalisée entre la fin de l'année 1920 et le début 1921, et la seconde réalisée en 1923-1924. Dans cet ensemble de photographies, Duchamp prend la pose d'une femme séduisante, à la mode et affichant des attributs soulignant sa féminité (maquillage, bijoux, gestuelle). Voir, en particulier, la photographie réalisée en 1921, dans laquelle Marcel Duchamp, lourdement maquillé, pose avec un chapeau féminin, un manteau de fourrure tenu par des mains féminines chargées de bagues : l'œuvre est la possession du Musée d'art de Philadelphie (voir http://www.philamuseum.org/collections/permanent/56973.html, consulté le 22 juin 2017).

gauche, on lit une dédicace de Man Ray à Sam White (« To my friend Sam White, Man Ray »), et en bas à droite, une dédicace de Marcel Duchamp : « Lovingly, Rrose Sélavy, alias Duchamp » (Affectueusement, Rrose Sélavy, alias Duchamp). Pourtant, il y a une femme, « dans l'ombre » de cette « paire » d'hommes : posant en Rrose Sélavy pour Man Ray, Marcel Duchamp n'a pas seulement emprunté le chapeau à la mode de Germaine Everling (la maîtresse de Picabia), mais aussi ses bras et ses mains pour parfaire l'illusion de féminité produite par la photographie : Everling se tient derrière Marcel Duchamp, dans une sorte d'étreinte, ce qui contribue à la transformation de son identification de sexe. L'artiste, ici, c'est donc à la fois Man Ray, en tant qu'auteur de la photographie, Marcel Duchamp en tant que concepteur du montage, et Marcel Duchamp et Germaine Everling en tant qu'acteurs du montage. L'acte créateur est un acte de collaboration qui n'est pas seulement l'œuvre d'une paire masculine mais d'un trio composé d'une femme et de deux hommes. Pourtant, alors que la photographie attire l'attention de celui ou de celle qui regarde sur les mains de femme du portrait (mains d'Everling), produisant ainsi un effet de vraisemblance, cette main féminine ne signe pas l'image et se voit exclue du cercle auctorial. Tout en construisant l'illusion d'un référent féminin, la photographie exclut la femme (Everling) du réseau de production. La collaboration relève en cela d'une mise en scène de relations homosociales et d'une élision de la part féminine de la collaboration, de sorte que la femme (réelle – Everling – ou fictive – Rrose Sélavy) est à la fois confortée dans son statut d'objet de désir et d'échange masculins et exclue du réseau de l'auctorialité.

Dans ce contexte où Marcel Duchamp valorise la collaboration pour remettre en question la singularité auctoriale tout en travaillant par « paires » marquées par leur homosocialité et excluant l'auctorialité au féminin, l'apport spécifique de Suzanne Duchamp consiste en une réinscription de l'auctorialité au féminin dans la collaboration. Cet apport se perçoit mieux si l'on met en regard deux *ready-made* auxquels elle est associée avec son frère : le premier *ready-made* acheté par Marcel Duchamp en 1914, le porte-bouteilles d'une part, et le *Ready-made malheureux de Marcel* en 1920 d'autre part.

Quand, en 1915, Suzanne Duchamp s'est effectivement débarrassée du porte-bouteilles acheté par son frère l'année précédente, c'est après que ce dernier lui eut demandé de vider son appartement et c'est avant d'avoir reçu, le 15 janvier 1916, une lettre dans laquelle il lui suggérait de s'approprier le porte-bouteilles laissé dans son atelier et d'en faire un *ready-made* en le signant elle-même « à la manière de Duchamp » :

> Prends pour toi ce porte-bouteilles. J'en fais un « ready-made » à distance. Tu inscriras en bas et à l'intérieur du cercle du bas, en petites lettres peintes avec un pinceau à l'huile en couleur blanc d'argent l'inscription que je vais te donner ci après, et tu signeras de la même écriture comme suit : [d'après] Marcel Duchamp[31].

L'objet manufacturé devait ainsi devenir la propriété de Suzanne, qui lui aurait conféré un nouveau statut en ajoutant « d'après Marcel Duchamp » sans apposer sa propre signature mais en marquant son geste d'appropriation avec un pinceau à l'huile, faisant ainsi allusion au médium que Marcel Duchamp avait explicitement abandonné depuis 1913. Cette action n'eut pas lieu puisque le porte-bouteilles avait été jeté, mais Suzanne Duchamp devait donc s'approprier à distance la main de Duchamp, main qui de toute façon n'était pour rien dans la fabrication du porte-bouteilles, disponible dans le commerce : « J'avais acheté cela comme une sculpture toute faite[32]. » Loin de présupposer une incompréhension de la part de sa sœur, l'action préconisée par Marcel Duchamp devait contribuer à une redéfinition de l'auteur par un geste de collaboration dont le sens dérive de l'appropriation et du redéploiement de l'identité auctoriale. Si Marcel Duchamp associait sa sœur Suzanne à la démarche collaborative, cette collaboration restait néanmoins une initiative de Marcel Duchamp, conduite par lui, et elle maintenait dans l'ombre l'intervention de Suzanne Duchamp puisqu'aucun signe ni aucune signature n'aurait permis de l'identifier.

En 1919-1920, c'est au tour de Suzanne de penser le *ready-made* en collaboration avec son frère dans *Le Ready-made malheureux de Marcel*. Au moment du mariage de sa sœur avec Jean Crotti en 1919, Marcel leur envoya en guise de cadeau de noces un livre de géométrie avec comme instruction de le suspendre sur leur balcon. Plus tard, dans ses entretiens avec Pierre Cabanne, il explique : « C'était un précis de

---

31 Lettre du 15 janvier 1916, citée dans Francis M. Naumann, *Marcel Duchamp : L'Art à l'ère de la reproduction mécanisée*, Paris, Hazan, 1999, p. 64-65.

32 *Ibid.*

géométrie qu'il lui fallait attacher avec des ficelles sur le balcon de son appartement de la rue de La Condamine, le vent devait compulser le livre, choisir lui-même les problèmes, effeuiller les pages et les déchirer[33]. » Suivant la consigne de son frère, Suzanne installe le *ready-made* sur le balcon. Mais elle ne se contente pas de cet accrochage : elle photographie le *ready-made* et envoie la photo à son frère, qui lui répond : « J'ai beaucoup aimé la photo du *ready-made* qui s'ennuie sur le balcon. S'il est complètement déchiqueté vous pouvez le remplacer[34]. » Suzanne Duchamp fait ensuite une peinture à l'huile du livre, intitulée *Le Ready-made malheureux de Marcel* (1920). Cette série d'actions interroge le processus de production/création de l'œuvre d'art : un premier état de l'œuvre, dont il ne peut rien rester puisqu'elle est éphémère, est créé à distance par Marcel Duchamp donnant des instructions à sa sœur ; ensuite, par la photo, Suzanne Duchamp produit une nouvelle œuvre avant d'en produire encore une autre, par la peinture. Qui plus est, la peinture est en fait une représentation inversée (tête en bas) de la photographie du *ready-made*[35]. La peinture n'est donc pas une copie de la photographie du *ready-made* mais une version altérée : le *ready-made* est une altération de l'objet, photographié ensuite et peint dans une version qui transforme la photographie. En signant la photographie et la toile, Suzanne Duchamp marque son statut d'auteure. Elle n'en efface pas pour autant son frère, présent dans l'intitulé *Ready-made malheureux de Marcel*.

Du porte-bouteilles dont Marcel Duchamp voulait, en 1915, faire une œuvre de collaboration, au *Ready-made malheureux de Marcel* de 1919-1920, se dessine le mouvement d'une collaboration pensée (par Marcel) sur un mode qui laisse dans l'ombre la collaboratrice (Suzanne) à une collaboration qui repose sur l'appropriation et le détournement de l'œuvre initiale et qui marque le statut d'auteure de Suzanne Duchamp, sans pour autant occulter la participation de Marcel.

33 Duchamp Marcel, *Entretiens avec Pierre Cabanne*, *op. cit.*, p. 71.

34 Lettre du 20 octobre 1920, adressée à Suzanne et Jean Crotti : passage cité dans Francis Naumann et Hector Obalk (éd.), *Affectionately Marcel : The Selected Correspondence of Marcel Duchamp*, Gand et Amsterdam, Ludion, 2000, p. 92.

35 Dans l'entretien avec Pierre Cabanne, Marcel Duchamp réduit passablement le processus puisqu'après avoir rapporté l'envoi du *ready-made* et la consigne, il continue en disant : « Suzanne en a fait un petit tableau : *ready-made malheureux de Marcel*. C'est tout ce qu'il en reste puisque le vent l'a déchiré. ça m'avait amusé d'introduire l'idée d'heureux et de malheureux dans les ready-made ».

C'est donc à l'époque même où, par sa pratique artistique, Suzanne Duchamp contribue à repenser la notion de collaboration pour ne pas se contenter de l'ombre de son frère et revendiquer son statut d'auteure, que se met en place le mouvement d'invisibilisation et de mise dans l'ombre des femmes par des acteurs hommes du mouvement dans leurs récits autobiographiques et historiographiques. La sortie de l'ombre historiographique permet de mettre en lumière le paradoxe.

Anne Tomiche

TROISIÈME PARTIE

LES EXÉCUTRICES, À DOUBLE TRANCHANT

« L'OIE VINDICATIVE ANTISÉMITE »

Elisabeth Förster-Nietzsche

> Nous n'aurons jamais fini de réparer l'injustice qui lui [Nietzsche] a été faite.
> Albert CAMUS[1]

C'est à juste titre que l'on rend grâce aux plumes féminines œuvrant dans l'ombre d'un écrivain qui en usurpe la créativité. Mais l'inverse existe aussi ; il convient d'évoquer ce cas, ne fût-ce que pour mieux confirmer son caractère d'exception. Un tel exemple est celui de la sœur du philosophe allemand Friedrich Nietzsche, qui s'est tant mise en lumière, en exploitant l'œuvre de son frère. Rarement participation d'une femme à l'œuvre d'un « grand homme » a touché de tels sommets, durablement destructeurs. C'est la raison pour laquelle la bibliographie traitant de ce cas atypique est des plus étendue. Citons seulement *Nietzsche et sa sœur Elisabeth* de Peters ou l'ouvrage de Diane Chauvelot, *Elisabeth Nietzsche, de la sottise à la trahison*[2]. Les motivations de cet intérêt ne sont pas à chercher du côté d'une *création* littéraire occultée, mais d'une *manipulation* et d'une récriture d'écrits philosophiques qui devinrent sous leur nouvelle forme l'un des textes récupérés par l'idéologie nazie. De ce

1 Albert Camus, *L'Homme révolté*, Gallimard, coll. « NRF », 1951, p. 100.

2 Sur Elisabeth Förster, voir entre autres : H. F. Peters, *Nietzsche et sa sœur Elisabeth*, trad. de l'anglais par Monique Poublan, Paris, Mercure de France, 1978. B. Macintyre, *Elisabeth Nietzsche ou La folie aryenne*, traduit de l'anglais par Michèle Garène, Paris, R. Laffont, 1993. D. Chauvelot, *Elisabeth Nietzsche, de la sottise à la trahison*, Paris ; Montréal, l'Harmattan, 1998. K. Bauer, « Domesticating Nietzsche: Toward a Genealogy of Elisabeth F[ö]rster-Nietzsche's "Novellen-Eierchen" », *Orbis Litterarum*, 2002, vol. 57, n° 5, p. 343-370. F. Loesel, « Subjective and Objective Nietzsche Biography: Elisabeth Föerster-Nietzsche and C. P. Janz », *German Life and Letters*, 1995, vol. 48, n° 4, p. 463-473. W. F. Otto, « Elisabeth Forster-Nietzsche », *Kant-Studien*, 1935, vol. 40, n°s 1/2, p. 102-106.

fait, ils contribuèrent longtemps à donner une réputation désastreuse au philosophe allemand.

De janvier 1889 date l'effondrement de la santé mentale de Nietzsche. Pendant les onze dernières années de sa vie qu'il passe dans un état végétatif, il sera soigné, d'abord en clinique et par sa mère jusqu'à la mort de cette dernière en 1897, puis exclusivement par sa sœur trop aimante, Elisabeth, qui le ramène chez elle, aux Archives Nietzsche. Pendant trois ans, elle a donc le contrôle absolu de son frère et de ses écrits, ce qui a peut-être accru la désespérance du malheureux dans ses rares moments de semi-lucidité. En effet, une brouille les séparait déjà depuis la publication en 1878 d'*Humain, trop humain*, somme monumentale où le philosophe déconstruisait, entre autres, les bases morales du christianisme, au scandale de sa dévote sœur. La brouille se durcit lorsqu'Élisabeth, à la grande consternation de son frère, épouse en 1885 un agitateur antisémite d'extrême droite, Bernhard Förster. Ce dernier ambitionne de mettre en application l'idéologie raciste qui l'anime en créant une colonie de race aryenne. Ce sera l'aventure de Nueva Germania, fondée au Paraguay avec Elisabeth et quelques familles de colons. L'échec de l'entreprise mènera Förster au suicide en juin 1889. Trop fière pour admettre l'échec, et trop religieuse pour accepter le suicide, Elisabeth dissimule la vérité et déclare son mari mort des suites d'une maladie, avant de rentrer en Allemagne s'occuper de ce frère devenu maniable, à défaut d'être docile. Là encore, désireuse d'insister sur la chasteté de son frère –souhait dont une connaissance primaire de la psychanalyse permet de soupçonner le motif–, elle tente de discréditer le diagnostic de démence syphilitique en mettant en avant l'idée d'un empoisonnement au chloral (un somnifère dont son frère aurait abusé), entreprise largement qualifiée de « saugrenue » par les spécialistes[3].

Bien avant que sa maladie ne fasse de lui une proie pour sa sœur, Nietzsche avait donc pâti de son côté manipulateur. Voici ce que le philosophe écrivait à son amie Malwida von Meysenbug avec prescience en mai 1884, soit un an avant le mariage d'Elisabeth avec Bernhard Förster :

> J'ai radicalement rompu avec ma sœur : ne songez pas pour l'amour du ciel à vouloir intervenir et réconcilier – entre une oie antisémite vindicative et

3 É. Vartzbed, « Quelques considérations cliniques sur la folie de Nietzsche », *Psychothérapies*, 2005/1 (vol. 25), p. 21-27. DOI : 10.3917/psys.051.0021. URL : https://www.cairn.info/revue-psychotherapies-2005-1-page-21.htm (dernière consultation : 12 novembre 2017).

> moi, il n'est *nulle* réconciliation. Par ailleurs, j'utilise le moindre degré de modération, parce que je sais *quelles choses* on peut dire pour l'excuse de ma sœur et *quelles choses* on trouve à l'arrière-plan de son comportement si indigne et si insultant pour *moi* : – l'affection. Il est absolument nécessaire qu'elle fasse voile le plus vite possible vers le Paraguay –[4].

On l'a vu, le répit paraguayen sera de courte durée. À compter de son retour et pendant cinq ans, l'« oie vaniteuse », comme l'appelle encore Nietzsche[5], emploie toute son énergie pour créer à Weimar les Archives Nietzsche. Bien sûr, elles étaient destinées à assurer la postérité philosophique et éditoriale de Nietzsche. Mais elles serviront surtout à gommer ses critiques faites au christianisme, à diffuser l'idéologie antisémite d'Elisabeth et à améliorer son propre statut financier et social. Dès 1896, Elisabeth organise à des fins lucratives des visites-pèlerinages à Weimar invitant intellectuels et journalistes à venir voir son célèbre frère malade.

La mainmise sur le fonds manuscrit est à l'origine d'une grande campagne de promotion et de falsification de l'œuvre nietzschéenne. En 1901, un an à peine après la mort de son frère, arguant qu'elle avait pleinement compris son œuvre, Elisabeth publie une sélection d'aphorismes réordonnés, remaniés et commentés sans respect des fragments originaux. Ils provenaient soit de notes en vue de la réédition d'un ouvrage déjà publié, soit d'un projet de livre abandonné à la fin de l'année 1888. Le titre même de cette compilation, également abandonné par Nietzsche, était *La Volonté de puissance*, avec l'ajout d'un sous-titre, *Essai d'inversion de toutes les valeurs*.

Comment le lecteur non averti de cet assemblage aurait-il pu imaginer que le livre rassemblait un ou plusieurs fragments provenant de différents manuscrits ? Qu'une partie des réflexions de *La Volonté de puissance* était en réalité une réélaboration des aphorismes d'*Humain, trop humain* en vue de la seconde édition de 1886[6]. Certes, les lecteurs déjà familiers *d'Humain, trop Humain*, comme des dernières grandes œuvres nietzschéennes que sont *Le Crépuscule des idoles* et *L'Antéchrist*, ont sans doute plus ou moins consciemment reconnu dans ces fragments,

---

4 F. Nietzsche, *Correspondance avec Malwida von Meysenbug*, traduit de l'allemand et présenté par Ludovic Frère, Paris, Éditions Allia, 2005, p. 225.

5 Dans la lettre précédemment citée.

6 Voir Mazzino Montinari, *« La Volonté de puissance » n'existe pas*, Paris, Ed. de l'Eclat, coll. « Premiers secours », 1996, II, § 5, p. 35. En ligne sur http://www.lyber-eclat.net/lyber/montinari/volonte.html (dernière consultation : 12 novembre 2017)

qui n'en constituaient réellement que les « études préparatoires[7] », le fond de la pensée nietzschéenne. Mais pour ceux, nombreux, pour qui cet assemblage simplifié et simplificateur, falsifié et trompeur, était la seule lecture du philosophe à la mode, sa pensée était redoutablement trahie. C'est pourquoi on a pu dire : « *La Volonté de puissance* n'existe pas en tant qu'ouvrage de Nietzsche et ce qui existe sous ce titre est sans intérêt positif, parce que les fragments sont mieux à leur place dans les œuvres publiées par lui. C'est sans doute pourquoi il a abandonné cette *Volonté* et maintenu les œuvres[8]. » Dans son entreprise à la fois idéologique et commerciale, Elisabeth avait arbitrairement inséré des fragments posthumes[9] qui n'étaient pas destinés à ce projet ; sur les 374 fragments que Nietzsche avait mis en ordre, elle en avait écarté 104, jugés impies ou trop compliqués, et falsifié 137[10]. Comment savoir aussi qu'un fragment original avait été démembré en plusieurs prétendus « aphorismes[11] » ? Sans le recours direct aux manuscrits, il était presque impossible, même pour le lecteur familier de la pensée nietzschéenne, de faire la part du vrai et du faux dans cet amalgame truffé d'erreurs de transcription concernant la quasi-totalité des fragments édités, et d'autres erreurs encore découlant de la confusion voulue entre ce que Nietzsche avait lui-même écrit et ce qu'elle avait recopié. Tel est le cas de toutes les réflexions prétendument « nietzschéennes » sur le christianisme, exposées dans les paragraphes 103, 105, 106, 129, 131, 141, 147, 164 et

7 A. Lamm, « Nietzsche und seine nachgelassenen "Lehren" », *Süddeutsche Monatshefte*, sept. 1906, p. 255-278, cité par David M. Hoffmann, *Zur Geschichte des Nietzsche-Archivs. Chronik, Studien und Dokumente*, Berlin-New York, De Gruyter, 1991, p. 69, et repris en français dans la « Postface » de *« La Volonté de puissance » n'existe pas* de Mazzino Montinari, *op. cit.*, p. 127-128.

8 K. Schlechta, *Le Cas Nietzsche*, trad. française de A. Cœuroy, Paris, Gallimard, 1960, p. 139, cité par Paolo D'Iorio « Les volontés de puissance », « Postface » à Mazzino Montinari, *op. cit.* (1996) : p. 119. En ligne sur http://www.lyber-eclat.net/lyber/montinari/postface.html (dernière consultation : 12 novembre 2017).

9 On désigne sous le nom de *Fragments posthumes* l'édition des carnets de Friedrich Nietzsche qui contiennent des textes de nature très variée et qui ont été édités intégralement pour la première fois par Colli et Montinari. Leur traduction française s'est échelonnée de 1967 à 1997. Ce matériel est utile à une meilleure compréhension des œuvres publiées et de la philosophie de Nietzsche, même si de nombreux fragments représentent un état intermédiaire ou caduc de sa pensée.

10 Voir Mazzino Montinari, *op. cit.*, II, § 12.

11 C'est le cas des fragments 4, 5, 114, 55, qui constituaient à l'origine un seul et même bloc et qui devaient être lus dans cet ordre pour faire sens. Voir Mazzino Montinari, *op. cit.*, p. 49.

393. Ce ne sont que des notes de lecture de Nietzsche sur *Ma Religion* de Léon Tolstoï, ouvrage auquel le philosophe ne souscrivait assurément pas[12]. Permutation bien opportune pour remplacer les violentes critiques antichrétiennes qui ont culminé dans *l'Antéchrist*, par une défense et illustration des plus orthodoxes.

Surtout, comment ce lecteur aurait-il pu imaginer que la somme présentée trahissait les ébauches préparatoires de Nietzsche en leur accordant le faux statut d'un texte définitif ? Enfin, comme si tout cela ne suffisait pas, il y a la « Préface » inepte[13] qu'Elisabeth Förster, entre temps devenue Förster-Nietzsche pour des raisons évidentes, crut bon de rédiger pour *La Volonté de puissance* dans un style ampoulé frisant le ridicule. À l'exception des notes finales de cette « Préface » au titre emblématique « Le Livre parfait » qui sont explicitement attribuées à Nietzsche[14], nous avons sous les yeux un texte présomptueux qui tentait laborieusement d'accréditer la légende selon laquelle l'ouvrage formait « le fond général sur quoi se détachent tous les ouvrages du philosophe, le but où tendent tous ses efforts[15] ». Lisez : où tendent tous les efforts d'Elisabeth.

Non que personne ne fût au courant des montages effectués par Elisabeth. Car dans les milieux informés, on s'en est effectivement très tôt inquiété. Du côté allemand, le critique Albert Lamm constate dès 1906 que l'on « crée une aberration grave et irrémédiable quand [...] on rassemble de vieilles annotations écartées par Nietzsche lui-même pour en faire une œuvre illusoire, trompeuse qui est placée à la suite des dernières œuvres de Nietzsche comme si elle constituait leur conclusion[16] ». Puis l'éditeur de Nietzsche lui-même, Ernst Horneffer, reconnaît en

12 Mazzino Montinari, *op. cit.*, p. 49.

13 Elisabeth Förster/Nietzsche, Friedrich Nietzsche : *La Volonté de Puissance. Essai d'une transmutation de toutes les valeurs (Études et fragments)*, traduit et édité par Henri Albert, préfacé par Elisabeth Föerster-Nietzsche (p. 5-20), Paris, Mercure de France, t. I et II [première édition 1903], 1909. Ces deux volumes sont abrégés *VP1*, selon la norme établie, et ils renvoient à la première version allemande de la compilation frauduleuse publiée par la sœur de Friedrich Nietzsche. Le projet de livre de Friedrich Nietzsche abandonné à la fin de l'année 1888 avait été publié un an après la mort du philosophe, soit en 1901.

14 *Ibid.*, p. 19-20.

15 *Ibid.*, p. 11-12.

16 A. Lamm, « Nietzsche und seine nachgelassenen "Lehren" », *Süddeutsche Monatshefte*, sept. 1906, p. 255-278, cité par D. M. Hoffmann, *Zur Geschichte des Nietzsche-Archivs. Chronik, Studien und Dokumente*, Berlin-New York, De Gruyter, 1991, p. 69, et repris en français dans la « Postface » de *« La Volonté de puissance » n'existe pas*, p. 127-128.

1907 que la compilation de *La Volonté de puissance*, qu'il nomme par son sous-titre l'*Inversion*, n'était en rien une œuvre de Nietzsche :

> Nous avons voulu *présenter* notre compilation des travaux préparatoires pour l'*Inversion*, comme *un recueil de matériaux ordonné par nous*, de manière à ce que chacun puisse savoir de quoi il en retourne. Nous voulions dire, comme pour les autres volumes : « Inédits de telle ou telle année (de l'époque de l'*Inversion*). » Mais *Frau* Förster-Nietzsche tenait à avoir l'*Inversion* en elle-même. C'est pourquoi elle a orgueilleusement baptisé ce simple recueil d'aphorismes : *La Volonté de puissance*, ce qui ne pouvait que nuire à Nietzsche. Il n'*existe* aucune *Inversion*, quand bien même *Frau* Förster-Nietzsche voulut-elle en avoir une[17].

Mais c'est surtout de France, et moins d'Allemagne comme on aurait pu s'y attendre, que s'élèvent encore plus tôt, avant les mises en garde d'Albert Lamm et des frères Horneffer en 1906-1907, les premiers murmures concernant la validité de l'ouvrage. Deux cercles sont à l'origine de ces réticences : d'une part, le milieu du *Mercure de France* et de la naissante équipe de *La Nouvelle Revue française*, deux revues d'envergure européenne éminemment nietzschéennes ; d'autre part, le milieu protestant, dreyfusard et nietzschéen, avec le biographe de Nietzsche Daniel Halévy qui finit par mettre publiquement en doute la compilation de *La Volonté de puissance* dans sa *Vie de Frédéric Nietzsche* publiée en 1909[18]. La parution de l'ouvrage est annoncée dans le numéro du *Mercure de France*[19] où Henri Albert fait paraître son étude « Pour l'interprétation de Zarathoustra », présentant des extraits des « Œuvres posthumes » destinés à « aider à la compréhension d'*Ainsi parlait Zarathoustra* ».

On s'en inquiète même assez pour tenter de provoquer une réédition corrigée du volume en Allemagne et subséquemment, de sa traduction

17 E. Orneffer, *Nietzsches letztes Schaffen. Eine kritische Studie*, Jena, 1907, p. 52-53, cité par D'Iorio, *op. cit.*, « Postface » à *« La Volonté de puissance » n'existe pas*, p. 119.

18 Dans le chapitre III de la Cinquième partie, « La rencontre de Nietzsche et de Dostoïevski » de Daniel Halévy, *La Vie de Friedrich Nietzsche*, Paris, Calmann-Lévy, 1909. Cette biographie de Daniel Halévy connaîtra, selon Angelika Schober, la plus grande longévité éditoriale parmi les ouvrages traitant de la réception française de Nietzsche (de 1909 à 1989) : « Seine Untersuchung mit dem Titel *La Vie de Friedrich Nietzsche* (Friedrich Nietzsches Leben) ist das über den längsten Zeitraum hinweg neu edierte Buch der französischen Rezeption : es erschien zum ersten Mal 1909, zuletzt 1989 ». Angelika Schober, *Ewige Wiederkehr des Gleichen ? Hundertzehn Jahre französische Nietzscherezeption* [*Éternel retour du même ? Cent dix ans de réception française de Nietzsche*], Limoges, Presses universitaires de Limoges (PULIM), 2000, p. 29, note 122.

19 *Le Mercure de France*, tome LXXXI, n° 296, 16 octobre, p. 746.

française. Ce sont très précisément André Gide et Marcel Drouin (pseudonyme Michel Arnauld) qui s'en ouvrent en 1904 à Charles Andler, le seul germaniste alors en odeur de semi sainteté auprès des Archives Nietzsche de Weimar que dirige Elisabeth d'une main de fer.

Comme le rappelle le germaniste Jacques Le Rider, l'insistance du groupe de *La Nouvelle Revue Française* est assez pressante pour que, malgré la fin de non-recevoir qu'Elisabeth Förster-Nietzsche a opposée à la demande de Charles Andler, ce dernier lui récrive en 1904 ; il a en effet entendu dire par ses amis André Gide et Marcel Drouin, et par son élève Réau, que le volume XV des *Œuvres complètes*, *La Volonté de puissance*, devrait être entièrement remanié ; il lui demande ce qu'il en est exactement[20] ? Après de multiples tergiversations, Elisabeth Förster-Nietzsche finit par accepter de recevoir Andler à Weimar. La partie semble gagnée. Voici ce qu'écrit Andler à un correspondant, Lucien Herr :

> [...] rien à accrocher d'inédit à la mère Förster. Mais elle m'a donné les bonnes feuilles de son IIIe volume et il est certain que la phase du *Wille zur Macht* [*Volonté de puissance*] apparaît bien mieux dans les inédits qui y figurent. On s'explique aussi qu'il faille rééditer tout le livre[21].

Non seulement il n'en sera rien, mais un second ouvrage, abusivement signé de Nietzsche, paraîtra quelques années plus tard. C'est que la sœur-éditrice a survécu trente-cinq ans à son frère. Il s'agit de *La Naissance de la philosophie à l'époque de la tragédie grecque*. Comme *La Volonté de puissance*, quoique dans une moindre mesure, *La Naissance de la philosophie*, traduite en français par Geneviève Bianquis en 1938, est une compilation dont Nietzsche n'est pas réellement l'auteur. Il s'agit d'un ensemble de textes, d'essais et de fragments regroupés sous le titre d'un ouvrage que Nietzsche a ébauché sans jamais le publier. Il provient de la monumentale édition allemande *Musarion* publiée entre 1920 et 1929, qui reprend, sans le vérifier, le matériau de l'édition complète de la *Großoktavausgabe*, à savoir le produit de l'activité éditoriale du Nietzsche-Archiv fondé par Elisabeth Förster.

Le public devra attendre jusqu'en 1967, année de la publication du premier volume des œuvres complètes de Nietzsche par deux germanistes

20 Jacques Le Rider, *Nietzsche en France. De la fin du XIXe siècle au temps présent*, Paris, Presses universitaires de France, coll. « Perspectives germaniques », 1999, p. 79-80 et suiv.

21 *Ibid.*, p. 81.

italiens, Giorgio Colli et Mazzino Montinari, dont l'édition fait dorénavant autorité, pour rétablir la vérité face à une doxa trop bien ancrée. La critique la plus autorisée, comme Thomas Bartscherer par exemple, peut aujourd'hui parler du « livre qu'il n'a jamais écrit [et qui] est connu du monde entier sous le titre *La Volonté de puissance*[22] » ou bien (ré)affirmer, comme Mazzino Montinari, que *« La Volonté de puissance » n'existe pas*[23]. Deux ans après la publication de cette analyse, le germaniste Jacques Le Rider ne trouvait pas inutile de rappeler une conséquence majeure de l'édition scientifique de Giorgio Colli et Mazzino Montinari[24] : « Il n'est plus possible, ni légitime, de parler de *La Volonté de puissance* comme de l'ouvrage ultime, laissé inachevé, mais voulu par Nietzsche[25]. » Le caractère catégorique et répétitif de toutes ces dénégations n'est pas fortuit : il est à la mesure de l'ancrage d'un mensonge que l'*épistémè* doit encore persister à démanteler, tant la connaissance du caractère douteux de la compilation n'a pas empêché les interprétations erronées et les multiples rééditions. L'« oie vindicative antisémite » eut sur ce terrain raison de son frère. C'est avec amertume que Georges Bataille la surnommait « Elisabeth Judas-Foerster[26] » dans le numéro de sa revue *Acéphale* intitulé « Réparation à Nietzsche » publié en 1937 – en pleine période fasciste.

Amer aussi est le goût laissé par la résilience du mensonge, un siècle après la parution de la compilation frauduleuse : j'avais constaté il y a quelques années, que le catalogue de la Bibliothèque nationale de France renvoyait à Elisabeth Förster lorsque l'on recherchait *La Volonté de puissance.* Aujourd'hui, ce n'est malheureusement plus le cas[27]. La confusion

22 Thomas Bartscherer, « La naissance d'Hyper enfanté par la critique génétique », *in* Paul Gifford, Marion Schmid (dir.), *La Création en acte : devenir de la critique génétique*, Amsterdam, Rodopi, coll. « Faux-titre », 2007, p. 134.

23 Mazzino Montinari, *« La Volonté de puissance » n'existe pas*, *op. cit.*

24 Voir aussi Giorgio Colli et Mazzino Montinari, « État des textes de Nietzsche », traduction de Hans Hildenbrand et Alex Lindenberg, *in* Gilles Deleuze (dir), *Nietzsche*, Actes du colloque du 4 au 8 juillet 1964 à Royaumont, Paris, Éditions de Minuit, coll. « Critique », 1967, p. 127-140.

25 Jacques Le Rider, *op. cit.*, p. 206-207.

26 Georges Bataille, Pierre Klossowski *et al.* (dir.), « Réparation à Nietzsche », *Acéphale* n° 2, 1937, dossier combattant la récupération nazie de Nietzsche en plein fascisme.

27 L'édition de *La Volonté de puissance par* Friedrich Würzbach, traduite par Genevièvre Bianquis chez Gallimard, coll. « Tel », en 1995 ne fait aucune référence dans la quatrième de couverture aux conditions de publication de ce texte par la sœur du philosophe.

persiste donc. L'état de faiblesse psychique de Friedrich Nietzsche permit à sa sœur de dénaturer ses derniers écrits, recomposés sans l'accord de l'auteur. Elle en tira de son vivant un gain financier, en faisant des Archives une sorte de destination touristique, véritable entreprise de démolition intellectuelle d'une œuvre ainsi récupérée par l'idéologie nazie. Dans ce sinistre exemple, la plume de la sœur obsurcit de son encre délétère les lumières d'un frère durablement trahi. Puisse désormais le seul nom de Förster porter l'opprobre d'une telle dénaturation.

May CHEHAB

« GRÂCE ME SECONDE »

Marguerite Yourcenar, un personnage à double auteur[1]

À l'image de ces personnages pirandelliens qui, échappés d'une pièce de théâtre, ne cessent de revendiquer quelque surcroît de substance, Marguerite Yourcenar est une figure de fiction qui aura réussi sa propre incarnation. Dans l'ombre de cette figure, et participant à son lancement, un premier personnage, le père, Michel de Crayencour, aristocrate lettré auteur d'une étude sur Comenius, ce philosophe, pédagogue, grammairien morave du XVIIe siècle qui écrivit un ouvrage intitulé *Le Labyrinthe du monde et le paradis du cœur* (la future Marguerite Yourcenar retiendra la première moitié de cette formule comme titre générique de ses mémoires). Michel de Crayencour décide d'offrir à sa fille unique alors âgée de seize ans la publication d'un très long poème, qu'elle a écrit en 1919, autour du mythe d'Icare. Père libéral, donc, par ce geste de mécène – il « a dépensé 3 000 francs d'alors pour publier ce volume chez Perrin[2] » – mais aussi parce qu'il participe alors d'un geste inaugural dans l'itinéraire de la future écrivaine : l'invention d'un pseudonyme, auquel elle s'identifiera progressivement au point d'en faire son identité civile en 1947. S'amusant à faire des anagrammes depuis leur propre patronyme, Monsieur et Mademoiselle de Crayencour s'arrêtent sur « Yourcenar ». Non contente de bousculer le nom du père par onomastique interposée, la jeune fille le guillotine, la particule ne résistant pas à l'épreuve de ce jeu. La guillotine fonctionnera une seconde fois lorsque, dès la fin des années 1920, ce livre et le suivant, deuxième recueil de poèmes, seront soigneusement envoyés au pilon sur demande pressante de l'auteure qui n'y reviendra plus, sauf à déclarer

1 *Lettre à ses amis et quelques autres*, Paris, Gallimard, 1995, p. 89.

2 *Les Yeux ouverts, entretiens de Marguerite Yourcenar avec Matthieu Galey*, Paris, Le Centurion, 1980, p. 52.

soixante ans plus tard dans un livre d'entretiens que le deuxième était pire que le premier.

Sans renoncer à la dimension poétique de son écriture, Marguerite Yourcenar prend très vite conscience de la dimension anachronique de ces recueils entretenant la flamme d'une poésie à la Sully Prudhomme en pleine vague post-dadaïste. Le jeu fille-père connaît un second avatar quelques années plus tard puisqu'une nouvelle écrite par le père, et restée dans l'ombre obscure de ses tiroirs, sera à sa demande publiée par la fille qui y apporte quelques retouches, sous le nom équivoque de Marg Yourcenar. Ce premier partenariat au travers duquel un écrivain s'essaie, avec une présence tutélaire à ses côtés, s'achève à la mort de Michel de Crayencour. Durant les dernières semaines de sa maladie, il a le temps de lire et d'apprécier, selon le témoignage de sa fille, le roman qui lance la première notoriété de Marguerite Yourcenar dans le Paris de l'Entre-deux-guerres, *Alexis, ou le Traité du vain combat* (1929). La guerre et le départ pour les États-Unis en 1939 auront raison de cette première reconnaissance littéraire. Dans les années qui suivent la Libération, Marguerite Yourcenar, absente de la scène parisienne, n'existe plus, ses livres ne sont plus édités et les écrits qu'elle propose se heurtent à un refus, entre autres de la part de Camus, chez Gallimard. La figure de fiction nommée Yourcenar est comme devenue lettre morte. L'écrivain n'aura de cesse de la réanimer et de lui conférer la stature et la profondeur propres à lui faire traverser les vicissitudes de l'histoire.

Elle s'y emploie avec une femme de l'ombre, Grace Frick, sa compagne américaine qui joue un rôle décisif auprès d'elle pour sa résurrection et le développement de sa renommée, mais aussi pour sa postérité, pour en préparer, orienter et pérenniser le devenir posthume. Ce sont quelques caractéristiques de cette fiction participative nommée Marguerite Yourcenar, façonnée pendant quatre décennies par les deux femmes jusqu'à la disparition de Grace Frick en 1979, que je me propose d'analyser ici. Si Grace Frick écrit, ce n'est pas qu'elle soit à proprement parler un écrivain, mais parce que les activités scripturales de cette universitaire dont les activités sont multiples, de la traduction à l'annotation diligente de la vie quotidienne de son illustre compagne, contribuent à édifier dans l'ombre la stature puis la légende d'un écrivain qui capte la lumière. Une édification qui, vie et vicissitudes conjugales aidant, n'est pas non plus dénuée d'accrocs, comme s'il s'agissait de ne pas transformer ladite stature en statue.

Marguerite Yourcenar et Grace Frick se rencontrent en février 1937 à l'hôtel Wagram où l'écrivain logeait lorsqu'elle était parisienne. Les deux femmes sont nées la même année, en 1903, Grace Frick en janvier, Marguerite Yourcenar en juin, ce qui autorisera celle-ci à évoquer celle-là comme « une amie plus âgée que moi », parmi les nombreuses périphrases qu'elle utilise dans sa correspondance, ses entretiens et sa conversation pour nommer Grace Frick tout en l'occultant partiellement[3]. Marguerite Yourcenar, qui mène une vie itinérante en Europe, bénéficie depuis *Alexis, ou le Traité du vain combat* d'une certaine reconnaissance dans le milieu littéraire et artistique parisien en raison d'autres ouvrages comme *Denier du rêve* (1934) ou *Nouvelles Orientales* (1938) et d'articles qu'elle publie dans bon nombre de revues ou journaux : elle revient de Londres où elle a rencontré Virginia Woolf au sujet de la traduction des *Vagues* sur laquelle elle travaille alors. Grace Frick est doctorante en littérature anglaise à Yale.

À partir de 1939, elles ne se quitteront plus durant quarante ans de vie en couple, si l'on s'en tient au plan biographique, à jamais si l'on considère la part dévolue à l'amie américaine dans la réalisation de l'œuvre et le façonnement d'une figure d'auteure magistrale. Si le dévouement de Grace Frick est proportionnel à la dévotion qu'elle éprouve pour Marguerite Yourcenar, il est aussi lié à un souci d'exclusivité et à l'expression latente de quelque syndrome de Pygmalion. Marguerite Yourcenar, cette belle promesse inachevée, sera une femme de lettres majeure de son temps et, pourquoi pas, de toute éternité ; Grace Frick en sera la co-auteure, quitte à contrer la tendance naturelle à la dispersion géographique, intellectuelle et amoureuse de la dame, ce côté de Crayencour hérité de la nonchalance jouissive quelque peu désabusée du père. Il s'agit d'œuvrer à la fabrique d'un « Grantécrivain », pour reprendre le terme de Dominique Noguez dans son essai éponyme[4]. Si la matière première est féconde, elle est aussi sujette à la dissipation, aux tentations conjuguées du monde, des êtres et des choses de la vie, à un principe de nomadisme existentiel qui fait de Marguerite Yourcenar dans le monde de l'Entre-deux-guerres une brillante dilettante, dont les publications sont saluées au titre de l'actualité littéraire par de fins

3 Josyane Savigneau, *Marguerite Yourcenar, l'invention d'une vie*, Paris, Gallimard, 1990, p. 184.

4 Dominique Noguez, *Le Grantécrivain & autres textes*, Paris, Gallimard, 2000.

connaisseurs, sans toutefois marquer en profondeur l'histoire littéraire. Le pacte conjugal conclu sous forme de compromis entre les deux femmes ménage la part prépondérante de l'œuvre à réaliser, et celle, vitale pour l'écrivain, de la découverte du monde.

Marguerite Yourcenar accepte une première fois l'invitation de Grace Frick à venir la retrouver aux États-Unis pendant sept mois à l'issue de leur rencontre. Elle accepte une deuxième fois de quitter en 1939, sinon une France où elle n'habite que par intermittence, du moins l'Europe, pour les États-Unis, après avoir échoué toutefois à obtenir une délégation culturelle en Grèce de la part d'un diplomate alors influent, Jean Giraudoux. Elle accepte une troisième fois de rester aux États-Unis avec Grace Frick à la fin de la guerre, une quatrième fois lorsqu'à partir de 1951 le succès de *Mémoires d'Hadrien* fait d'elle un écrivain reconnu à l'international, auquel ses droits d'auteur confèrent une autonomie matérielle, enfin une cinquième fois à la mort de Grace Frick en 1979. Elle accepte aussi, en 1950, l'installation du couple dans une île de la côte nord ouest des États-Unis, l'île des Monts Déserts, dont la correspondance de l'écrivain rappelle régulièrement la sauvage beauté mais aussi l'éloignement de toute forme de civilisation autre que minimale. De son côté, Grace Frick accepte le principe de longs voyages réguliers en Europe, scandant la réalisation de l'œuvre et participant à la construction d'une figure légendaire : un écrivain du monde. Ce phénomène retarde en France l'avènement d'une autorité littéraire, alors consacrée par la reconnaissance dont bénéficient les écrivains dans le cercle germanopratin de Galligrasseuil, mais s'avère symboliquement payant en terme de durée. Il a contribué à faire de Marguerite Yourcenar dans un premier temps une Immortelle, puis dans un second, après sa mort – tel étant en effet le triste lot des Immortels – l'un des écrivains français du vingtième siècle les plus reconnus à l'échelle internationale.

Grace Frick, donc, co-auteure de la figure littéraire nommée Marguerite Yourcenar ? Pour étayer cette hypothèse, il est possible de distinguer les différentes formes de cette auctorialité de partage. Certaines, recouvrant des activités de régie, rendent concrètement possible le temps de la création en aménageant son quotidien. Deux grandes activités sont ainsi assumées successivement par Grace Frick. Au début de leur partenariat conjugal et littéraire, elle est la mécène de Marguerite Yourcenar : dans les dix premières années de vie commune, son salaire d'universitaire à Harford permet au couple de vivre et à Marguerite Yourcenar de maintenir son lien avec l'écriture après avoir surmonté une période de désarroi, liée à la guerre et au sentiment d'un exil, fût-il volontaire[5]. Elle permet aussi à sa compagne d'obtenir par relations une charge de cours en lettres classiques dans une université de New York. À l'autre extrémité de leur vie de couple, lorsque les médias commencent à s'intéresser à Marguerite Yourcenar après le succès international de *L'Œuvre au noir* en 1968 puis du premier volume des mémoires sous le titre *Labyrinthe du monde* en 1974, Grace Frick campe dans le rôle de gardienne du Temple. Elle est celle qui reçoit le courrier, filtre les appels téléphoniques, protège l'auteure des tentatives d'intrusions insulaires par des journalistes, une auteure aussi débonnaire en la matière, voire satisfaite de ces divertissements médiatiques, qu'intransigeante dans le respect de la lettre de son œuvre. Faute de pouvoir toujours déminer en amont l'intrusion des journalistes, Grace Frick emploie parfois en aval des méthodes d'accueil dissuasives, lui valant la solide inimitié de plusieurs d'entre eux. Elle est aussi celle qui ne se montre pas à l'image et ne s'exprime jamais au micro, la femme de l'ombre, le témoin impossible. Celle qui capte à merveille les feux de la rampe, Marguerite Yourcenar, ne fait-elle pas une avec elle ? Inutile, donc, d'en rajouter.

Ce principe d'unité dans la dualité est scellé dès l'œuvre de collaboration inaugurale, *Mémoires d'Hadrien*, et acté plus précisément dans les *Carnets de mémoires d'Hadrien*, rattachés au roman à partir de l'édition de 1953. L'un des plus longs fragments qui les composent est un hommage rendu par Marguerite Yourcenar à « GF » par le biais d'une liste des activités menées de pair lors de la réalisation de l'œuvre : relectures multiples, corrections, consultation et vérification seconde des sources en bibliothèque, soutien psychologique et vigilance critique, approbation ou réfutation des pages écrites[6]. De fait, chaque page de *Mémoires d'Hadrien* et des livres-clefs qui le suivirent jusqu'au début des années 1970 est l'objet, au terme de chaque journée de travail, d'une lecture à voix haute par les deux femmes, la seconde réagissant de manière argumentée à cette lecture, la première remaniant souvent

5 *« En 1939, l'Amérique commence à Bordeaux. Correspondance avec Oliver Boudot-Lamotte »*, Michèle Sarde et Elyane Dezon-Jones éd., Paris, Gallimard, 2016.

6 *Mémoires d'Hadrien* [1951], in *Œuvres romanesques*, Paris, Gallimard, « Bibliothèque de la Pléiade », 1982, p. 537-538.

tout ou partie des pages lues à l'issue de cet échange. Les deux femmes travailleront ainsi jusqu'à la composition du *Labyrinthe du Monde*, les mémoires de l'écrivain dont les trois tomes sont publiés en 1974, 1977 et 1988 (posthume), à laquelle Grace Frick, malade, ne contribuera guère. Mais auparavant, son implication dans l'œuvre ne se limite pas à celle de la docile secrétaire recopiant les pages nouvelles du roman ou de l'essai en cours : elle agit aussi sur leur écriture en sa triple qualité de conseillère, de coach et de correctrice.

Elle se rapproche par là même de la fonction d'éditeur, par ses conseils avisés et ses demandes ciblées – un éditeur qui vivrait à domicile avec son auteure dans une île lointaine. Grace Frick obtient des modifications, des rajouts, des suppressions de la part de Marguerite Yourcenar qui, de toute évidence, suscite cette dynamique participative quand bien même elle y résiste comme à une ingérence et fait de cette tension un enjeu proprement vital, sur fond d'autocensure et de dépassement de soi, sinon de mortification et de jubilation entremêlées. On résistera à la tentation spéculaire de mettre en parallèle ce rapport à la contrainte d'écrire la plus coercitive, la plus mutilante, dont résulte paradoxalement la jouissance d'une œuvre en partage, avec le motif de la relation sadomasochiste récurrent dans les récits de l'écrivain, de *Feux* (1936) ou du *Coup de Grâce* (1939) à *Quoi ? L'éternité* (1988). On interrogera simplement le statut flottant de certaines pages, retranchées par exemple des *Mémoires d'Hadrien* mais conservées en état dans ses papiers par l'écrivain, qui, après la mort de sa compagne, avait pourtant le geste pyromane facile vis-à-vis de ses propres archives[7].

Grace Frick partage ainsi un certain nombre d'activités régaliennes avec l'auteure. Elles relèvent d'un processus de création conditionnant la forme-sens du livre en cours, ses dynamiques langagières et/ou scripturales telles qu'en elles s'enracine son rapport au symbolique. L'une de ces activités les plus manifestes est celle de la traduction. Grace Frick traduit en anglais les deux ouvrages les plus célèbres de Marguerite Yourcenar, par ailleurs elle-même traductrice, *Mémoires d'Hadrien* et *L'Œuvre au noir*. Ce cas de figure inverse en quelque sorte la situation

---

7 On se reportera à l'étude proposée par Elyane Dezon-Jones de l'une de ces pages, retirée de la version finale de *Mémoires d'Hadrien* mais conservée par l'auteure, « Marguerite Yourcenar ou la politique du texte brûlé », *Les Diagonales du Temps. Marguerite Yourcenar à Cerisy*, Bruno Blanckeman éd., Presses Universitaires de Rennes, 2007.

précédente depuis un texte qui, à l'origine, est le même : le premier jet revient à la traductrice, les réactions multiples conduisant à un remaniement de la part de l'écrivain elle-même. La relation de force auctoriale se déplace donc en toute amitié, mais en toute autorité, de la romancière vers sa traductrice, comme le marque de manière conséquente le changement de titre du deuxième roman traduit. *L'Œuvre au noir* devient *The Abyss*, qui dans la version française est le simple sous-titre d'une partie : l'effet de sens prioritaire glisse ainsi de l'opération alchimique à l'une de ses étapes et s'enrichit au passage des différentes connotations et nuances de sens propres à la notion d'abîme, absentes du titre français. Cette modification, et surtout son acceptation par Marguerite Yourcenar, ne sont pas qu'anecdotiques quand on connaît l'intransigeance intellectuelle de l'écrivain face à toute interprétation de ses œuvres autre que celle validée par elle et dont font les frais par lettres interposées metteurs en scène, chorégraphes, cinéastes, critiques s'intéressant à ses œuvres ou étudiants lui faisant parvenir leur thèse. Cette réécriture partielle, mais non superficielle, des œuvres d'origine par leur traduction interposée était d'autant plus âprement discutée et disputée par l'auteure que Marguerite Yourcenar surveillait les traductions de ses ouvrages dans d'autres langues, travaillant en étroite collaboration épistolaire avec sa traductrice en italien pour Einaudi, et cela alors qu'elle-même, en sa qualité de traductrice, ne rechignait pas à s'accorder des privautés avec le texte d'origine au nom de ce qu'elle affirmait être l'*intentio operis*.

Traductrice, Grace Frick exerce aussi deux autres fonctions régaliennes dans l'invention de la figure d'écrivain de Marguerite Yourcenar : celle du scribe et celle de l'archiviste. Deux types de productions écrites ou co-écrites en résultent : des lettres, des agendas. La correspondance de Marguerite Yourcenar, en cours d'édition depuis 1995, est la dernière des grandes correspondances cosmopolites et lettrées qui se sont développées à partir du XVIIIe siècle et que le mailing a désormais rendues caduques. Œuvre à côté de l'œuvre, œuvre dans l'œuvre tout autant, le rapport à la conception et l'édition des livres successifs y prévalent sur l'expression de la vie privée. Dès ses jeunes années, Marguerite Yourcenar a tenu sa correspondance et plusieurs milliers de lettres sont à ce jour recensées et archivées, d'autres liasses surgissant au hasard de découvertes dans des archives privées. À partir du moment où les deux femmes ont vécu ensemble, en 1939, un double des lettres envoyées par Marguerite Yourcenar est systématiquement conservé. Ou bien Grace Frick recopiait la lettre avant son expédition, ou bien la lettre était dupliquée sur papier carbone ; dans les deux cas, le double était classé, non sans être au préalable annoté en marge par Grace Frick qui précisait certains points et en corrigeait éventuellement d'autres, Marguerite Yourcenar se réservant un droit de rajout occasionnel sur tel ou tel double. D'emblée, donc, dans la décennie des années 40, alors que Marguerite Yourcenar en tant que telle n'existe plus, le couple coopère au redéploiement et au développement de sa stature par la constitution d'un dispositif projeté dans un temps où lui-même ne sera plus mais où elle, femme de lettres, perdurera dans la bibliothèque. La situation de l'oubli attise plutôt qu'elle ne l'éteint le réflexe de la postérité. Grace Frick en devient la petite plume, la petite main, dotée d'une poigne de fer. Ce n'est qu'à sa mort que Marguerite Yourcenar prend possession de ces archives épistolaires : elle brûle alors un certain nombre de lettres, en confie quelques milliers d'autres à un fonds ouvert à Harvard et en fait mettre certaines, ainsi qu'un journal intime datant des années 40, sous scellés pendant 50 ans. Cette fonction de conservation en temps réel d'une activité sise aux confins de la vie quotidienne et de la composition littéraire étend le geste de création de l'œuvre écrite vers celle qui l'écrit. Grace Frick se fait ainsi durant quatre décennies l'auteure de l'auteur, celle qui institue et oriente la machinerie tenant lieu d'empreinte scripturale à l'écrivain et intellectuelle nommée Marguerite Yourcenar.

Cette activité d'archive se double d'un activisme de plume visant à la compléter en donnant corps à l'écrivain. Dès les premiers temps de leur vie commune et jusqu'aux dernières forces que lui laisse la lente et longue maladie dont elle est atteinte, Grace Frick annote de manière extrêmement précise dans des agendas grand format les activités quotidiennes du couple, en insistant surtout sur les faits et gestes, paroles et intentions, bobos et états d'âme de Marguerite, une compagne qui se révèle tantôt hypocondriaque, tantôt mélancolique, sauf quand elle voyage ou que la perspective d'un voyage l'anime – image bien éloignée, donc, de celle de l'immarcescible lettrée accréditée par la postérité et tout droit sortie d'un exemplaire du Morisset et Thévenot. À la mort de sa compagne, Marguerite Yourcenar lira ou relira ces agendas, en annotera elle-même certains passages à titre de précision ou de rectification, ultime paraphe du partenariat dialogique dont sa figure de femme de lettres est la résultante, avant de les inclure dans le fonds Houghton de Harvard.

La figure de Grace Frick traverse par ailleurs régulièrement la correspondance de Marguerite Yourcenar assumant à sa manière, avec superbe mais sans ostentation, une conjugalité qui, des années 1950 aux années 1980, n'allait pas de soi, tant dans une Amérique puritaine que dans une Europe pudibonde. Grace Frick n'est jamais mise dans le placard – on imagine d'ailleurs qu'elle aurait manifesté quelque mécontentement à s'y tenir. « Grâce » devient une figure épistolaire que l'écrivain mentionne régulièrement, à laquelle elle rend hommage, dont elle confie laconiquement à certains correspondants les problèmes de santé et l'inquiétude croissante qu'elle-même en éprouve et dont elle prend âprement la défense lorsque, dans les années 1970, elle est attaquée par les journalistes victimes de son accueil lors de leur venue à Petite Plaisance. Le mode d'énonciation référant « Grâce » varie d'un interlocuteur à l'autre en fonction du degré de familiarité intime ou de la distance sociale propre à l'échange épistolaire et qui va, pour les intimes, du « Grâce et moi… » en trois mots qui semblent n'en former qu'un seul, au plus protocolaire « Miss Frick » qui revêt quelque allure de gouvernante corsetée. Bien plus, Grace Frick devient parfois la figure de micro-séquences mettant en abyme son statut de conseillère littéraire privilégiée, dispositif quelque peu pervers si l'on a à l'esprit qu'il y a toujours un double destinataire de la lettre : celui à laquelle elle est adressée, celle qui la recopie et archive après lecture. À Henri Balmelle, médecin ayant envoyé un exemplaire de son roman publié à compte d'auteur, Marguerite Yourcenar écrit en post-scriptum de sa lettre d'analyse, cette phrase : « Grace Frick, à qui je lis cette lettre au coin du feu, me fait remarquer que je n'adresse à votre livre aucune critique, bien qu'il y ait toujours des critiques à faire (elle en sait quelque chose, s'étant amicalement instituée l'avocat du diable des miens)[8]. » Formule intéressante parce qu'elle révèle, au delà de la boutade, une tension souterraine qui s'exprime sporadiquement et relève d'une volonté clairement énoncée de remettre Miss Frick à sa place : reconnaître son importance mais simultanément relativiser son influence dans la réalisation de l'œuvre,

8 Lettre à Henri Balmelle, *Lettres à ses amis et quelques autres*, 2 avril 1959, p. 172.

manière de résister à l'impérialisme de sa compagne. Grace Frick est, pour reprendre une expression qui connaît dans la correspondance un décliné sémantique, la « très précieuse amie et collaboratrice ». Tout est dans l'ordre et le choix des mots, jusqu'à la tournure superlative qui sanctifie le lien affectif, mais sanctionne l'idée potentielle d'une souveraineté littéraire de partage. Entre l'écrivain et sa « collaboratrice » selon l'une, l'auteure de l'auteure selon l'autre, c'est une sourde lutte pour la suprématie qui s'instaure pendant plusieurs décennies et s'exerce à la périphérie de l'œuvre, dans les agendas pour Grace Frick, dans la correspondance pour Marguerite Yourcenar.

Dans les agendas, une contre-historiographie ramène le destin de l'écrivain immortelle aux vicissitudes prosaïques de la vie quotidienne, là où Marguerite Yourcenar cultive le sentiment altier de sa propre exception et, tel le peintre Wang Fo de *Nouvelles Orientales* trouvant le salut dans son ultime tableau, entend n'exister que par abstraction dans l'œuvre qu'elle conçoit. Dans la correspondance, un usage parfois pervers de la lettre ramène l'être aimé, quel que soit le nappé rhétorique de l'écriture, à un statut ancillaire dès qu'il est question de l'œuvre. Parfois cette rhétorique atteint un degré de cruauté particulier lorsqu'elle semble superposer intentionnellement l'œuvre et la vie et crypter, à l'usage de la destinataire conjugale, un propos général visant à la nier. Ainsi de l'analyse que l'écrivain adresse en 1963 à Suzanne Lilar après lecture de son essai sur le couple : « tant d'agressivité, tant d'égoïsme à deux, tant d'exclusion du reste du monde, tant d'insistance sur le droit de propriété exclusif d'un autre être sont entrés dans cette notion [...][9] ».

Ainsi s'affirme dans les hauteurs des sphères littéraires cet aigle à deux têtes inégales et pourtant indissociables nommé Yourcenar. Un trait stylistique épistolaire de Marguerite Yourcenar pourrait alors servir de conclusion à cette étude. Lorsqu'elle nomme Grace Frick, Marguerite Yourcenar a tendance à franciser l'orthographe du prénom en lui ajoutant un accent circonflexe. L'onomastique ferait-elle sens ? Selon l'usage commun du substantif, Grace devenue Grâce serait alors pleinement sublimée. Mais l'on se souvient aussi du titre du roman de 1939 contemporain de leur rencontre, *Le Coup de grâce*... la plume deviendrait alors nettement plus offensive quand on se souvient que

9 Josyane Savigneau, *Marguerite Yourcenar, l'invention d'une vie*, *op. cit.*, p. 434.

le héros principal du récit s'y prend à plusieurs reprises pour exécuter la femme coupable. C'est peut-être cette oscillation entre soi-même et l'autre qui ne sera jamais un alter ego, quelle que soit sa part dans l'œuvre, que trahirait alors la constance d'un simple accent.

Bruno BLANCKEMAN

QUATRIÈME PARTIE

LES ÉMANCIPÉES, CRÉATRICES AU GRAND JOUR

GEORGES OU MADELEINE ?

Sapho, écrivain et fratricide

Madeleine de Scudéry fut la première femme à faire pleine figure d'écrivain en France. Ses contemporains l'ont à l'envie célébrée comme « l'Illustre Sapho[1] », cette désignation l'inscrivant dans une lignée qui presque d'emblée fait d'elle une classique et souligne son éclat (son « lustre »), par l'adjectif ajouté de façon topique au nom de la poétesse antique[2]. Dans son *Dialogue des héros de romans* (1713), Boileau brocarde Mademoiselle de Scudéry, mais il prend soin, à la fin du discours qui prélude à l'œuvre, de préciser qu'il en a différé la parution du vivant de sa victime, honnête fille qu'il ne voulait pas chagriner[3]. Lauréate du premier prix d'éloquence de l'Académie française en 1671, Mlle de Scudéry fut admise en 1690 à l'*Academia degli Ricovrati* de Padoue qui recevait neuf femmes en hommage aux neuf Muses. Elle jouit de l'attention des premiers personnages de son temps : Mazarin, Louis XIV, Christine de Suède[4], Mme de Maintenon, Leibniz[5]. De 1674 à 1702, le *Mercure galant* lui réserve soixante-douze entrées, que le journal publie des pièces de sa main ou qu'elle s'y voit simplement citée[6]. Il est difficile d'imaginer personnalité plus exposée à la lumière.

---

1 Voir Nathalie Grande, *Stratégies de romancières. De* Clélie *à la* Princesse de Clèves (1654-1678), Paris, Honoré Champion, 1999, p. 202.

2 Madame de Sévigné l'appelle aussi le 5 mars 1683 « cette merveilleuse Muse », *in Correspondance*, éd. R. Duchêne, Paris, Gallimard, « Bibliothèque de la Pléiade », 1978, t. III, p. 104.

3 Voir Edmé Rathery et Antoine Boutron, *Mademoiselle de Scudéry : sa vie et sa correspondance avec un choix de poésies*, Paris, Champion, 1873 [Genève, Slatkine Reprints, 1971], p. 92. La fin discours qui précède l'œuvre y est cité.

4 Voir N. Grande, *Stratégies…*, *op. cit.*, p. 201. Mme de Sévigné décrit dans sa lettre du 5 mars 1683 la visite de remerciement de Mlle de Scudéry à Louis XIV.

5 Voir E. Rathery et A. Boutron, *Mademoiselle de Scudéry…*, *op. cit.*, p. 129.

6 Voir Monique Vincent, « Présence de Mademoiselle de Scudéry dans le *Mercure Galant* », dans *Les Trois Scudéry. Actes du colloque du Havre*, éd. A. Niderst, Paris, Klincksieck, 1993, p. 561-573.

Pourtant, elle fut longtemps dans l'ombre de son frère aîné, Georges. Frère et sœur vécurent ensemble jusqu'à ce qu'ils atteignissent respectivement les âges de cinquante-trois et quarante-six ans – des chiffres à majorer au regard de l'espérance de vie moyenne au XVIIe siècle. Dramaturge et homme de lettres à succès bien avant qu'on connaisse sa sœur, Georges a signé tous les grands romans dont Madeleine passe pour l'auteur : *Ibrahim ou l'illustre Bassa, Artamène ou le Grand Cyrus, Clélie.* Le cas Scudéry appelle l'attention par la situation assez pure qu'il semble offrir d'une femme assujettie à un homme, sinon « grand » du moins célèbre et doté d'une forte personnalité, mais surtout par le retournement surprenant qu'il propose d'observer. Car Georges fut rapidement passé aux oubliettes de la littérature, tourné en ridicule et pour partie spolié de l'œuvre qui lui revenait. Une des rares monographies qui lui fut consacrée, en 1929, s'intitule *Le Matamore des lettres*[7]. La première figure que le *Dictionnaire des lettres françaises* convoque à son propos est Rodomont, le roi d'Alger bravache évoqué chez Boiardo et l'Arioste. Assimilé à une outre vaniteuse, Georges n'a pas tardé à ne plus être tenu que pour du vent. Ainsi l'histoire du « couple littéraire[8] » que constituent Georges et Madeleine de Scudéry est-elle celle d'un double assassinat, l'un manqué, l'autre réussi, mais dans un sens opposé à celui que la doxa laisserait attendre.

MADELEINE DANS L'OMBRE ET SOUS LA COUPE DE GEORGES

Madeleine de Scudéry voit le jour au Havre en 1607. Par son sexe et par son âge, elle est vouée à subir l'ascendant de son frère Georges, né six ans plus tôt. Un ascendant renforcé par la perte prématurée de son père et, quelques mois plus tard, de sa mère, en 1613. Uniques survivants de cinq enfants[9], les deux orphelins voient sans doute leurs liens resserrés par cet esseulement. À peu près dépourvus de bien, ils sont confiés à un

7 Charles Clerc, *Un Matamore des lettres, la vie tragi-comique de G. de Scudéry*, Paris, Spes, 1929.

8 Voir Éveline Dutertre, *Scudéry dramaturge*, Genève, Droz, 1988, p. 30.

9 Voir *ibid.*, p. 20.

oncle maternel, riche et honnête homme[10]. V. Conrart, qui connaissait bien Mlle de Scudéry, raconte qu'il lui procura une éducation attentive et libérale, ce qu'elle confirme en évoquant l'enfance de son masque littéraire, Sapho, dans *Le Grand Cyrus*. Cette période demeure cependant nimbée de nombreux mystères. Comment cet oncle s'appelait-il ? Instruisit-il seul sa pupille ? Georges alla-t-il au collège ? Le silence observé par le frère et la sœur étonne. Il semble plus caractéristique de ce que l'on tient à laisser derrière soi que de ce qui inspire gratitude ou reconnaissance.

En 1615 ou 1616, vers quatorze ans, Georges s'engage. Il entre dans le régiment des Gardes[11]. Lorsqu'il quitte le service en 1629, il s'installe à Paris où sa naissance lui permet de fréquenter les salons. En 1631, il publie sa première pièce, vraisemblablement jouée un an plus tôt, puisqu'au XVIIe siècle la publication vient d'ordinaire célébrer une réussite dramatique acquise. À une date indéterminée entre 1630 et 1637, Madeleine le retrouve à Paris ; à ce moment-là, le couple fait, selon certains témoignages, déjà figure d'institution[12]. Tous deux célibataires, Georges et Madeleine habitent ensemble. Ils fréquentent le même monde. En 1642, Georges est nommé gouverneur de Notre-Dame-de-la-Garde à Marseille. Il rejoint son poste en 1644 ; sa sœur l'accompagne. Quand ils rentrent à Paris en 1647, ils partagent de nouveau le même appartement, d'abord à l'hôtel de Clermont, puis rue de Beauce[13].

Une rupture se produit en 1654. Georges, qui a intrigué pour le compte des Condé pendant la Fronde, doit s'exiler en Normandie. Madeleine n'est pas responsable de la séparation, mais cette fois elle ne suit pas son frère. Plusieurs brefs séjours qu'il accomplit dans la capitale suggèrent cependant que la décision a pu être prise à deux et d'un commun accord : il était judicieux, pour tout exilé, de conserver une base à Paris. La rupture, d'autre part, bénéficie à Georges, qui épouse une jeune femme de bonne famille le 1er juillet 1655[14]. En 1658, il a un fils. Les fêtes organisées pour le baptême de celui-ci, les regrets de sa veuve après sa mort en 1667, indiquent une union heureuse. À l'inverse,

10 Voir Valentin Conrart, *Mémoires*, éd. L. J. N. Monmerqué, Paris, Foucault, 1826, p. 254.

11 Voir É. Dutertre, *Scudéry dramaturge*, *op. cit.*, p. 22. La Rochefoucauld a le même âge, lorsqu'il rejoint l'armée.

12 Voir *ibid.*, p. 26.

13 Voir *ibid.*, p. 36.

14 Voir *ibid.*, p. 40-41.

sans dot, âgée, Madeleine reste seule, son unique ressource consistant à apprécier l'indépendance que le célibat procure. Mais peut-être n'a-t-elle en réalité jamais véritablement choisi de partager la vie de Georges. Lorsqu'elle le rejoint à Paris, son oncle est mort. Une femme ne sachant vivre seule sans ternir sa réputation (qu'on songe à Mme de Villedieu), elle a pu obéir à une simple nécessité. Quels étaient d'ailleurs les liens entre frère et sœur après les années que Georges avait passées au service ?

La sujétion de Madeleine – et les contrariétés auxquelles elle est soumise – apparaissent dans diverses anecdotes. Georges est dépensier. Il dilapide son revenu et celui de sa sœur. Il possède de nombreux tableaux, dont une collection de tous les poètes illustres du père de Cl. Marot à G. Colletet. Tallemant des Réaux observe :

> [...] ces portraits lui avaient coûté ; il s'amusait à dépenser ainsi son argent à des badineries. Sa sœur le suivit [à Marseille] ; elle eût bien fait de le laisser aller ; elle a dit pour ses raisons : « Je croyais que mon frère serait bien payé ; d'ailleurs le peu que j'avais, il l'avait dépensé. J'ai eu tort de lui tout donner ; mais on ne sait ces choses-là que quand on les a expérimentées[15] ».

Le séjour marseillais de Madeleine n'aurait donc pas l'affection pour cause, mais de façon plus sordide la gêne, une contrainte économique. Georges, d'autre part, se conduit en tyran. Tallemant note ainsi : « Ce fou a eu les plus plaisantes jalousies du monde pour sa sœur ; il l'enfermait quelquefois, et ne voulait pas souffrir qu'on la vît. Elle a eu une patience étrange [...][16]. » La cohabitation, sous ce jour, est au vrai une prison. Brouillé avec P. Pellisson qui ne lui a consacré que quelques lignes dans son *Histoire de l'Académie française* (1653), Georges ne supporte pas que Madeleine rencontre celui-ci. Un jour, elle dîne dans une compagnie où P. Pellisson est invité à l'improviste. Georges l'apprend. Il est fou de rage. « Le soir, Scudéry pensa manger sa sœur », commente Tallemant[17]. La situation semble présenter peu d'attraits pour cette dernière.

Georges est tout aussi despotique d'un point de vue littéraire. Un premier roman, *Ibrahim ou l'illustre Bassa*, paraît sous son nom en 1641, suivi en 1642 par un ouvrage intitulé *Les Femmes illustres, ou les Harangues académiques.* Puis, il signe tous les volumes du *Grand Cyrus* entre 1649

15 Voir Tallemant des Réaux, *Historiettes*, éd. A. Adam, Paris, Gallimard, « Bibliothèque de la Pléiade », 1961, t. II, p. 686-687.

16 *Ibid.*, t. II, p. 688.

17 *Ibid.*, t. II, p. 690.

et 1653 et ceux de *Clélie* entre 1654 et 1660. Contrats et privilèges de ces énormes succès de librairie sont établis à son nom[18]. Pourtant, la *Clélie* est composée à une date où Georges a quitté Paris et rompu avec la vie mondaine dont le livre se fait si souvent l'écho. Georges d'ailleurs ne se contente pas d'apposer son nom et ses titres sur ces ouvrages. Il s'arroge sans scrupule la paternité des *Harangues* et d'*Ibrahim* dans la préface d'*Arminius* (1643)[19] : à l'évidence, il utilise le succès du roman comme un faire-valoir pour sa production dramatique. De son côté, Tallemant rapporte que G. de La Calprenède l'accusant de ne pas écrire les livres qu'il signait, l'homme le prit si mal, bien que la scène eût lieu devant Madeleine, que les deux hommes en seraient venus aux mains sans l'intervention de celle-ci[20]. Il n'hésite pas non plus à diminuer le mérite de sa sœur, même auprès de ses proches. Ainsi écrit-il le 7 avril 1660 à Éléonore de Rohan-Montbazon, abbesse de Caen et de Malnoue, amie de Madeleine :

> Je vous le confesse, Madame, j'ai le cœur plus élevé que ce roi qui, tout Espagnol qu'il était, se contentait d'être appelé le mari de la reine, et si vous ne me regardiez que comme frère de Sapho, vous ne rempliriez pas du tout mon ambition. Personne ne sait mieux que moi ce qu'elle vaut, car je l'ai faite ce qu'elle est [...][21].

Le propos n'inspire pas la sympathie, même si Georges a pu en effet encourager les premières tentatives de sa sœur[22]. L'*Éloge de Mlle de Scudéry* suggère d'autres motivations, qui achèvent de le rabaisser. Mlle de Scudéry aurait commencé d'écrire pour payer les dettes de son aîné :

18 Voir Nicole Aronson, *Mademoiselle de Scudéry ou le voyage au pays de Tendre*, Paris, Fayard, 1986, p. 37 qui se fonde sur les documents du Minutier central.

19 Georges de Scudéry, *Arminius ou les frères ennemis, tragi-comédie*, Paris, T. Quinet, 1644, « Préface » : « Pour *L'Illustre Bassa*, il avait été trop heureux en Roman, pour ne l'être pas en Comédie [...] ».

20 Voir Tallemant des Réaux, *Historiettes*, *op. cit.*, t. II, p. 688 : « Ceux qui la connaissaient un peu virent bien, dès les premiers volumes de *Cyrus*, que Georges gouverneur de Notre-Dame-de-la-Garde, car il se qualifie toujours ainsi, ne faisait que la préface et les épîtres dédicatoires. La Calprenède le lui dit une fois, en présence de sa sœur, et ils se fussent battus sans elle [...]. »

21 Cité dans E. Rathery et A. Boutron, *Mademoiselle de Scudéry...*, *op. cit.*, p. 504.

22 Dans « Georges et Marie-Madeleine de Scudéry », dans *Les Trois Scudéry...*, *op. cit.*, p. 59, Alain Niderst observe que Georges se représente dans *Almahide* sous le nom d'Abindarrays, qui était son nom d'emprunt chez Mme de Rambouillet. Or le personnage raconte qu'il aide sa sœur à se perfectionner.

« Riche des seuls biens de son esprit, elle crut qu'elle devait en faire usage pour acquitter de grosses dettes qu'elle n'avait pas contractées[23]. » Tallemant va aussi dans ce sens, lorsqu'il observe : « les livres de cette fille se vendaient fort bien : elle en tirait beaucoup », pour suggérer qu'elle ne profita cependant guère elle-même de cette manne : « mais son frère s'amusait à acheter des tulipes », remarque-t-il ironiquement juste après[24]. Georges et Madeleine n'avaient guère de bien[25], insiste-t-il, et Madeleine reconnaissait avoir tout donné à Georges, dépensier autant que fier[26]. Du reste, marié, il alla vivre chez une tante de son épouse, « qui les nourrit », selon Tallemant, lequel s'étonne qu'elle « n'a point fait rompre le mariage[27] ». La spoliation de Madeleine est donc aussi financière.

Les témoignages des contemporains sont néanmoins très nombreux à considérer que Madeleine n'est pas étrangère à ces œuvres romanesques qui tranchent dans la production de son frère, jusqu'alors soucieux exclusivement de poésie et de théâtre, voire qu'elle en est purement et simplement l'auteur. L'abbé Bosquillon, qui fréquenta Mlle de Scudéry à la fin de sa vie et écrivit sa notice nécrologique dans le *Journal des savants*, lui attribue la totalité d'*Ibrahim*, d'*Artamène* et de *Clélie*, ainsi que des trois nouvelles qu'elle publie ensuite et des *Conversations.* P.-D. Huet établit dans le *Traité de l'origine des romans* qui paraît en tête de la *Zayde* de Mme de Lafayette en 1671 :

> L'on n'y vit pas sans étonnement ceux qu'une fille, autant illustre par sa modestie que par son mérite, avait mis au jour sous un nom emprunté, se privant si généreusement de la gloire qui lui était due, et ne cherchant sa récompense que dans sa vertu [...] Mais enfin le temps lui a rendu la justice qu'elle s'était refusée et nous a appris que *L'Illustre Bassa, Le Grand Cyrus* et *Clélie* sont les ouvrages de Mlle de Scudéry[28].

Une lettre de J.-F. Sarasin à Madeleine montre que, dès le 30 décembre 1650, certains n'ignorent pas ce qu'il en est, comme il lui écrit : « vous

23 Voir E. Rathery et A. Boutron, *Mademoiselle de Scudéry ...*, *op. cit.*, p. 44, n. 1.
24 Voir Tallemant des Réaux, *Historiettes*, *op. cit.*, t. II, p. 691.
25 *Ibid.*, t. II, p. 684.
26 *Ibid.*, t. II, p. 686.
27 *Ibid.*, t. II, p. 691.
28 Pierre-Daniel Huet, « Traité de l'origine des romans », *Poétiques du roman. Scudéry, Huet, Du Plaisir et autres textes théoriques et critiques du* XVIIe *siècle sur le genre romanesque*, éd. C. Esmein, Paris, Honoré Champion, 2004, p. 534.

qui savez tout ce qui se peut savoir des Muses[29] » et nomme Cyrus : « votre héros[30] », tout en mentionnant que son frère a fait la dédicace du livre. Quelques lignes de Mme de Longueville suivent. Elle emploie l'expression : « vos ouvrages ». La correspondance entre A. Godeau, *alias* le Mage de Sidon, et Mlle de Scudéry confirme ces faits. En 1654, le « nain de Julie », devenu évêque, désigne emphatiquement sa destinataire comme Sapho ou « [s]a très précieuse Sapho[31] ». Tallemant raconte quant à lui qu'un Gascon, le type même du provincial peu dégourdi, reconnaissant Georges dans la rue, l'arrête pour lui demander ce que… sa femme ferait après le *Cyrus*[32]. L'anecdote (qu'elle soit vraie ou non) est triplement intéressante. Le provincial reconfigure spontanément la relation fraternelle rare en relation conjugale plus traditionnelle et, malgré sa balourdise, reconnaît Georges de Scudéry et sait qu'il n'est pas l'auteur des livres parus sous son nom. Tallemant rapporte ainsi à propos du *Grand Cyrus* : « […] Furetière disait qu'à la clef qu'on a donnée il fallait ajouter : *M. de Scudéry, gouverneur, etc.* – Mademoiselle sa sœur[33]. »

Il demeure que Madeleine ne revendique jamais la paternité de ses textes avant la mort de son frère en 1667 et qu'ensuite elle publie sans signer ses œuvres : jamais elle n'assume publiquement son personnage d'auteur. Le 21 octobre 1658, elle écrit à A. Godeau qu'elle a entre les mains la quatrième partie de *Clélie*, qu'elle doit lui envoyer, mais sans apparaître autrement que comme la dépositaire du volume[34]. Sa correspondance ne prend d'assurance qu'à une date tardive. Aussi le rôle de Madeleine n'est-il pas aussi bien établi que les témoignages précédents ne le donnent à croire. Georges ne doit-il pas son mariage, en 1655, à cette confusion ? Tallemant raconte qu'il se maria avec « […] une demoiselle romanesque, qui mourait d'envie de travailler à un roman » et qui lui trouva du charme pensant qu'il était de bonne foi l'auteur d'*Ibrahim* et d'*Artamène*[35]. Or la future Mme de Scudéry n'est pas une vulgaire pécore. Issue d'une bonne famille, elle est cultivée et sera reconnue comme une

29 Voir E. Rathery et A. Boutron, *Mademoiselle de Scudéry…*, *op. cit.*, p. 429.
30 Voir *ibid.*, p. 430.
31 La lettre date du 7 février 1654, voir *ibid.*, p. 249-250.
32 Voir Tallemant des Réaux, *Historiettes*, *op. cit.*, t. II, p. 690.
33 *Ibid.*, t. II, p. 689.
34 Voir E. Rathery et A. Boutron, *Mademoiselle de Scudéry…*, *op. cit.*, p. 272.
35 Tallemant des Réaux, *Historiettes*, *op. cit.*, t. II, p. 69.

précieuse[36]. Elle entretiendra même avec Bussy-Rabutin une remarquable correspondance. Sa méprise vient fortement tempérer les assertions de Tallemant, peu favorable à Georges d'une manière générale.

Quoi qu'il en soit, Madeleine semble avoir intériorisé les contraintes qui s'exerçaient sur elle et le poids de sa condition de femme. Ainsi, quoique A. Somaize l'appelle « Sophie » et A. Furetière « Polymathie », l'un et l'autre insistant sur l'étendue de ses connaissances, elle ne cesse de répéter qu'elle refuse de devenir une femme savante ou un bel esprit[37]. Spontanément, fût-ce au nom du naturel et de la politesse, elle se conforme à la prescription séculaire qui interdit à son sexe de revendiquer aucune compétence intellectuelle sérieuse. Son attitude confirme les préjugés que La Bruyère dénonce au chapitre « Des femmes » des *Caractères* : une femme savante est comme « une belle arme » qu'on admire dans un cabinet, un objet « qui n'est pas d'usage, qui ne sert ni à la guerre ni à la chasse, non plus qu'un cheval de manège, quoique le mieux instruit du monde[38] ».

L'attitude de Mlle de Scudéry tranche d'ailleurs avec celle d'autres Précieuses, plus ouvertement avides de connaissance. Mlle Descartes se targue de philosophie[39]. Mme de Lafayette, sous la houlette de Ménage, lit, apprend l'espagnol, l'italien, le latin. Les figures de la Précieuse et de la femme savante, du reste, tendent à se superposer dans les représentations contemporaines. Mais Mlle de Scudéry se montre « fort en colère » qu'A. Furetière l'appelle « la Pucelle du Marais » et imprime « qu'elle a fait les romans que son frère s'attribuait[40] ». Si elle avoue peu à peu être l'auteur de ses livres, elle ne cesse jamais de refuser d'apparaître savante et rappelle pesamment ses ignorances. En 1689, elle écrit à P.-D. Huet qui vient de faire paraître sa *Censura philosophiae cartesianae.* Elle souligne lourdement son ignorance du latin :

> Je suis fort aise, Monseigneur, que vous m'ayez fait l'honneur de vous souvenir de moi, sans vous souvenir de mon ignorance ; car peut-être, si vous vous en étiez

36 Voir N. Grande, *Stratégies…*, *op. cit.*, p. 225.

37 Voir N. Aronson, *Mademoiselle de Scudéry…*, *op. cit.*, p. 43, ainsi que E. Rathery et A. Boutron, *Mademoiselle de Scudéry…*, *op. cit.*, p. 87-88, p. 300, p. 302, p. 322, et Anne Debrosse, « Promenades désenchantées en "mer Dangereuse" : Madeleine de Scudéry, Sapho et Érinne aux prises avec le monde », *Études Épistémè*, 27, 2015, p. 5.

38 La Bruyère, *Les Caractères*, éd. E. Bury, Paris, Le Livre de Poche, 1995, « Des Femmes », § 49, p. 194.

39 Respectivement dans le *Dictionnaire des Précieuses* (1660) et dans le *Roman bourgeois* (1666).

40 Voir Tallemant des Réaux, *Historiettes*, *op. cit.*, t. II, p. 693.

souvenu, ne m'eussiez-vous pas donné votre excellent ouvrage. Je voudrais bien cependant que vous m'eussiez aussi envoyé quelque habile traducteur, afin de ne perdre rien d'un livre qui n'est pas favorable à certaines machines cartésiennes, contre lesquelles je me suis déclarée hautement il y a longtemps, sans employer pourtant contre le philosophe, que mon chien, ma guenon et mon perroquet[41].

Pareille modestie campe le personnage, unanimement célébré par ses contemporains pour sa délicatesse et son humilité. Y entre-t-il une part de pose ? Elle ne ferait que souligner l'*ethos* de discrétion renonçante auquel Mlle de Scudéry se conforme. Ces faits établis, il convient toutefois d'en considérer la signification de façon plus exacte : il se glisse, dans l'attitude de Madeleine, une véritable stratégie de la modestie.

MADELEINE, STRATÈGE DE LA MODESTIE

Mlle de Scudéry tira de sa proximité avec Georges des bénéfices qu'il serait injuste d'ignorer. Son frère était introduit chez Mme de Rambouillet au moins depuis 1627, fréquentant sans doute la Chambre bleue lors des périodes de loisir que son service – d'ailleurs assez peu connu – lui laissait[42]. Il y jouit du surnom de Sarraïdes[43] et participe en 1631 à la *Guirlande de Julie.* Il est évident que Madeleine, sans fortune ni recommandation, n'est d'abord accueillie dans les salons que par son entremise[44]. Engagé auprès de Condé, Georges est aussi à l'origine de la familiarité entre sa sœur et Mme de Longeville, sans que cette liaison ait valu à Mlle de Scudéry exil ou défaveur. Les femmes n'exerçant la plupart du temps aucune charge majeure, elles échappent plus volontiers aux sanctions qui frappent les hommes. Ainsi, P. Pellisson est-il condamné à la prison pour être proche de Fouquet, tandis que Mlle de Scudéry n'est pas inquiétée[45].

41 Cité par E. Rathery et A. Boutron, *Mademoiselle de Scudéry…*, *op. cit.*, p. 312.

42 Voir Rosa Galli Pellegrini, « Introduction » dans Georges de Scudéry, *Ibrahim ou l'illustre Bassa*, éd. R. Galli Pellegrini et A. Arrigoni, Fasano-Paris, Schena editore-Presses de l'Université Paris-Sorbonne, 2003, t. I, p. 15.

43 Voir É. Dutertre, *Scudéry dramaturge*, *op. cit.*, p. 26.

44 Voir *ibid.*, p. 19.

45 Voir N. Grande, *Stratégies…*, *op. cit.*, p. 269.

Du point de vue éditorial, le nom de Georges constitue également un atout. C'est, au cours des années 1630, un auteur influent. Il fait paraître seize pièces entre 1631 et 1643 et bénéficie, à partir de 1635, de la protection de Richelieu – sans doute est-ce d'ailleurs pour cette raison qu'il ose s'en prendre à Corneille en 1636, déclenchant la querelle du *Cid*[46]. Ainsi Tallemant pose-t-il sans ambages :

> D'abord elle trouva à propos, par modestie, ou à cause de la réputation de son frère, car ce qu'il faisait, quoique assez méchant, se vendait pourtant bien, de mettre ce qu'elle faisait sous son nom. Depuis, quand elle entreprit *Cyrus*, elle en usa de même, et jusques ici elle ne change pour *Clélie*[47].

Le mémorialiste invoque d'abord la « modestie » de Mlle de Scudéry pour expliquer qu'elle publie sous le nom de Georges. Une femme ne saurait au XVIIe siècle s'exposer au public, *a fortiori* dans le cadre d'une activité lucrative, sans tort pour sa réputation. De fait, il cite un poème obscène qui dénonce même dans la chaste Madeleine une vulgaire maquerelle adonnée à la prostitution[48]. Il faut ruser, et Mlle de Scudéry ruse. Après la mort de son frère, elle choisit l'anonymat, quand bien même il relève à cette date du secret de Polichinelle[49]. L'anonymat, de plus, n'est pas nécessairement une contrainte mesquine[50]. Il permet d'afficher une désinvolture aristocratique de bon ton dans une culture des salons et d'instituer une connivence flatteuse avec le lecteur qui n'en est pas dupe. C'est probablement le cas, lorsque Mlle de Scudéry adresse le 5 mai 1672 à P.-D. Huet le discours *Sur la gloire* qu'elle a prononcé à l'Académie Française l'année précédente… en feignant d'ignorer son auteur ! « Je vous envoie un discours qui a été trouvé fort beau, et comme je le trouve digne de votre estime, je suis bien aise de vous l'envoyer afin que l'inconnu qui l'a fait ait la gloire de votre approbation[51]. »

46 Voir É. Dutertre, *Scudéry dramaturge*, *op. cit.*, p. 4.
47 Tallemant des Réaux, *Historiettes*, *op. cit.*, t. II, p. 688.
48 Voir *ibid.*, t. II, p. 1453. Le refrain de ce violent pamphlet est : « Je suis maquerelle, moi ! »
49 Il est scrupuleusement observé, puisque les privilèges sont attribués à ses différents libraires-imprimeurs et, après 1686, à un parent du côté de sa mère, M. de Goutimesnil-Martel. Les volumes parus en 1686 indiquent « par M. de S.D.R. », mais la mention semble une innovation de l'éditeur, comme le titre *La Morale du monde*, dont Mlle de Scudéry se plaint dans sa correspondance (elle le trouve prétentieux).
50 Voir N. Grande, *Stratégies…*, *op. cit.*, p. 284.
51 Cité dans *ibid.*, p. 285 d'après Léon-Georges Pellissier, *Lettres inédites de Madeleine de Scudéry à Pierre-Daniel Huet*, Paris, H. Leclerc, 1902.

Le faux anonymat a ses avantages. Mme de Lafayette en joue, lorsque *La Princesse de Clèves* sort assortie d'un curieux avis du libraire au lecteur qui souligne l'absence du nom de l'auteur pour mieux dire combien il exciterait l'intérêt : il devient un secret éminemment convoitable. Au début de sa carrière, toutefois, Mlle de Scudéry prend le parti le plus sûr : emprunter le masque d'un auteur en vue[52]. Tallemant suggère un choix personnel et délibéré. Enfin, la motivation ultime qu'il attribue à la romancière est cette fois intéressée : les livres de Georges « se vendaient [...] bien ». Nathalie Grande, reprenant à son compte l'analyse de Tallemant, y voit aussi une stratégie articulée[53]. Mlle de Scudéry trouve un dernier avantage à l'emprunt du *persona* fraternel : il lui sert de paravent. Elle introduit dans ses romans, on le sait, les portraits de nombreuses personnes du monde. À ceux qui ne s'accommodent guère de cet usage, elle allègue qu'elle n'est pas responsable : « c'est que quand mon frère rencontre un caractère d'esprit agréable, il s'en sert dans son histoire », se justifie-t-elle, toujours selon Tallemant, qui poursuit : « Mme Cornuel, pour se venger, disait que la Providence paraissait en ce que Dieu avait fait suer de l'encre à Mlle de Scudéry, qui barbouillait tant de papier[54]. » Légendaire diseuse de bons mots, Mme Cornuel voit dans l'apparence sèche et noire de Mlle de Scudéry une punition divine pour ses propos à son encontre.

UNE DUALITÉ INEXTRICABLE

Madeleine profite d'une situation qui n'est, de toute façon, pas totalement indue. En dépit des déclarations des uns et des autres, les analyses les plus rigoureuses montrent que les romans, du moins jusqu'à *Clélie* et les *Femmes illustres*, résultent du travail conjoint du frère et de la sœur. R. Galli Pellegrini observe que la source du récit dans *Ibrahim* (1641) figure chez Chalcondyle[55]. L'histoire est travaillée de manière à valoriser

52 N. Grande, *in Stratégies...*, *op. cit.*, p. 271, rejoint cette idée en voyant *Ibrahim* comme un « coup d'essai à l'ombre de son frère ».

53 Voir N. Grande, *Stratégies...*, *op. cit.*, p. 284 et p. 203.

54 Voir Tallemant des Réaux, *Historiettes*, *op. cit.*, t. II, p. 689.

55 Voir R. Galli Pellegrini, « Introduction... », *op. cit.*, p. 16.

les relations franco-turques d'une façon qui s'accorde étonnamment à la politique extérieure de Richelieu, le protecteur de Georges, au moment où il s'engage dans la guerre de Trente Ans[56]. La scène d'ouverture décrit ainsi la somptueuse réception d'une ambassade française par Soliman II. Quant au protagoniste, quoique français, il est le ministre du sultan, son conseiller intime : son exaltation n'est pas sans ressembler à un hommage adressé à Richelieu[57]. Il est également frappant de remarquer que les personnages sont plutôt porteurs d'une signification morale ou idéologique, qu'ils ne figurent, par un jeu d'allusions et de clefs, des contemporains ou des proches, comme c'est le cas dans les romans ultérieurs où le rôle de Madeleine est mieux perceptible. La matière amoureuse, qui trahit des préoccupations auxquelles Madeleine se montre fidèle jusque dans ses derniers recueils de conversations, se voit surimprimée sur ce fond. Suivant ces observations, *Ibrahim* pourrait bien avoir été élaboré à la fois par le frère et la sœur, le premier contribuant fortement à sa charpente, endossant la paternité publique de l'œuvre et rédigeant une préface dont la dimension théorique correspond à des intérêts avérés chez lui au moins depuis la querelle du *Cid.* Le fait que Georges donne en 1643 une pièce intitulée *Ibrahim*, dont le sujet est tiré du roman, ne constitue-t-il pas un indice supplémentaire de la part qu'il y prit ?

Quoique très difficile à démêler dans les faits[58], le procédé d'une écriture plurielle hante aussi *Les Femmes illustres ou les Harangues héroïques*, parues en 1642, un an après *Ibrahim ou l'illustre Bassa*, et les romans ultérieurs. L'abbé Bosquillon, qui rédige un *Éloge de Mlle de Scudéry* et se montre de parti pris, attribue les deux volumes des *Femmes illustres* (que ses contemporains et lui nomment plutôt les *Harangues)* à Madeleine[59], mais Tallemant considère qu'elle ne collabore qu'à « une partie des Harangues ». Pour Nicole Aronson, elle aurait essentiellement mis la main au second volume[60]. Le lecteur y trouve un certain nombre d'héroïnes destinées à figurer dans les romans suivants.

56 Voir *ibid.*, p. 19-20.

57 Voir *ibid.*, p. 22.

58 Voir Delphine Denis et Anne-Élisabeth Spica (éd.), *Madeleine de Scudéry : une femme de lettres au XVIIe siècle*, Arras, Artois Presses Université, 2002, p. 12 et p. 15 et Kuizenga Donna, « L'Arc de Triomphe des Dames : héroïsme dans *Les Femmes illustres* de Madeleine et Georges de Scudéry » dans *Les Trois Scudéry…*, *op. cit.*, p. 301.

59 Voir Nicole Aronson, *Mademoiselle de Scudéry…*, *op. cit.*, p. 125 et p. 137.

60 Voir *ibid.*, p. 133.

Les contemporains étaient avisés du phénomène. Tallemant le met en scène dans une anecdote qu'Esprit Fléchier rapporte aussi. En 1647, revenant de Marseille à Paris, Georges et Madeleine passent la nuit dans une auberge à Lyon, où ils se querellent sur les moyens de faire disparaître un prince, l'un proposant d'utiliser le poison, l'autre l'épée[61]. Leur voisin de chambre, épouvanté, court alerter les gendarmes, certain d'avoir découvert un complot contre le roi. Une lettre de Jean Chapelain du 19 janvier 1645 montre que, si Madeleine jouit déjà d'une réputation autonome à cette date, elle est néanmoins encore associée et même subordonnée à son frère :

> Vous envoyer des vers, Mademoiselle, c'est envoyer de l'eau à la mer, c'est vous donner ce que vous avez chez vous en abondance. Que si vous en faites la modeste pour votre regard, vous l'avouerez bien au moins pour celui de M. votre frère qui est un océan de poésie plus découvert que n'est le vôtre, et qui est si plein de ce côté-là, qu'on ne saurait l'accroître, quelque chose que l'on y verse[62].

La lettre à Mlle de Scudéry où Antoine Godeau, de retour « du pays d'Isabelle et d'Ibrahim Bassa », donne à sa destinataire la prééminence sur son frère, date seulement du 19 avril 1654 – et elle n'élimine pas Georges :

> Si j'écrivais à M. votre frère, je lui dirais que j'ai vu des fortifications admirables, de grands bastions, des glacis, des contrescarpes, des chemins couverts taillés dans la roche vive, des casemates, des contre-mines, des postes pour le secours. Enfin, que tout ce que l'art peut ajouter à la nature, pour rendre une place tout à fait imprenable, est dans Monaco. Mais en écrivant à l'illustre Sapho, je dois ce me semble lui faire d'autres remarques. Je lui dirai donc, que j'y ai vu la fontaine de la Galanterie, qu'Isabelle y avait fait faire à cet illustre Mage de Persépolis, qui s'attacha à son service, depuis qu'Ibrahim lui donna la liberté. Du côté du Levant, cette princesse fit bâtir un appartement bas, qui était digne de son esprit, et de sa magnificence [...]. Je sus que ce Mage, à qui les choses de l'avenir étaient toutes présentes, avait connu que longtemps après Isabelle, il devait naître une fille admirable, qui décrirait ses aventures,

61 Voir É. Dutertre, *Scudéry dramaturge*, *op. cit.*, p. 35, l'anecdote se trouve dans Esprit Fléchier, *Mémoires sur les Grands Jours d'Auvergne*, Paris, Porquet, 1844, p. 64, que citent E. Rathery et A. Boutron, *Mademoiselle de Scudéry*..., *op. cit.*, p. 36-37, et François Charpentier, *Carpenteriana ou Remarques d'Histoire, de Morale, de Critique, d'érudition et de bons mots*, Paris, N. Le Breton, 1724, p. 340 et suivantes.

62 E. Rathery et A. Boutron, *Mademoiselle de Scudéry*..., *op. cit.*, p. 14 et p. 179.

> et qui le ferait si merveilleusement, et si galamment, qu'il avait cru la devoir mettre auprès de celle à qui elle consacrerait les prémices de sa plume [...][63].

Cette dualité perdure jusqu'au XVIIIe siècle. Armand-Pierre Jacquin fait dire à l'un des devisants de ses *Entretiens sur les romans* (1755) : « La Romancie eut pour premiers réformateurs Messieurs d'Urfé, La Calprenède, Gomberville, Desmarets, Scudéry, et la sœur de ce dernier[64]. » Jean-François Sarasin remercie Mlle de Scudéry de l'envoi d'un tome de *Cyrus* à Mme de Longueville et se réfère dans une lettre à son « héros » en parlant de Cyrus, mais attribue bien la dédicace du livre à « Monsieur votre frère[65] ». Elle n'est pas dépourvue de justification. L'abbé d'Aubignac évoque une discussion sur la Carte de Tendre, incluse dans *Clélie*, à laquelle Georges participe[66].

Il n'est dès lors plus possible de poser la question de la paternité des romans de Georges et de Madeleine en stricts termes d'attribution, ce qu'ont fait de nombreux critiques en suggérant que Georges aurait eu la responsabilité des scènes de bataille et de nombre des *ecphraseis* que les volumes contiennent, en vertu de ses compétences militaires, d'une part, et de son goût pour la peinture, de l'autre : Tallemant le représente en collectionneur et il est l'auteur d'un *Cabinet de Monsieur de Scudéry* (1646) qui ne lui a jamais été contesté. Madeleine aurait quant à elle fourni aux romans leur trame érotique et mondaine[67].

Contre l'idée d'une telle répartition, qui au bout du compte fait de l'œuvre un collage ou une rhapsodie, il est nécessaire de songer à la prégnance de l'écriture collective au XVIIe siècle. Elle constitue une réalité omniprésente, quand ni droit d'auteur ni droit de la propriété

---

63 Madeleine de Scudéry et Paul Pellisson, *Chroniques du Samedi, suivies de pièces diverses (1653-1654)*, éd. A. Niderst, D. Denis, M. Maître, Paris, Honoré Champion, 2002, p. 347-350.

64 Armand-Pierre Jacquin, *Entretiens sur les romans*, Paris, Duchesne, 1755, p. 95.

65 Voir E. Rathery et A. Boutron, *Mademoiselle de Scudéry...*, *op. cit.*, p. 430.

66 Voir *ibid.*, p. 60, E. Dutertre, *Scudéry dramaturge*, *op. cit.*, p. 39 et abbé Aubignac, *Lettre d'Ariste à Cléon*, Paris, F. Bienfait, 1659, p. 6.

67 Les auteurs de l'introduction de M. de Scudéry et P. Pellisson, *Chroniques du Samedi...*, *op. cit.*, p. 10, suggèrent que Georges est à l'origine de l'écriture de sa sœur pour des raisons pécuniaires. Il fait des pièces et, pendant ce temps, « [...] Madeleine, à son instigation et sous son égide, se fait romancière. À vrai dire, ils ont de grands besoins d'argent et tout en tenant son ménage, tout en menant une vie mondaine, Madeleine écrit de longs romans dans le goût de Gomberville. Sans doute Georges lui donne-t-il des idées et l'aide-t-il par ses connaissances historiques et son expérience de la guerre. Mais enfin elle fait presque tout, se cachant (comme il sied encore à une femme) derrière son frère, qui signe ses livres ».

intellectuelle n'existent véritablement. Particulièrement développée dans les milieux mondains où les pratiques du salon et le refus de toute posture professionnelle favorisent le procédé[68], elle révèle un rapport à l'écriture dépourvu de la dimension personnelle qu'il revêt nécessairement plus tard. À l'époque où les Scudéry écrivent, la conception de la création littéraire comme *imitation*, de même que la distinction entre *dispositio* et *inventio*, laissent libre cours à toutes sortes de formules et d'usages qui concernent aussi bien les *Maximes* (1665) de La Rochefoucauld, issues en réalité d'un trio d'auteurs, que *Zayde* (1671) ou *La Princesse de Clèves* (1678) qui font intervenir La Rochefoucauld et Segrais. À défaut d'anonymat, le nom figure alors plus une marque qu'il ne renvoie à l'identité d'un auteur singulier. Il indique une provenance, comme celle du chef d'un atelier de peinture qui appose sa signature à des œuvres qu'il a très inégalement produites[69].

Plusieurs contemporains renvoient ainsi à « Scudéry », sans spécifier « Monsieur » ou « Mademoiselle ». Certes, l'usage du nom propre sans prédicat est un usage qui tend à valoir plutôt à propos d'un homme, mais il peut désigner une sorte de collectif, une pluralité, de façon à peu près évidente pour les contemporains[70]. S'il n'existe pas de « confortable corrélation de l'œuvre et de l'auteur[71] » durant la période, le préjudice subi par Madeleine se révèle, historiquement, bien incertain.

Il faut, de surcroît, tempérer le portrait au noir de Georges. Dans la lettre du 7 avril 1660 à Éléonore de Rohan-Montbazon qu'on a citée, il ne nie pas tout rôle à sa sœur à laquelle il reconnaît la paternité du portrait de l'abbesse qui figure dans *Le Grand Cyrus* sous le nom

---

68 Voir Joan DeJean, « De Scudéry à Lafayette : la pratique et la politique de la collaboration littéraire en France au XVIIe siècle », *XVIIe siècle*, 1993, 181, p. 674.

69 Voir N. Grande, *Stratégies…*, *op. cit.*, p. 287-288 et Micheline Cuénin, « Les pièges de la critique d'attribution », *Revue de synthèse*, janvier-juin 1981, n° 101-102, p. 159-168.

70 Voir Joan DeJean, « De Scudéry à Lafayette… », *op. cit.* p. 678. Anne-Élisabeth Spica, *Savoir peindre en littérature. La description dans le roman au XVIIe siècle : Georges et Madeleine de Scudéry*, Paris, Honoré Champion, 2004, p. 14, parle ainsi systématiquement des « romans de Georges et Madeleine de Scudéry », considérant que la part respective de chacun d'entre eux n'est pas définie (*ibid.*, p. 16). Elle renvoie aux constatations de Éveline Dutertre, « Les Palais de Monsieur de Scudéry. Quelques réflexions à propos de la collaboration de Scudéry et de sa sœur dans le roman *Ibrahim* », dans *L'Histoire littéraire : ses méthodes et ses résultats. Mélanges offerts à Madeleine Bertaud*, éd. L. Fraisse, Genève, Droz, 2001, p. 573-601. Marie-Gabrielle Lallemand, *Les Longs romans du XVIIe siècle*, Paris, Classiques, Garnier, 2013, utilise presque systématiquement l'expression « les Scudéry ».

71 M. de Scudéry et P. Pellisson, *Chroniques du Samedi…*, *op. cit.*, p. 39.

d'Octavie : « après avoir enduré que ma sœur vous peigne[72] », écrit-il – le verbe « endurer » est dépourvu de connotation négative. Il se contente de souligner la bienveillance de la religieuse, tandis que Georges ne souhaite, dans le passage, que témoigner du regret de n'avoir pas été l'auteur d'une pièce destinée à lui rendre hommage. Le recueil de *Poésies diverses* qu'il publie en 1649 contient un sonnet dédié à sa sœur qui lui rend entièrement justice :

Vous que toute la France estime avec raison,
Unique et chère sœur que j'honore et que j'aime,
Vous de qui le bon sens est un Contre-poison
Qui me sauve souvent, dans un péril extrême.

Le malheur qui m'acccable, est sans comparaison ;
Mais ce qui me soutient, le paraît tout de même :
Et parmi les débris, de toute ma Maison,
Je vois toujours debout, votre vertu suprême.

J'admire cet Esprit, qui se fait admirer ;
Cet Esprit lumineux, qui peut tout éclairer ;
Et qui brille en tout temps, d'une si vive flamme :

Ce Prodige étonnant, a de la nouveauté ;
Mais bien que cet Esprit, soit rare en sa Beauté,
J'admire encore plus, la beauté de votre âme[73].

Georges est un homme de fidélité. Ses dédicaces aux Condé après la Fronde le prouvent, comme l'édition de Théophile de Viau qu'il ne redoute pas de publier en 1632[74]. Il y eut donc plus collaboration entre Georges et Madeleine qu'exploitation de l'une par l'autre. Au bout du compte, si un phénomène appelle l'interrogation, c'est la façon dont un cas d'œuvre collective et de coopération somme toute plutôt banal au XVIIe siècle en est venu à susciter des discours si violents à l'encontre de l'un des partenaires, en l'occurrence Georges. En effet, l'auteur lésé ne s'avère pas tant Madeleine que son frère, dénoncé et vilipendé : de quel putsch Mlle de Scudéry a-t-elle été la bénéficiaire, sinon l'auteur ?

---

72 Cité dans Nicole Aronson, *Mademoiselle de Scudéry…*, *op. cit.* p. 41, ainsi que Simone Ackerman, « Pour une esthétique des Scudéry », dans *Les Trois Scudéry…*, *op. cit.*, p. 675.

73 Georges de Scudéry, « Sonnet à Mlle de Scudéry », *in Poésies diverses*, Paris, A. Courbé, 1649, p. 93 (cité par Éveline Dutertre, *Scudéry dramaturge*, *op. cit.*, p. 51).

74 Éveline Dutertre, *Scudéry dramaturge*, *op. cit.*, p. 29.

LE PUTSCH DE SAPHO

Les textes qui évoquent Georges instruisent un portrait à charge[75]. Tallemant des Réaux multiplie les attaques et les termes dépréciatifs, mais tel est le cas déjà dans les *Chroniques du Samedi*, comput élégant des Samedis de Mlle de Scudéry. Antoine Godeau y insère une pièce intitulée « Nouvelles de l'île de Delphes ». Il s'agit d'une fable qui, selon la note marginale qui explicite l'épître[76], raconte comment Sapho, inquiète pour la santé de son frère, se rend à Delphes consulter Apollon. La pythie lui délivre l'oracle suivant :

> Sapho, le plus savant des dieux
> Qui te donne un esprit qui n'eut jamais d'exemple,
> S'il pouvait un moment abandonner les cieux,
> Te viendrait conduire à son temple.
> Chasse pour jamais cet ennui
> Qui pour Oromaspe te touche.
> Je te déclare par ma bouche
> Que tu n'as de frère que lui[77].

La moitié des huit vers est consacrée à un pur éloge de Sapho, tandis que les deux vers suivants, balayant ses soucis à propos de son frère, semblent en faire bien peu de cas. Il est difficile d'interpréter la chute : « [...] tu n'as de frère que lui ». En quoi concerne-t-elle la santé d'Oromaspe ? Elle se rapporte apparemment à un doute sur le lien qui l'unit à Sapho, venant soit confirmer leur alliance, soit poser son caractère rigoureusement singulier. Est-ce dire que Sapho doute d'être la sœur d'Oromaspe (et ne souhaite pas d'autre frère) ? Le nom donné à ce personnage doit attirer l'attention. Sapho avait un frère et il s'appelait Charaxe. Le *Grand Cyrus*, dont la pièce annonce la composition[78], conserve son nom dans l'histoire de Sapho. Pourquoi ce frère, double de Georges, porte-t-il

75 La bibliographie est pauvre et aucune thèse ne lui a été consacrée entre celle d'A. Battereau intitulée *Georges de Scudéry als Dramatikers* en 1902 et celle d'É. Dutertre en 1983.

76 M. de Scudéry et P. Pellisson, *Chroniques du Samedi...*, *op. cit.*, p. 81.

77 *Ibid.*, p. 83.

78 *Ibid.*, p. 84-85. Sapho voit à Delphes de grands tableaux des aventures de Mandane et Cyrus « qu'elle avait dessein d'écrire ». La prêtresse déclare qu'Apollon lui en a inspiré le dessein depuis six ans.

chez A. Godeau le nom d'Oromaspe ? Probablement, parce que le verbe *orosmai*, en grec, signifie « surveiller, faire bonne garde », selon une note inscrite sur le manuscrit. Georges, pour Antoine Godeau, serait par excellence, « le surveillant », l'importun, le fâcheux qui ne laisse pas en paix sa précieuse cadette. La note appuie la vraisemblance de cette interprétation en rapprochant le texte d'Antoine Godeau de l'incident précédemment évoqué, survenu après un dîner à l'occasion duquel Mlle de Scudéry avait rencontré, malgré elle, Paul Pellisson ; Georges qui l'avait appris, s'en était violemment offusqué. Tallemant rapporte avec complaisance cette nouvelle manifestation des penchants tyranniques et de l'irascibilité du dramaturge. Elle figure aussi dans un huitain de V. Conrart. Or l'homme qui prit l'initiative d'amener Paul Pellisson à ce dîner, où il n'était pas prévu, est Antoine Godeau lui-même : sans doute n'entretenait-il pas les meilleures relations avec le frère de son amie. Mais V. Conrart aussi se moque :

Par le babil d'un petit mage,
Tout sera sens dessus dessous,
Et Sapho sentira la rage
D'un lion noir et non d'un roux.
Mais s'il babille davantage,
Bien que Sapho ait l'esprit doux,
Les dames de son voisinage
Le fouetteront avec un houx[79].

Georges est « un lion noir » (par allusion à sa complexion), un lion plein de « rage » : un lion enragé. Les amis de Madeleine n'ont guère d'égard envers son frère… De plus, V. Conrart joue sur une brève pièce d'A. Godeau intitulée : « Vers du Mage de Sidon pour prier Sapho à dîner », où il dit craindre un refus de la poétesse « davantage / Que la fureur d'un lion roux[80] ». La reprise suggère que règne une forte connivence à l'intérieur du petit groupe. Surtout, Mlle de Scudéry ne peut pas ignorer les *lazzi* dont son frère est l'objet. Si elle n'y donne pas la main, elle les accepte donc et s'en amuse probablement, ce qui trouble l'image convenue de leurs relations. *Le Grand Cyrus* fournit un indice en ce sens. Le dernier volume du roman, paru en 1653, contient

79 Cité *ibid.*, p. 79, d'après Tallemant des Réaux, *Historiettes*, *op. cit.*, t. II, p. 1457 (A. Adam ne donne pas la source de sa note).
80 *Ibid.*, p. 81.

une « Histoire de Sapho » (X, 2) qui entrecroise habilement histoire littéraire et projections personnelles. Il y est question du frère de la poétesse, Charaxe, en des termes extrêmement critiques. Il a usurpé la plus grande part de l'héritage familial[81] et, de nouveau, se voit bestialisé. Démocède, le narrateur de l'histoire, conclut ainsi :

> Voila donc à peu prés Madame, quelle est la merveilleuse Sapho : de qui le Frere a sans doute des inclinations bien differentes de celles de sa Sœur : ce n'est pas que Charaxe n'ait quelques bonnes qualitez, mais c'est qu'il en a beaucoup de mauvaises. En effet il a du courage : mais c'est de celuy qui rend les Taureaux plus vaillans que les Cerfs : et non pas de cette espece de courage que l'on confond quelquesfois avec la generosité, et qui est si necessaire à un honneste homme[82].

Madeleine livre un portrait au vitriol. Elle fait de Georges un taureau et réduit à néant le courage dont il se vantait tant. Charaxe voudrait par ailleurs que Sapho épouse Tisandre pour sa fortune et au mépris de ses sentiments, ce à quoi Sapho se refuse, car elle n'entend pas sacrifier sa liberté. La brutalité de ces propos est étonnante, *a fortiori* dans un ouvrage que Georges signe. Mlle de Scudéry profite-t-elle qu'il n'a pas lu ces pages ? Elle n'est pas, dans tous les cas, l'innocente oiselle que ses amis décrivent avec ferveur. L'orgueil de Georges est un poncif. Le portrait qu'elle trace de Sapho ne la montre pas indifférente non plus à la gloire familiale, lorsqu'elle écrit que son double est « d'un sang si noble qu'il n'y avait pas de famille où [...] l'on pût voir une généalogie plus illustre[83] ». Tallemant se moque par ailleurs du « ton de prédicateur » qu'elle utilise pour se défendre de peindre les actions mêmes de ses contemporains dans ses romans, prétendant ne donner que des « caractères » : c'est pointer en elle une part de malice, d'hypocrisie et de vanité peu mise en avant[84], mais la plupart des témoignages font preuve d'une complaisance sans fond. Tallemant évoque aussi, parallèlement à la fatuité de Georges, la « voix de magister » de Madeleine[85]. Mariage pour mariage, c'est finalement elle qu'il accuse d'avoir traversé

81 Voir Madeleine de Scudéry, *Le Grand Cyrus*, Paris, A. Courbé, 1656, t. X, II, p. 330 (le roman peut être consulté sur le site artamene.org).

82 *Ibid.*, t. X, II, p. 336-337.

83 *Ibid.*, t. X, II, « Histoire de Sapho », p. 330.

84 Tallemant des Réaux, *Historiettes*, *op. cit.*, t. II, p. 689.

85 *Ibid.*, t. II, p. 684-685 et p. 687-688.

les desseins de son frère, même si l'anecdote semble d'abord tournée contre Georges :

> Ce frère donna bien de l'exercice à sa sœur en ce temps-là ; car il voulait épouser une garce, et elle, qui n'espérait plus qu'en des bénéfices, se voyait bien loin de son compte ; « car c'était », disait-elle, « la seule raison qui l'attachait à ce frère[86] ».

La chute dénote un cynisme jamais relevé. Incidemment, lorsqu'il évoque le mariage de Georges, Tallemant note que sa sœur ne voulut pas, quelques temps plus tard, recevoir son frère chez elle : « Il vint ici il y a un an ; mais sa sœur lui déclara qu'il n'y avait qu'un lit dans la maison, et il s'en retourna[87]. Madeleine sait se montrer ferme, voire intransigeante, protégeant ses intérêts. Georges n'est d'ailleurs pas l'unique victime de Mlle de Scudéry. En 1684, fâchée contre Boileau dont elle a eu connaissance des sarcasmes, elle se ligue avec G. Ménage pour l'empêcher d'entrer à l'Académie Française. Elle proteste aussi avec véhémence contre la satire des femmes qu'il publie en 1694[88].

Madeleine a donc au moins elle-même préparé la voie aux anecdotes et aux remarques déplaisantes dont la critique se montre prodigue envers son frère. Victor Cousin raconte dans *La Société française au* XVII*e* *siècle* :

> Il paraît qu'en 1647, Mlle de Scudéry se trouva si fort ennuyée d'être sous la main tyrannique de son frère que, servitude pour servitude, elle en souhaita une autre plus favorable au moins à ses intérêts et son avenir. Un de ses amis, M. de la Vergne, sollicita pour elle la place de gouvernante ou de dame de compagnie dans une très grande maison[89].

Il extrapole sur deux lettres qui n'autorisent en rien les conclusions qu'il en tire. Mlle de Scudéry écrit ainsi à Mlle Paulet : « Vous me ferez aussi la faveur de remercier M. de La Vergne de ses soins et de ses bons offices. Vous savez, Mademoiselle, ce que je vous ai dit de lui en plusieurs rencontres, c'est pourquoi je ne vous dirai pas à quel point je suis sa servante[90]. » Et Mlle de Chalais à Mlle de Scudéry : « Car lorsque

86 *Ibid.*, t. II, p. 687.

87 *Ibid.*, t. II, p. 691.

88 E. J. B. Rathery et A. F. Boutron, *Mademoiselle de Scudéry…*, *op. cit.*, p. 88-90 et p. 370-371.

89 Le texte est cité par *ibid.*, p. 421, n. 1.

90 *Ibid.*, p. 202 (extrait du Ms Conrart, 4°, t. XI, p. 157, conservé à la bibliothèque de l'Arsenal).

M. de La Vergne pria Mme la marquise de Sablé de s'employer pour vous auprès de Mme d'Aiguillon [...][91]. » E. J. B. Rathery et A. F. Boutron, repris par Nathalie Grande[92], suggèrent que Mlle de Scudéry reçut des présents utiles de plusieurs de ses bienfaiteurs, plutôt que de l'argent : « pour éviter que Georges ne mît la main dessus[93] ». Or la remarque intervient à propos d'un cadeau qui eut lieu... après la mort de Georges ! A. Niderst, D. Denis et A. Spica, dans l'introduction de leur édition aux *Chroniques du Samedi*, prennent parti à leur tour, quand ils posent :

> Elle sera débarrassée de lui au printemps 1654, lorsqu'il sera exilé pour s'être compromis dans une intrigue en faveur de Condé. Ainsi la chrysalide devint papillon. Madeleine, que son frère a si longtemps gourmandée et quelque peu tyrannisée, s'émancipe. En même temps qu'elle est délivrée de lui, elle prend quelque distance avec les dames du Marais [...][94].

« Débarrassée », « gourmandée », « tyrannisée », « délivrée », Madeleine fait l'objet d'une partialité éhontée, même à relire les déclarations grandiloquentes de Georges dans ses différents textes. Vaniteuses, ridicules, celles-ci se contentent d'exhiber un souci de s'affirmer dont l'insistance ne paraît sans doute pas à tort à Éveline Dutertre l'avers personnel de doutes sérieux[95]. On sait que le père des Scudéry, ruiné, s'essaya à la piraterie et fut jeté en prison. Georges connut par ailleurs, fût-ce sur un mode hyperbolique vite incompréhensible à ses lecteurs, des crises d'angoisse et de renoncements[96]. Tallemant raconte ainsi : « Il prit un chagrin à ce visionnaire ; il se retira chez lui, et ne voulait voir personne ; il écrivait *du Marais*, et signait *l'Homme du Désert*[97]. » Le trait est ridicule. Sauf à se souvenir des relations entre les Scudéry et nombre de proches de Port-Royal. Les termes employés par Georges ne suggèrent-ils pas une crise de conscience authentique et amplement religieuse ? Ces épisodes dépressifs, indépendamment de toute crise spirituelle sur laquelle on n'a pas aujourd'hui de documents, modifient le portrait ordinaire de Georges. Ils peuvent de surcroît s'appuyer sur des

91 *Ibid.*, p. 422 (extrait du Ms Conrart, 4°, t. XI, p. 131).
92 Voir Nathalie Grande, *Stratégies...*, *op. cit.*, p. 202.
93 M. de Scudéry et P. Pellisson, *Chroniques du Samedi...*, *op. cit.*, p. 99-100.
94 *Ibid.*, p. 20.
95 É. Dutertre, *Scudéry dramaturge*, *op. cit.*, p. 49-50.
96 Voir *ibid.*, p. 49 et p. 38.
97 Voir Tallemant des Réaux, *Historiettes*, *op. cit.*, t. II, p. 690.

raisons littéraires. La publication d'*Ibrahim*, loin de conférer un second élan à la carrière de Georges, marque en effet son ralentissement, voire sa dilution, et le début d'humiliations cuisantes. Sa production dramatique, après trois pièces (*Ibrahim* en 1642, puis *Axiane* et *Arminius* en 1643) s'interrompt. Georges sacrifie à la poésie avec *L'Ombre du Grand Armand* (1643), deux recueils de *Poésies diverses* en 1649 et 1661 et son poème épique *Alaric ou la Rome vaincue* en 1654. Seul *Alaric* marque les esprits – pour son incapacité, comme d'autres œuvres contemporaines, à renouveler le genre. *Le Cabinet de M. de Scudéry* (1646) ne jouit quant à lui que d'une édition. Le roman *Almahide ou l'Esclave reine* (1660-1663), enfin, qui reprend les recettes du grand roman, détonne à un moment où les « petites histoires » remportent la faveur du public. Il demeure inachevé. Les conditions de la vie mondaine, lorsque Georges rentre d'exil en 1660, ont changé. L'hôtel de Rambouillet a perdu sa suprématie, supplanté par les Samedis de sa sœur, où il n'est pas le bienvenu, alors que P. Pellisson y figure en favori[98]. L'éloquence de Scudéry, emphatique, paraît désormais boursouflée. Madeleine tient-elle le devant de la scène littéraire ? Georges en disparaît.

Parallèlement, les romans publiés sous sa signature ne se contentent pas d'être aussi attribués à sa sœur : ils sont retirés à leur auteur officiel. Tallemant note par exemple : « Quand Scudéry corrigeait les épreuves des romans de sa sœur, car par grimace il faut bien que ce soit lui, s'il reconnaissait quelqu'un, d'un trait de plume aussitôt il le défigurait, et de blond le faisait noir[99]. » « Par grimace » implique une supercherie : Georges corrigerait les romans de sa sœur pour feindre d'y avoir part, d'avoir contribué à leur rédaction. Son rôle serait donc nul. Une preuve de sa coopération avec sa sœur est retournée contre lui, alors que le type de correction prêté à Georges est certes mécanique et futile, mais touche néanmoins à la dimension figurative de l'œuvre et à son statut mimétique à travers la question des clés[100]. Il révèle d'autre part que le frère a plus égard aux personnes que sa sœur – ou qu'ils ne partagent pas la même conception du rôle de l'œuvre d'art.

---

98 Voir E. Dutertre, *Scudéry dramaturge*, *op. cit.*, p. 37, ainsi que M. de Scudéry et P. Pellisson, *Chroniques du Samedi…*, *op. cit.*, p. 19.

99 Tallemant des Réaux, *op. cit.*, t. II, p. 690.

100 Voir Bernard Beugnot, « Œdipe et le Sphinx : essai de mise au point sur le problème des clés au XVIIe siècle », *in Le Statut de la littérature. Mélanges offerts à Paul Bénichou*, éd. M. Fumaroli, Genève, Droz, 1982, p. 71-85.

Le témoignage de Tallemant n'est pourtant pas unique. Gabriel Guéret dans le *Parnasse réformé* écarte tout apport de la part de Georges au *Grand Cyrus*[101]. Jean Segrais se trompe quant à lui sur la date de la publication d'*Ibrahim*, fixée en 1635, mais affirme qu'auparavant Mlle de Scudéry avait déjà beaucoup contribué aux tragédies de son frère[102]. En aval, Jean-François de La Croix, dans *L'Esprit de Mademoiselle de Scudéry*, attribue à celle-ci *Almahide*[103], que les études contemporaines les plus exactes rendent avec fermeté à Georges et à son épouse. *L'Abrégé de la Vie de Mademoiselle de Scudéry* que contient le volume pousse le mouvement à son paroxysme : toutes les œuvres des Scudéry sont attribuées à Madeleine. L'auteur de l'épître « aux Dames » remarque que plusieurs volumes ont paru sous le nom de Monsieur pour mieux affirmer – sans autre forme de procès : « mais ils sont certainement de Mademoiselle[104] ». Bien qu'aucune preuve ne soit jamais avancée, un mouvement d'une telle ampleur n'est pas sans conséquences à long terme. Victor Cousin reconnaît une part à Georges dans la composition des romans ; cependant il ne le ménage pas :

> Selon une tradition fort vraisemblable, ils composaient de la manière suivante. Ils faisaient ensemble le plan : Georges, qui avait de l'invention et de la fécondité, fournissait les aventures et toute la partie romanesque, et il laissait à Madeleine le soin de jeter sur ce fond assez médiocre son élégante broderie de portraits, d'analyses sentimentales, de lettres, de conversations. S'il en est ainsi, tout ce qu'il y a de défectueux dans le *Cyrus* viendrait du frère, et ce qu'il y a d'excellent et de durable serait l'œuvre de la sœur[105].

Le *Dictionnaire des lettres françaises* ne procède pas à un assassinat comparable dans la notice qu'il consacre à Georges, mais l'ironie est lourde :

> Il est plus connu dans l'histoire littéraire pour les livres qu'il n'a pas écrits, car tous les témoignages des contemporains tendent à prouver qu'il ne fut que l'auteur « supposé » des romans fameux. Il les signait et les lançait dans le monde, n'ayant rédigé au dire de Tallemant des Réaux, qui vécut dans la

101 Voir Gabriel Guéret, *Le Parnasse réformé, nouvelle édition reveüe, corrigée et augmentée*, Paris, Th. Jolly, 1671, p. 124 : Ibrahim s'adresse à Georges de Scudéry « [...] qu'il prenait pour être l'Auteur de son Roman ».

102 Jean Segrais, *Œuvres diverses*, Amsterdam, F. Changuion, 1723, p. 117-118.

103 Voir *Esprit de Mademoiselle de Scudéri*, Amsterdam et Paris, Vincent, 1766, p. v.

104 *Ibid.*, p. xij.

105 Victor Cousin, *La Société française au* XVIIe *siècle d'après Le Grand Cyrus de Mlle de Scudéry*, Didier & Cie, 1858, t. II, p. 127.

> familiarité des deux Scudéry, que les préfaces et les épîtres dédicatoires. Ses romans avaient pour auteur sa sœur Madeleine, et de cette « collaboration » devait sortir le plus grand succès de librairie du siècle.

Même Éveline Dutertre, qui consacre à Georges la seule étude précise qui existe, attribue l'ensemble des romans à sa sœur[106]. Observant que ses deux tragi-comédies *Ibrahim* (1643) et *Axiane* (1644) sont tirées du roman *Ibrahim* (1641), elle suppose, soit qu'il plagie ou reprend sans scrupule une matière à laquelle il put contribuer[107], soit que Madeleine collaborait à son théâtre : aucune indication ne va cependant en ce sens et le peu de goût de la romancière pour la narration dramatique rend l'hypothèse peu probable[108]. Il est inutile de multiplier les exemples. L'anéantissement littéraire de Georges est clair, alors même que son renoncement au théâtre pourrait être rapproché de celui, quasi contemporain, de Jean Mairet, et amener à réfléchir sur le renouvellement de la vie dramatique en France à la fin des années 1640. Bruyant, charnel, encombrant, Georges a été réduit à l'état de fantôme. Un fantôme qui ne hante même pas les consciences.

Cette déréalisation donne peut-être la clef du fratricide paradoxal auquel force est de conclure. Le personnage de l'écrivain tel que nous le concevons n'existe pas en France au milieu du XVIIe siècle, même si la transformation des conditions de production du livre et de son marché (avec l'apparition du *Mercure galant*, par exemple) commence à mettre en place des structures propices à son avènement. Une personnalité tapageuse comme celle de Georges de Scudéry, prompt à revendiquer un statut d'homme de lettres comme il en est un de soldat, constitue pour ses contemporains un défi. Sa réduction en anomalie ou en excentricité est une façon de s'en accommoder à faible coût. Par sa discrétion, voire son désir affiché d'effacement, Madeleine est bien plus acceptable. La féminisation de la vie littéraire avec l'essor des salons lui est aussi favorable[109], tandis qu'elle confère une tonalité invinciblement désuète à Georges, pénétré de la valeur du héros à l'ancienne : l'honnête homme,

106 Voir Éveline Dutertre, *Scudéry, théoricien du classicisme*, Paris, Seattle, Tübingen, PFSCL, Biblio 17, 1991, p. 8 et p. 58.

107 Voir É. Dutertre, *Scudéry dramaturge*, *op. cit.*, p. 5 et p. 360. Elle évoque la date de 1642 pour la composition des deux pièces.

108 Voir *ibid.*, p. 6.

109 Voir N. Grande, *Stratégies…*, *op. cit.*, p. 269.

sinon l'honnête femme, l'a supplanté dans l'éthos commun des années 1650. Madeleine, d'autre part, fait, dans ce cadre, preuve d'un véritable coup de génie en limant toutes les aspérités de sa personnalité réelle pour mieux faire valoir un *persona* fictif et symbolique, Sapho, qui fonde un modèle de femme écrivain idéalement rapporté à l'Antiquité. Face à Sapho, aucun auteur n'est en mesure de rivaliser. Gautier de Coste de La Calprenède, Marin Le Roy de Gomberville, font aussi piètre figure que Georges de Scudéry dans l'histoire littéraire. Madeleine de Scudéry assoit avec Sapho une véritable royauté, idéale et féminine, sur le roman.

Sapho règne sur le Royaume de Tendre. À ce titre, elle propose une figuration de la femme écrivain en souveraine et justifie son autorité – il est tentant de dire son auctorialité – à partir d'une figure politique qui combine service et don, impérialisme et amitié. Sapho ne commande pas : hommes et femmes s'en remettent à elle par estime et affection. Myriam Maître a montré combien, chez Mlle de Scudéry, la fiction politique modèle la sociabilité mondaine et le champ littéraire[110]. La ruelle assimilée à une ville construit une dignité du particulier. La Carte de Tendre fonde autant qu'elle figure un territoire[111], comme Madeleine redessine le sien sur les romans qu'elle ouvrage avec son frère au cours de ses échanges avec le Mage de Sidon, les *Chroniques du Samedi* faisant office d'actes fondateurs du Royaume de Tendre. L'abdication de Madeleine au profit de Sapho lui permet de remplacer la représentation de sa personne privée par une représentation de soi en femme écrivain et d'une femme écrivain en soi. Définitivement mise à l'ombre, Madeleine devient le sujet d'une métamorphose symbolique libre d'entraves face à laquelle les protestations narcissiques de Georges perdent toute espèce de résonance.

La longévité de Mlle de Scudéry permet toutefois d'observer une fluctuation de son discours dans le temps. La représentation militante et enthousiaste de Sapho dans *Le Grand Cyrus* le cède peu à peu à une vision où Sapho doit s'exiler et choisir, pour régner, la retraite (dans le pays des nouveaux Sauromates), avant qu'elle ne figure plus fugitivement dans *Clélie*, silhouette juchée en haut du rocher de Leucate, prête à se précipiter dans les flots par amour et par désespoir amoureux. À l'euphorie de la

110 Myriam Maître, « Sapho, *reine* de *Tendre* : entre monarchie absolue et royauté littéraire », dans *Madeleine de Scudéry : une femme de lettres au* XVIIe *siècle…*, *op. cit.*, p. 186.

111 *Ibid.*, p. 188.

conquête succède, à l'épreuve des années, une contemplation désabusée du magistère littéraire féminin. L'idéal entrevu se dérobe en même temps que l'écriture de la fiction revient progressivement à une proportion croissante d'auteurs masculins[112]. Le renversement, toutefois, ne bénéficie pas à Georges, victime la plus durable du putsch opéré par sa sœur.

Madeleine et Georges de Scudéry proposent un cas singulier où la femme, dans des conditions historiques spécifiques, trouve l'occasion d'une formidable émancipation, accomplie jusqu'au meurtre symbolique du rival et grâce à la relégation même dont elle était l'objet. Privée de voix propre, Madeleine invente la fiction à laquelle Sapho donne son nom et, ce faisant, confère à la femme écrivain un éclatant organe, éclipsant Georges. L'opération passe cependant d'abord par une pratique de l'écriture foncièrement plurielle, sinon collective, qui suppose un renoncement, de la part de chacun des auteurs, à leurs caractéristiques les plus sexualisées : Georges et Madeleine écrivains renoncent à la sexualité, à la conjugalité, à la paternité ou à la maternité. Marié, père de famille, Georges sort du champ littéraire. Est-ce signifier que le souci de l'art doit l'emporter sur celui du moi ? La victoire remportée par Madeleine sur Georges révèle enfin, en contradiction avec la pratique de nombreux auteurs de la période, une résistance du public et des théoriciens à penser l'auteur de façon plurielle, une tendance à redistribuer les rôles, récrire l'histoire. La promotion de Madeleine-Sapho a lieu, d'autre part, au moment où roman et féminité convergent, suggérant qu'au-delà des rapports entre les sexes, des représentations génériques jouent dans la relecture du couple formé par la romancière et son frère. À terme, l'association du roman à Sapho se verra pérennisée à l'aune du mépris voué au genre par la critique savante : il est bien le pré carré où une femme peut donner sa mesure, c'est-à-dire donner à mesurer ses limites. Vanité des victoires féminines…

Laurence PLAZENET

112 Voir N. Grande, *Stratégies…*, *op. cit.*, p. 270-271.

LE « NÈGRE » DE SES MARIS, L'EXEMPLE DE LA ROMANCIÈRE ALLEMANDE THERESE HUBER

Le cas de Therese Huber (1764-1829) illustre parfaitement les piétinements et les avancées de la création littéraire féminine en Allemagne au début du XIXe siècle. Cette femme a bénéficié de circonstances familiales et sociales extraordinaires qui ont facilité sa venue progressive à l'écriture et lui ont permis de s'imposer non seulement comme romancière, mais aussi, et surtout, comme rédactrice en chef de l'un des plus grands quotidiens de son temps. Elle a eu la chance de naître dans un milieu familial propice à une éducation hors normes puisqu'elle est la fille d'un universitaire qui lui a laissé très jeune le loisir de s'instruire et de se cultiver. Les fréquentations de son père ont contribué à son épanouissement intellectuel et elle a rencontré dans la maison paternelle l'homme cultivé qui allait devenir son premier mari, le naturaliste et écrivain voyageur Georg Forster. C'est à ses côtés qu'elle commence à écrire et, après la mort de Forster en 1794 et son remariage avec le journaliste, critique et romancier Ludwig Ferdinand Huber, elle s'adonne à l'écriture jusqu'à en faire une occupation majeure. Pourtant, elle ne publie rien en nom propre avant la mort de son second mari en 1804, se contentant d'être le « nègre » de ses deux époux successifs.

Nous nous proposons de souligner dans un premier temps l'influence capitale d'un milieu familial et social où la filiation est déterminante pour une future écrivaine. Et surtout, nous préciserons dans un second temps comment Therese Huber fait d'abord office de simple secrétaire puis de traductrice pour son premier mari, travaillant dans l'ombre à ses récits de voyage. L'évocation de son second mariage sera ensuite l'occasion d'étudier le passage à l'écriture à quatre mains avec son époux, puis à son autonomie, Therese Huber s'illustrant désormais sous le nom de son mari dans une littérature fictionnelle faite de récits et nouvelles qui lui permettent de faire ses armes en tant qu'écrivaine. La dernière étape de cette étude s'intéressera à la publication des premiers romans de Therese Huber sous son propre nom et à sa carrière comme critique littéraire et rédactrice en chef de renom pour le compte du journal *Das Morgenblatt für gebildete Stände* du grand éditeur allemand Cotta.

DANS L'OMBRE D'UN PÈRE : LES BÉNÉFICES D'UN MILIEU SOCIAL ET FAMILIAL

L'éducation des femmes nées au XVIIIe siècle, leur accès à la lecture et *a fortiori* à l'écriture, ont souvent été déterminés par le milieu social et familial. Therese Huber ne fait pas exception à la règle et bénéficie de conditions favorables dans une Allemagne pourtant très conservatrice.

Therese est la fille aînée de Christian Gottlob Heyne, célèbre philologue spécialiste de l'Antiquité, professeur à l'Université de Göttingen. Elle est issue de ce milieu socio-culturel que les Allemands nomment la *Bildungsbürgertum* ou « bourgeoisie cultivée ». Dans la seconde moitié du XVIIIe siècle, lorsque cette dénomination apparaît, elle désigne une catégorie socio-professionnelle composée essentiellement de professeurs, de pasteurs, de hauts fonctionnaires, de représentants des professions libérales comme des médecins, des pharmaciens ou des avocats, mais aussi de quelques grands commerçants cultivés. Ce qui unit ces hommes, c'est l'idée que la position sociale confortable et le rayonnement intellectuel auxquels ils sont parvenus est le fruit de leurs efforts, de leurs études et de leur travail, et non celui de la naissance. Ils attachent par conséquent une grande importance à l'éducation et à la culture et ils sont fiers d'être les vecteurs de cette culture allemande protestante qui les a nourris dans un siècle des Lumières ayant foi dans le progrès humain. Les femmes de ces familles cultivées, filles, sœurs et épouses, bénéficient par ricochet de cette émulation intellectuelle. Ce milieu socio-culturel a donné naissance en Allemagne à toute une pépinière d'artistes et d'écrivains.

La religion protestante y joue un rôle fondamental. Depuis Luther, tout chrétien doit lire la Bible par lui-même et ne pas dépendre du truchement d'un prêtre pour accéder à la parole divine. En milieu protestant, quand les conditions économiques le permettent et n'enchaînent pas les jeunes gens au travail dès leur plus jeune âge, filles et garçons apprennent à lire. Ce rapport particulier à la lecture est sans aucun doute la raison pour laquelle les femmes protestantes sont plus nombreuses que les femmes catholiques à prendre la plume dans les pays germaniques.

C'est aussi un milieu où la sociabilité joue un grand rôle, tout autant, voire plus encore que chez les nobles. On se réunit pour discuter de l'actualité, des expériences scientifiques ou des découvertes faites en géographie, on parle de littérature ou de philosophie. On invite des artistes, on organise des lectures ou des concerts, on se livre soi-même à des activités artistiques. Enfin, on voyage, considérant que l'ouverture d'esprit passe par la découverte de nouveaux horizons et d'autres cultures. Le « Grand Tour », ou voyage de formation hérité d'un rituel de l'aristocratie britannique pour parfaire une éducation, est alors très répandu chez les jeunes gens issus de ce milieu. Là encore, les avantages que tirent les femmes de ces conditions favorables sont plus limités et dépendent grandement du milieu familial.

L'entourage familial de Therese Heyne est assez particulier et explique que son éducation soit faite de paradoxes. Son père est certes un professeur d'université renommé qui n'hésitera pas à associer une jeune fille intelligente à ses préoccupations intellectuelles du moment ; il lui permettra de participer à ses discussions scientifiques avec ses collègues et amis. Mais il est aussi un *pater familias* très ancré dans les traditions familiales du XVIIIe siècle, ne s'occupant absolument pas de l'instruction d'une petite fille, généralement confiée à sa mère. Et lorsque cette dernière décède prématurément de la tuberculose en 1775, l'adolescente est envoyée en pension pour ne pas perturber le remariage de son père avec une femme beaucoup plus jeune. L'éducation de Therese est ainsi très négligée. Considérant qu'elle n'a pas bénéficié d'une instruction digne de ce nom, Therese, adulte, se plaint encore bien des années plus tard d'avoir reçu un enseignement très limité que son « brave père s'est vraiment trop peu préoccupé de faire prospérer[1] ». Elle est en grande partie une autodidacte. Car la négligence d'un père très occupé et d'une

1 « *Ich habe wenig Unterricht gehabt und mein guter Vater hat wirklich viel zu wenig auf dessen Gedeihen gesehen.* » Lettre de Therese Huber à Victor Aimé Huber du 9 janvier 1817, dans Hahn Andrea (éd.), *Therese Huber : Die reinste Freiheitsliebe, die reinste Männerliebe : ein Lebensbild in Briefen und Erzählungen zwischen Aufklärung und Romantik*, Berlin, Henssel, 1989, p. 27-28.

mère insignifiante et décédée très tôt est paradoxalement la source d'un profond enrichissement. Therese Huber n'est pas cantonnée aux tâches ménagères dans le sillage d'une mère et, livrée à elle-même, elle bénéficie d'une grand liberté pour se cultiver. Elle est saisie dès son enfance d'une véritable rage de lire, puisant dans la bibliothèque personnelle de son père :

> Je lus ainsi de ma sixième à ma septième année une quantité de romans – ils étaient alors presque tous traduits de l'anglais, quelques-uns du français. Il y avait une bibliothèque aux portes garnies de toile de lin grise, c'est là qu'ils se trouvaient. Mon père se rendit sans doute compte du manège et il ferma l'armoire à clef; j'enfonçai la toile de lin sur le deuxième battant de la porte, tirai le verrou et lus ce que je voulais[2].

Au regard de cette enfance particulière, une année de pension ne lui apporte qu'ennui et désespérance. Ce genre d'institution ne produit généralement à l'époque que des jeunes filles bonnes à marier, les seuls objectifs des professeurs se résumant à inculquer à leurs élèves quelques talents ménagers et à leur enseigner les arts d'agrément pour leur permettre de charmer leurs futurs époux. Lorsque Therese regagne la maison familiale, c'est une période faste de sa vie qui commence car elle a souvent l'occasion d'écouter les doctes conversations de professeurs et de savants en tous genres dans l'entourage de Heyne. Son père lui fait bénéficier de ses entretiens scientifiques avec ses collègues : « J'entendais mon père parler d'archéologie, Blumenbach d'histoire naturelle, mon frère d'anatomie et de médecine, mon oncle Brandes de politique et d'histoire des États [...][3]. » Therese est fière de faire partie du petit cercle privilégié des « demoiselles de l'Université de Göttingen », filles de professeurs promises au plus brillant avenir car fréquentant les cercles d'intellectuels les plus en vue de l'époque[4]. Parmi ces jeunes femmes,

---

2 « *Dabei las ich vom 6. bis 7. Jahre eine Menge Romane – damals waren sie alle aus dem Englischen, wenige aus dem Französischen übersetzt. Es gab einen Bücherschrank mit grau leinwandenen Thüren, darin standen sie. Der Vater nahm's etwa wahr und schloss den Schrank zu ; ich drückte die Leinwand an der zweiten Flügelthür ein, zog den Riegel auf und las, was ich wollte.* » Lettre de Therese Huber à son fils Victor Aimé Huber (1824), dans Ludwig Geiger, *Therese Huber : Leben und Briefe einer deutschen Frau*, Stuttgart, Cotta'sche Buchhandlung Nachfolger, 1901, p. 9.

3 « *Ich hörte Archäologie von meinem Vater sprechen, Naturgeschichte von Blumenbach, Anatomie und Medizin von meinem Bruder, Politik, Staatengeschichte von meinem Onkel Brandes* [...] ». Lettre de Therese Huber à Karl August Böttiger du 10 juin 1816, dans L. Geiger, *Therese Huber*, *op. cit.*, p. 24.

4 Kleßmann Eckart, *Universitätsmamsellen*, Frankfurt am Main, Eichborn, 2008.

amies de la jeune Therese, figure par exemple Caroline Michaelis, la future femme de lettres et salonnière Caroline Schlegel-Schelling, femme du célèbre écrivain August Wilhelm Schlegel puis du philosophe Schelling.

Therese a aussi la chance de voyager : en 1783, elle accompagne le beau-frère et collègue de son père, Blumenbach, et la femme de ce dernier dans un voyage en Suisse de plusieurs mois qui les conduit également à Weimar, où ils ont le privilège de rencontrer des célébrités littéraires telles que Goethe, Herder et Wieland. Ce périple en Suisse – alors à la mode au sein de la bourgeoisie cultivée allemande – avec un détour obligé par Weimar, capitale culturelle de l'Allemagne de l'époque, constitue une sorte de voyage de formation pour la jeune fille de dix-neuf ans. Le goût du voyage qu'elle développe alors est l'une des raisons de son admiration envers celui qui va devenir son premier mari, le grand voyageur et naturaliste Georg Forster.

DANS L'OMBRE D'UN PREMIER MARI : LA SECRÉTAIRE ET TRADUCTRICE DU NATURALISTE GEORG FORSTER

C'est dans la maison paternelle de Göttingen que Therese rencontre Georg Forster (1754-1794), un ami de son père, célèbre pour ses voyages autour du monde. Lorsque Forster se met à fréquenter la maison des Heyne, il est encore tout auréolé de sa gloire de grand voyageur et d'écrivain à la mode. C'est à lui en effet qu'est revenu l'honneur de rédiger et de publier le récit du deuxième tour du monde à la voile qu'il fit avec le navigateur anglais James Cook en compagnie de son père Johann Reinhold Forster, un naturaliste réputé. Leur bateau est ainsi parvenu dans les années 1772-1775 jusque vers le pôle Sud et dans l'océan Pacifique qu'ils ont pu explorer[5]. À son retour en Allemagne, Forster obtient un poste de professeur d'histoire naturelle dans un lycée

5 Georg Forster, *A Voyage towards the South Pole and round the World in His Britannic Majesty's Sloop Resolution, Commanded by Capt. James Cook, during the Years, 1772, 3, 4, and 5*, London, White, 1777. – Georg Forster, *Johann Reinhold Forsters und Georg Forsters Reise um die Welt*, Berlin, Haude und Spener, 1778-1780.

de Kassel en Hesse. Mais c'est surtout dans la ville universitaire voisine, à Göttingen, qu'il se voit décerner des honneurs : le père de Therese l'a nommé correspondant de la Société des Sciences.

Lorsque Therese fait sa connaissance en 1784, elle est éblouie par le passé d'aventurier de cet homme de trente ans, de dix ans son aîné, si riche d'expériences. Certes, elle ne le trouve pas très beau et ne l'aime pas vraiment, mais elle est séduite par ses qualités de cœur et attirée par sa célébrité, rêvant d'évasion, de liberté et d'action au côté de cet homme valeureux. Lorsqu'il obtient au printemps 1784 un poste de professeur d'histoire naturelle à l'Université de Vilnius en Pologne (actuelle Lituanie), les jeunes gens se fiancent en hâte. Ils se marient un an plus tard, en 1785. Le père de la jeune femme voit d'un très bon œil cette union avec un intellectuel pour lequel il a beaucoup d'estime. Outre le fait de contenter ses parents, Therese s'émancipe de la tutelle paternelle et assure son existence matérielle. C'est sans aucun doute un mariage de raison. Elle trouve aussi en Forster un époux à la hauteur de ses ambitions intellectuelles, qu'elle peut admirer.

Au début de leur union, les époux Forster mènent à Vilnius en apparence la vie conventionnelle d'un couple de la bourgeoisie cultivée. Georg se consacre à ses travaux scientifiques et à sa charge d'enseignant ; Therese joue le rôle de maîtresse de maison, d'épouse et de mère. Elle met au monde une fille en 1787. Toutefois, le caractère, l'intelligence et les ambitions de Therese poussent peu à peu la jeune femme à chercher son épanouissement ailleurs que dans ce rôle convenu – ce que son mari accepte en partie, l'associant à certains de ses travaux ou lui faisant partager l'amitié et l'intimité d'autres hommes d'esprit.

LE « NÈGRE » DE FORSTER

Therese profite de cette relative liberté pour développer ses facultés intellectuelles. Elle s'initie à l'écriture. Son caractère curieux et son intelligence la poussent dès les premiers temps de son installation en Pologne à s'intéresser au pays dans lequel elle vit et à faire part de ses impressions et de ses analyses à ses proches sous forme épistolaire. Les nombreuses lettres adressées à cette époque dans une orthographe encore hésitante à sa belle-mère, Georgine Brandes, seconde épouse de Heyne, sont caractéristiques de cet intérêt grandissant de la jeune femme pour le monde qui l'entoure. Même si la mère de famille s'en défend, elle écrit avec passion, dès que le loisir lui en est donné :

> Eh bien, je me tourne donc après deux jours de nouveau vers ma table de travail pour écrire, cette occupation qui est encore ma préférée, mais à laquelle, plus encore qu'auparavant, je ne m'adonne que dans les heures où je ne manque à aucun devoir[6].

Son mari accepte en partie ces préoccupations intellectuelles et ce goût très vif de Therese pour la lecture et l'écriture. Il écrit à un ami commun :

> L'avidité de Therese pour les livres est selon toi une sorte de fringale de nouveautés, même si elles proviennent du premier venu, d'un minable gribouilleur. Je ne sais ce que cette avidité a pu être autrefois, mais je sens maintenant que ce n'est rien d'autre que le désir naturel chez les gens qui pensent par eux-mêmes d'observer et de mettre à l'épreuve l'esprit de leur temps. Par conséquent, nous préférons lire Herder et des hommes dont les écrits ont une valeur durable[7].

Sous l'influence de Forster, Therese a donc des lectures de qualité, et son mari semble même lui reconnaître la faculté de penser par elle-même. Il éveille son intérêt pour les sciences naturelles, la médecine, la géographie et la politique. Therese écrit à Georgine Heyne, sur un ton naïf, plein de fausse modestie :

> Il [Forster] n'a ici personne pour parler d'un quelconque sujet scientifique auquel il s'intéresse, ce qu'il avait tant l'habitude de faire avec Sömmerring

6 « *Nun gut also jetzt wend ich mich nach zween Tagen wieder zu meinem Schreibtisch, der Beschäftigung die mir noch meine liebste, aber noch mehr wie sonst die ist der ich nur in den Stunden nachhänge wo ich nichts versäume* ». Lettre de Therese Forster à Georgine Heyne du 27 janvier 1786, *in* Brigitte Leuschner, « Therese Huber als Briefschreiberin », *in Untersuchungen zum Roman von Frauen um 1800*, éd. Helga Gallas, Magdalene Heuser, Tübingen, Niemeyer, 1990, p. 209.

7 « *Du glaubst, Theresens Verlangen nach Büchern sei eine Art von Heißhunger nach Neuigkeiten, wenn sie auch von dem ersten besten elenden Schmierer herrühren. Was es ehedem gewesen sein mag, weiß ich nicht, jetzt fühle ich, daß es weiter nichts ist, als das natürliche Verlangen, bei Leuten, die selbst denken, den Genius ihrer Zeit zu beobachten und zu prüfen. Am liebsten lesen wir daher Herder und solche Menschen, deren Schriften einen bleibenden Werth haben.* » Lettre de Georg Forster à Friedrich L. W. Meyer du 2 novembre 1786, dans Andrea Hahn, Bernhard Fischer, « 'Alles… von mir !' Therese Huber (1764-1829) : Schriftstellerin und Redakteurin », *Marbacher Magazin*, n° 65, 1993, p. 17.

> [...] car moi, pauvrette, je n'ai absolument aucun talent pour ce genre de choses qui relèvent d'une pratique et d'une spécialisation scientifique [...]. J'apprends un peu la botanique, ici et là – et dernièrement j'ai appris aussi les vents de Nord-Nord-Ouest et Sud-Sud-Ouest et autres histoires de vent du même genre : puis j'apprends les corps célestes lorsqu'il y a des étoiles dans le ciel [...] C'est très agréable, chère Maman, d'avoir un petit homme qui peut vous apprendre tant de choses[8].

En femme avisée, Therese Forster veille à respecter les convenances sociales et à ne pas paraître trop savante, mais la fin de l'extrait cité en dit long sur sa soif d'apprendre et de partager toutes les connaissances de son mari – et des amis de ce dernier. Georg Forster la laisse entretenir une étroite correspondance avec l'un de ses meilleurs amis, Samuel Thomas Sömmering, médecin et professeur d'anatomie avec lequel il avait l'habitude de discuter de sujets scientifiques à Kassel avant son départ pour la Pologne.

Therese ne néglige aucune occasion de s'instruire et jubile lorsque son époux l'associe à certains de ses travaux, des lectures ou des traductions scientifiques. Elle l'aide notamment à traduire en allemand le récit du troisième voyage du capitaine Cook[9]. Mais bien des années plus tard, Therese aura le sentiment d'avoir été exploitée :

> Je n'écrivis ainsi de ma dix-huitième année à ma vingt-huitième année jamais rien d'autre que des lettres et des traductions à partir de l'anglais, qui ne furent toutefois ni corrigées, ni imprimées ; mais Forster les utilisa pour ses traductions. Je ne me suis jamais demandé pourquoi. Je traduisis ainsi en entier le troisième voyage de Cook[10].

---

8 « *Er [Forsterl hat hier keinen Menschen mit den er über irgend einen Gegenstand seiner Wißenschaft sprechen könnte, daß war er mit Sömmering so gewohnt [...] den ich armes ding habe ja gar keine Talente zu solchen dingen, die in das praktische Fach einer Wißenschaft gehören [...] Botanik lern ich ein bischen, hin und her – und lezthin hab ich Nord-Nord-West und Süd Süd bei West — und dergleichen Windhistorien auch gelernt : und dann lern ich vom Weltkörpern wenn die Sterne am Himmel sind [...] Daß ist sehr angenehm liebe Mutter wenn man so ein Männchen hat daß von mehr als einer Sache einen lehren kann.* » Lettre de T. Forster à G. Heyne du 9 avril 1786, dans A. Hahn, « Alles von mir ! », *op. cit.*, p. 17.

9 Cook James, King James, *A voyage to the Pacific Ocean*, vol. 1, Edinburgh, Morison, 1785.

10 « *So schrieb ich vom 18. bis 28. Jahr nie etwas als Briefe und Übersetzungen ans dem Englischen, die aber weder korrigiert noch gedruckt wurden, sondern Forster benutzte sie zu seinen Übersetzungen. Ich habe nie gefragt : wie ? so übersetzte ich die ganze Cooks dritte Reise* ». Lettre de T. Huber à Victor Aimé Huber du 9 janvier 1817, dans A. Hahn, *Therese Huber*, *op. cit.*, p. 168.

Et si elle prétend ne pas parvenir à écrire, c'est tout de même à cette époque qu'elle rédige ses lettres sur la Pologne qui seront publiées, anonymement, en 1793 par l'entremise de son nouveau compagnon Ludwig Ferdinand Huber, appelé à devenir son second mari quelques mois plus tard[11]. Il n'est pas anodin que Therese choisisse le support de lettres fictives pour écrire sa première œuvre d'écrivain. C'est à l'époque une forme répandue parmi les récits de voyage. Elle permet une présentation subjective des lieux et des personnes, une grande liberté pour le choix de la forme et des contenus. On peut tout y raconter – événements publics, expériences personnelles –, y discuter de tout – sentiments personnels, réflexion politique et sociale, vision du monde –, s'arrêter à tout moment et reprendre un peu plus tard le fil de ses pensées, ou bien au contraire commencer une autre lettre et parler d'un tout autre sujet. Une autre forme répandue du récit de voyage, celle du journal intime, qui permet la même liberté, aura d'ailleurs encore quelque vingt années plus tard les faveurs de Therese[12]. Bref, il s'agit là d'une forme de littérature idéale pour une écrivaine novice, préoccupée par ses soucis ménagers, mais désireuse de faire partager son expérience et ses réflexions à ses contemporains.

Therese profite ainsi de cet exil en Pologne pour s'initier à l'art d'écrire. Mais elle s'ennuie aussi à mourir, regrette la brillante société de Göttingen et souffre de solitude morale. Son mari ne partage pas avec elle toutes ses préoccupations, notamment ses soucis financiers et ses ennuis universitaires. Elle ne parvient pas à vivre sur un pied d'égalité avec ce professeur bienveillant, très marqué par l'esprit des Lumières, mais enfermé dans une éducation rigide, qui ne lui permet pas de considérer sa femme autrement que comme une épouse soumise, capable certes de se cultiver et d'acquérir une certaine indépendance d'esprit, mais en aucun cas de conquérir une véritable autonomie individuelle.

C'est un couple en crise qui regagne l'Allemagne en 1787 pour s'installer l'année suivante à Mayence, où Georg Forster a été nommé bibliothécaire en chef à l'université. Ils vivent dans la capitale rhénane quatre années très difficiles, ponctuées de joies comme la naissance

---

11 « Fragmente über einen Theil von Polen. Aus Briefen einer Engländerin, im Jahre 1789 geschrieben », *Flora. Teutschlands Töchtern gewidmet*, éd. Ludwig Ferdinand Huber, Tübingen, Cotta, 1793.

12 H. Therese, *Bemerkungen über Holland aus dem Reisejournal einer deutschen Frau*, Leipzig, Fleischer, 1811.

d'une seconde fille et de crises suscitées par le désintérêt du mari pour la vie familiale, puis son engagement politique en faveur des idées révolutionnaires venues de France – il devient après la proclamation de la République de Mayence en 1792 membre du Club des Jacobins fondé dans la ville – et le besoin grandissant de l'épouse d'échapper à l'emprise intellectuelle de son mari et de rechercher son épanouissement de femme en dehors de la vie conjugale. Finalement, le couple Forster ne résiste pas à la tempête révolutionnaire de 1792-1793 : les époux se séparent d'un commun accord, Georg partant vivre sa passion révolutionnaire à Paris, où il s'en va représenter la Rhénanie à l'Assemblée Nationale, et sa femme fuyant d'abord à Strasbourg, puis en Suisse avec leur ami commun, devenu l'amant de Therese, Ludwig Ferdinand Huber. Georg Forster meurt à Paris en janvier 1794 avant que le divorce ne soit prononcé, laissant à sa veuve la liberté de se remarier avec Huber.

DANS L'OMBRE D'UN SECOND MARI : LES DÉBUTS SUR LA SCÈNE LITTÉRAIRE AUX CÔTÉS DE LUDWIG FERDINAND HUBER

Ludwig Ferdinand Huber (1764-1804) est ainsi le second mari de Therese. Jeune secrétaire de l'ambassade de Saxe à Mayence, il a fréquenté Forster et sa famille pendant plusieurs années avant de devenir leur hôte permanent, le confident et l'amant de Therese. C'est tout naturellement que Huber prend en charge la jeune femme et ses enfants lors des événements révolutionnaires de 1792 qui les obligent à fuir Mayence. La ville, un temps républicaine sous l'influence de Jacobins comme Forster, est reprise par les forces réactionnaires de la contre-révolution. Les esprits libertaires qui avaient fait souffler un vent révolutionnaire sur les rives du Rhin sont contraints à l'exil. Accompagné de ses protégés, Huber gagne la Suisse où il épouse Therese en avril 1794, après le décès de Forster. Ayant dû renoncer à la carrière diplomatique parce qu'il partageait la vie d'une « Jacobine », il exerce désormais le métier d'écrivain et de journaliste.

Fondé sur un amour réciproque, sur l'harmonie intellectuelle et physique, le foyer des Huber est un véritable havre de paix malgré les tempêtes extérieures que le couple doit affronter à plusieurs reprises, leur situation d'exilés politiques nécessitant de nombreux déménagements. Le puissant éditeur Cotta rend enfin possible leur retour en Allemagne en 1798, lorsqu'il offre à Huber d'être l'un des rédacteurs du journal *Die neueste Weltkunde* à Tübingen puis du tout nouveau *Allgemeine Zeitung* à Stuttgart, bientôt l'un des organes libéraux les plus lus de l'époque. Commence alors pour les époux Huber une vie plus agréable, marquée par la reconnaissance des talents journalistiques du mari et l'allègement des soucis financiers. Ils bénéficient d'une véritable réhabilitation sociale et sont comblés par la naissance de deux nouveaux enfants en 1798 et 1800.

UNE ÉCRITURE À QUATRE MAINS

C'est sous l'influence de son second mari que s'amorce la conquête de l'autonomie si chère à Therese. Huber, contraint à son arrivée à Neuchâtel de faire de l'écriture un métier, écrit des drames, des récits, travaille à quelques traductions ou rédige des critiques littéraires qui lui valent un succès d'estime, mais ne lui rapportent guère d'argent. En outre, ils se retrouvent tous deux très isolés, victimes de commérages qui leur reprochent leurs opinions politiques et, au début, leur union libre. Cette mise au ban de la société rend une carrière littéraire encore plus difficile. Heureusement, Huber rencontre en Paul Usteri, médecin, homme politique et écrivain suisse, un ami et un mécène qui l'aide à publier ses œuvres à Zurich et à Leipzig. Pour le seconder dans cette tâche et augmenter ainsi les revenus du ménage, Therese se met aussi à écrire à cette époque. Plus de vingt ans plus tard, elle décrit à son fils les raisons qui l'ont poussée à prendre de nouveau la plume :

> En 1794, je vis bien que nous n'y arriverions pas financièrement. Je tentai de traduire un roman français. Cela allait mal. Ton père, Huber, me rayait des pages entières. J'étais au bord du désespoir. Puis la traduction fut enfin finie, elle s'appelait *Le Divorce nécessaire*, la fin me déplaisait ; je dis à ton

> père : « L'auteur se trompe ici ; ces gens ne seront pas heureux à l'avenir. » – « Prouve-le donc », me dit ton père. Je poursuivis le roman et inventai une suite au destin des héros en fonction de déductions psychologiques. Ton père fut tout étonné de la facilité avec laquelle j'avais raconté et inventé. À partir de ce moment-là, j'ai mis toutes mes expériences dans mes petits romans [...] Je gagnai donc la moitié de nos revenus, sans négliger une seule tâche ménagère[13].

Seuls quelques proches sont au courant de cette étroite collaboration. Tout est publié sous le nom de Huber ; c'est lui qui met la dernière main aux œuvres composées par Therese : « Je noircis le papier, Huber met tout au propre, exprime ce que je n'ai fait qu'esquisser, élague là où mon cœur s'est trop épanché[14]. » Auprès de son second mari, Therese fait l'apprentissage du métier d'écrivain, trouvant enfin les encouragements, les conseils et les corrections stylistiques nécessaires, qui lui faisaient défaut auparavant.

Elle a également la satisfaction de voir désormais publiées, même si ce n'est pas en nom propre, toutes ses traductions et ses lettres sur la Pologne, écrites au temps de son mariage avec Forster[15]. Elle traduit en allemand des œuvres de la littérature étrangère, comptant sur l'opportunité d'une traduction libre pour émettre quelque avis personnel ou faire valoir un style d'écriture qui lui soit propre[16] – trait caractéristique d'une situation

13 *« Endlich im Jahre 94 sah ich eben, daß wir nicht ausreichen würden. Ich versuchte einen französischen Roman zu übersetzen. Es ging elend. Vater Huber strich mir seitenweise durch. Ich verzweifelte fast. Da war dann endlich die Übersetzung fertig, die hieß „Die notwendige Ehescheidung", das Ende davon mißfiel mir ; ich sagte zum Vater : ‚da irrt sich der Verfasser ; diese Menschen werden nicht glücklich sein in der Zukunft.' – ‚Das beweise du einmal', sagte der Vater. Ich setzte den Roman fort und spann das Schicksal der Helden nach psychologischen Folgerungen ab. Der Vater war ganz erstaunt über die Leichtigkeit meines Erzählens und Erfindens. Von da an habe ich meine Erfahrungen alle in meine kleinen Romane niederlegt [...] Ich verdiente also die Hälfte unsers Einkommens, ohne je ein Hausgeschäft zu versäumen ».* Lettre de T. Huber à Viktor Aimé Huber du 9 janvier 1817, dans A. Hahn, *Therese Huber, op. cit.*, p. 168-169.

14 *« Ich schmiere das Papier voll, Huber bringt es ins Reine, drückt aus, was ich nur angedeutet, schneidet ab, wo mein Herz überfloß. »* Lettre de T. Huber citée dans L. Schneider, *Therese Huber, op. cit.*, p. 88.

15 Voir note 11 pour la publication des lettres sur la Pologne.

16 Les traductions réalisées par Therese Huber, passées à la postérité sous le nom de son second mari, mais reconnues comme émanant de sa plume, sont les suivantes : *Emilie von Varmont. Eine Geschichte in Briefen von Louvet. Aus dem Französischen übersetzt vom Verfasser des Heimlichen Gerichts*, Tübingen, 1794. – *Der Trostlose. Lustspiel, aus dem Französischen übersetzt vom Herausgeber der Friedenspräliminarien*, Berlin, 1794. – *Neueres französisches Theater, bearbeitet von L. F. Huber*, Leipzig, 1795-1797. – *Drei Weiber, eine Novelle aus*

ambiguë où l'écrivaine écrit pour ainsi dire en cachette et presque sans le vouloir. Et, surtout, elle se sent désormais soutenue et trouve chez son second mari la considération espérée, au moins au plan privé à défaut d'une reconnaissance publique que les circonstances sociales et familiales ne permettent pas encore. Sa vie intellectuelle n'en est que plus riche, et les années aux côtés de Huber constituent pour Therese les prémices d'une véritable émancipation littéraire.

L'AUTONOMIE : L'ÉCRITURE DU PREMIER ROMAN

Le premier roman de Therese Huber, *Die Familie Seldorf* (*La Famille Seldorf*), est publié en 1796 sous le nom de Ludwig Ferdinand Huber[17]. Mais il est écrit sous l'influence de Forster, son premier mari. C'est avec lui ou à travers son expérience que Therese a vécu la Révolution française, d'abord à Mayence où Forster présidait le Club des Jacobins, puis en exil à Strasbourg ou en Suisse, alors qu'elle était déjà séparée de cet homme épris de liberté qui s'en était allé vivre la Révolution de l'intérieur, à Paris. Therese rassemble donc ses souvenirs pour faire revivre cette période de l'histoire récente.

L'héroïne, Sara Seldorf, est la fille d'un ancien officier de marine d'origine allemande qui a longtemps combattu au service de la France, notamment au cours de la Guerre de l'Indépendance américaine, et qui, devenu veuf, s'est retiré dans la région de Saumur pour y vivre sur ses terres. Quand éclate la Révolution, le tableau idyllique de la campagne angevine brossé au début du roman s'estompe. Théodore, le frère de Sara, part pour Paris malgré la réticence de son père, et la jeune fille, méconnaissant l'amour de Roger Berthier, un ami d'enfance gagné à

dem französischem Manuskript des Abbé de la Tour, übersetzt von L. F. Huber, Leipzig, 1795. – *Adele von Senange. Aus dem Französischem von L. F. Huber*, Tübingen, 1795. Il est très vraisemblable que d'autres traductions de Forster ou de Huber soient en fait l'œuvre de Thérèse ou du moins le fruit d'une étroite collaboration avec ses deux époux successifs.

17 Therese Huber, *Die Familie Seldorf*, Tübingen, Cotta, 1796, réimpression dans *Frühe Frauenliteratur in Deutschland*, éd. Magdalene Heuser, vol. 7, Hildesheim / Zürich / New York, Olms, 1989.

la cause révolutionnaire, se laisse séduire par le comte L*** dont elle a bientôt un enfant et qui l'oblige à le suivre à Paris. Elle découvre alors que le comte L*** est un intrigant royaliste et qu'il l'a trompée puisqu'il est déjà marié à une aristocrate. De plus, lors d'une insurrection, il blesse mortellement leur enfant. Sara ne songe plus alors qu'à se venger et, s'engageant dans les rangs des révolutionnaires, devient une véritable furie sanguinaire. Elle va même jusqu'à se déguiser en homme pour servir dans les armées de la République. À la fin du récit, elle se retrouve dans la région de son enfance. Son père est décédé et elle assiste à la mort de L***. Elle reprend alors sa vie de femme, mais se refuse à épouser le fidèle Roger. Trop marquée par cinq années de révolution, elle n'aspire plus qu'à mourir.

Sara Seldorf se démarque des héroïnes sentimentales qui abondent dans les romans moralisateurs du XVIIIe siècle. Certes, sa destinée illustre la perversion de l'innocence et le comte L*** fait figure de séducteur démoniaque. Mais elle n'est pas l'héroïne d'un roman d'apprentissage qui lui ferait découvrir l'échelle des vertus et des devoirs. Sa chute est irrémédiable. Trop passionnée, trop sensuelle, incapable de se dominer, elle ne peut que succomber : emportée par une folie meurtrière, elle se précipite pour tuer au nom de la Révolution. Héroïne totalement négative par moments, elle passe du statut d'« ange de la mort », déjà très éloigné de sa vocation féminine, à celui de criminelle sans foi ni loi, mue par des sentiments impurs de vengeance :

> Une goutte de sauvagerie se mêlait alors à la froideur de son sang, et non plus à la manière d'un ange de la mort qui a reçu des ordres supérieurs pour anéantir les mortels, mais animée de l'effroyable hostilité avec laquelle l'existence humaine est capable de compenser sa propre misère, elle tuait L*** en la personne de tout ennemi armé [...][18].

Sara Seldorf quitte à jamais sa trajectoire de femme, brise le carcan patriarcal de la famille, cette « famille » à laquelle fait référence le titre du roman, et s'aventure dans la sphère publique, interdite aux femmes, pour se mêler de politique. Et il n'y a pas de réintégration possible dans l'ordre patriarcal. La seule issue, c'est la mort. Therese Huber a-t-elle

---

18 « *Dann mischte sich ein Tropfen Wildheit in ihr kaltes Blut, und nicht mehr wie ein Todesengel, der mit höheren Befehlen gerüstet, die Sterblichen vernichtet, sondern mit der schrecklichen Feindseligkeit, die Menschenleben gegen eigenes Elend aufwiegt, tötete sie L*** in jedem bewaffneten Gegner* [...] » T. Huber, *Die Familie Seldorf*, *op. cit.*, p. 318.

voulu, comme le prétendent certaines féministes contemporaines, la totale remise en question du patriarcat ? Rien n'est moins sûr. N'en demeure pas moins troublant le fait que l'héroïne n'est pas condamnée à une mort sans appel, immédiate, qui aurait dû, dans la logique patriarcale, sanctionner une telle transgression des interdits, et que cette héroïne demeure sympathique et donc un possible objet d'identification pour d'éventuelles lectrices. L'intérêt de Therese Huber pour le sort des femmes, qu'elles vivent ou non dans des circonstances extraordinaires, est manifeste. Dans son œuvre ultérieure, le thème de la destinée féminine revient comme un leitmotiv.

UNE CARRIÈRE LITTÉRAIRE AU FÉMININ

Lorsque Ludwig Ferdinand Huber décède subitement le 24 décembre 1804 à la suite d'un banal refroidissement, ce brutal revirement du destin laisse sa veuve assez désemparée. Therese est seule désormais pour nourrir et élever trois enfants, dont deux – ceux nés de son union avec Huber – sont encore très jeunes. À partir de ce moment, la littérature devient plus que jamais pour elle une activité vivrière.

En 1806, Therese publie chez l'éditeur Cotta les œuvres complètes de Huber, augmentées d'une biographie. Elle multiplie aussi les contributions plus ou moins anonymes dans les journaux de l'époque :

> Je ne me nomme pas en tant qu'auteur de la biographie, il se peut qu'on me reconnaisse à nouveau. Je ne me nomme pas dans la petite histoire parue dans le *Calendrier pour les dames* de Cotta, il y figure encore la mention « œuvre posthume de Huber », beaucoup de récits peuvent encore porter cette mention[19].

Therese Huber craint longtemps la publicité de mauvais aloi que susciterait la publication de ses œuvres sous son propre nom. Elle a trop

19 « *Ich nenne mich nicht als Verfasserin der Biographie, man mag mich wieder erraten. Ich nenne mich nicht in der kleinen Geschichte in Cottas Damen Kalender, dort heißt es noch : ‚aus Hubers Nachlaß', so kann noch vieles heißen. Im Journal für deutsche Frauen erscheint, wahrscheinlich jetzt, ein Märchen, das ist L. F. unterzeichnet, und so soll alles unterzeichnet sein, was nicht seinen Namen trägt.* » Lettre de T. Huber à Johann Gotthard von Reinhold du 15 août 1805, dans A. Hahn, *Therese Huber*, *op. cit.*, p. 143.

souffert de son passé sulfureux de « jacobine » et ne veut pas revivre une exclusion sociale similaire – encore moins l'imposer à ses enfants, notamment à ses filles – en embrassant une carrière réservée aux hommes. Mais en même temps, elle souhaite gagner sa vie. Aussi est-ce un véritable soulagement lorsque Cotta lui propose à l'automne 1816 la responsabilité du *Kunstblatt*, le supplément artistique de son quotidien, le *Morgenblatt für gebildete Stände*, puis au début de 1817 d'entrer à la rédaction du journal. Ses filles sont élevées, et elle ne craint plus de nuire à leur réputation. En outre, Luise, qui vient de divorcer, a besoin du soutien financier de sa mère – les deux femmes viennent de s'installer ensemble à Stuttgart. Enfin, Viktor Aimé, le fils de Therese, est alors âgé de dix-sept ans et vient d'entreprendre des études de médecine à Göttingen, alors que sa mère n'a même pas encore fini de payer les frais de son éducation à l'institut de Philipp Emanuel von Fellenberg en Suisse. Bref, les besoins financiers de la famille Huber sont plus que jamais importants et Therese Huber ne peut que se réjouir de la confiance que lui accorde Cotta en 1817 :

> Je vais prendre en charge cette année beaucoup de travail, mais qui est aussi pour moi promesse d'avantages. Espérons que je pourrai ainsi verser à M. Fellenberg la majeure partie de son acompte. Je dois en grande partie prendre en charge la rédaction du *Morgenblatt* et de son supplément artistique. À cela se rattachent une importante correspondance et la lecture de toutes les contributions ; en même temps le choix des articles quotidiens. À côté de cela, il me faudra moi-même rédiger beaucoup de choses ou bien procéder à des remaniements, faire des traductions et autres choses du même genre. Je m'éloigne ainsi complètement de mes travaux d'aiguille ; mais comme je n'ai plus de filles à élever, je ne leur nuis pas en m'adonnant sous le manteau à des travaux littéraires. Je préférerais assurément qu'il en soit autrement. À vrai dire, je ne me sens vraiment bien qu'en tricotant ; mais si je n'avais rien d'autre que le tricot comme métier, je ressentirais toutefois un grand vide[20].

20 « *Ich werde dieses Jahr viele Arbeit übernehmen, die mir aber auch Vorteil verspricht. Hoffentlich zahle ich damit Henri Fellenberg seinen Vorschuß größtenteils ab. Ich soll die Redaktion vom Morgenblatt und dazu gehörigem Kunstblatte größtenteils übernehmen. Dazu gehört nun eine große Korrespondenz und Lesen aller Beiträge ; zugleich die Auswahl der täglichen Artikel. Daneben muß ich manches selbst ausarbeiten, oder überarbeiten, übersetzen und dergleichen. Ich komme von meinem Beruf, mit Nadel und Faden zu arbeiten, dadurch ganz ab ; aber da ich keine Töchter mehr zu erziehen habe, tue ich ihnen keinen Schaden durch mein literarisches Pfuschen. Ich hätte es freilich lieber anders. Mir ist eigentlich nur wohl beim Strückzeug ; aber wenn ich nichts wie dieses zum Beruf hätte, würde es mir doch zu leer sein.* » Lettre de T. Huber à V. A. Huber du 9 janvier 1817, dans A. Hahn, *Therese Huber*, *op. cit.*, p. 167.

De janvier 1817 à octobre 1823, Therese Huber exerce donc les fonctions de rédactrice d'un grand quotidien littéraire, d'abord en collaboration avec le poète et journaliste Johann Christoph Friedrich Haug, puis seule dès la fin juillet 1817 après la démission de Haug. Car Therese est une femme intelligente, brillante, à la forte personnalité, avec laquelle il est difficile de travailler sur un pied d'égalité, surtout lorsqu'on est un esprit médiocre. Avec Cotta lui-même, les relations sont parfois tendues, car l'aventure est risquée au départ. Therese est la première femme allemande à occuper un poste de cette importance dans la presse. Même si, dans un premier temps, elle préfère garder l'anonymat vis-à-vis du public pour ne pas entacher sa réputation de femme, sans doute aussi parce qu'elle n'est pas assurée de réussir, et surtout pour ne pas nuire aux visées commerciales de Cotta, qui craint les retombées négatives dans l'opinion publique de « la rédaction du journal par une bonne femme[21] », le succès du *Morgenblatt* montre qu'elle est parfaitement à sa place à la tête de la rédaction, d'autant que l'anonymat est vite levé du fait de ses nombreuses et nécessaires relations avec les écrivains et journalistes dont elle accepte les contributions. Le journal subit sous son influence de profonds changements qui lui valent un gain de lecteurs appréciable : il perd son aspect conservateur et provincial, s'ouvre aux écrivains romantiques, accorde une place importante à la littérature internationale que Therese connaît bien en tant que traductrice, et s'intéresse de plus en plus aux sciences, envers lesquelles la rédactrice s'est toujours montrée très ouverte. De façon générale, il gagne en ouverture d'esprit, faisant la part belle à la prose, aux critiques littéraires et artistiques ainsi qu'aux débats scientifiques. Bref, il devient sous l'influence de sa rédactrice un véritable journal culturel et l'un des plus grands guides intellectuels de son temps. Therese Huber est définitivement sortie de l'ombre.

21 « *Die frauenzimmerliche Redaktion* ». Lettre de Karl Philipp Conz à Joseph von Laßberg de 1820, *Marbacher Magazin* n° 65, 1993, p. 76.

UNE ROMANCIÈRE ENGAGÉE

Pendant toutes ces années passées à la rédaction du *Morgenblatt*, Therese Huber écrit beaucoup et vite – une cinquantaine de récits et une dizaine de romans, d'une qualité d'écriture très variable. Seul son dernier roman, *Die Ehelosen* (*Les Célibataires*), publié en 1829, est particulièrement digne d'attention car la romancière y systématise son point de vue sur la condition féminine[22]. Il s'agit d'un roman à thèse qui se promet de montrer, en juxtaposant de multiples histoires liées à celle d'une famille, que le mariage n'est pas la vocation des femmes : « J'ose montrer dans mes *Célibataires* que le mariage, dans l'état actuel de la société, n'est plus une loi de la nature », écrit-elle dans la préface[23]. La romancière n'attaque pas l'institution du mariage en elle-même, mais elle critique fortement la bourgeoisie qui éduque ses filles – tant sur le plan pratique que sur le plan psychologique – uniquement en vue du mariage :

> Je vois que, d'une part, nous continuons d'élever nos filles en leur indiquant plus ou moins le mariage comme étant leur vocation et que, d'autre part, le mariage est rendu de plus en plus difficile par les circonstances et qu'il est de moins en moins source de bonheur. Le devoir de l'éducation est d'éviter la première chose [...][24].

Son roman, véritable typologie du mariage, passe en revue les différents cas de figure possibles. Toutes ces histoires sont relatées d'un point de vue féminin, prônent la tolérance, le droit à la différence et à l'épanouissement de l'individu. On y sent toujours le souci d'analyser la situation de façon pratique, de remédier aux circonstances défavorables de la vie, voire de consoler – une femme peut être laide et malgré tout

22 Therese Huber, *Die Ehelosen*, Leipzig, Brockhaus, 1829.

23 « *Daß die Ehe in dem Zustande der Gesellschaft, wie er sich jetzt gestaltet hat, nicht mehr Naturgebot sei, wage ich in meinen Ehelosen darzustellen.* » T. Huber, « Vorwort », *Die Ehelosen*, *op. cit.*, p. V-VI.

24 « *Ich sehe, daß wir einerseits fortfahren, bei der Erziehung unserer Töchter mehr oder weniger auf das Verheirathen als ihre Bestimmung hinzudeuten, und sehe, daß andererseits das Heirathen durch die Umstände immer mehr erschwert und immer weniger beglückend wird. Das Erstere zu vermeiden, ist die Aufgabe der Erziehung* [...] » T. Huber, *Die Ehelosen*, « Vorwort », *op. cit.* p. V-VI.

s'épanouir. Premièrement, les célibataires ne sont pas moins femmes que les autres. Deuxièmement, il se trouve des personnalités ou des circonstances qui excluent le mariage ou font du mariage une mauvaise solution. Troisièmement, il existe pour la femme une multitude d'occupations légitimes en dehors du mariage. Therese Huber, âgée alors de plus de soixante ans, dispense les conseils avisés d'une femme mûrie par l'expérience. Elle ne revendique en aucun cas pour la femme une place dans la vie publique, ni même un véritable métier. Les activités qu'elle recommande relèvent toutes de la sphère privée, se résumant essentiellement à des tâches d'éducation, de soins donnés aux malades ou aux personnes âgées. Particulièrement intéressante est la façon dont elle résout le problème du célibat chez les jeunes filles des classes moyennes de la société : l'union fait la force ! Proche des théories saint-simoniennes de l'époque qui envisagent la vie harmonieuse et autonome de petits groupes d'individus, Therese prône la vie en communauté de jeunes femmes libres et indépendantes, subsistant grâce à l'accomplissement de tâches ménagères, d'ouvrages de couture ou autres menus travaux. Elle fait le tour des connaissances théoriques, et surtout pratiques, que la femme doit posséder, défendant une éducation concrète, en situation, adaptée aux circonstances et au milieu social :

> Mais la ferme laitière eut bientôt une deuxième vocation, bien plus importante aux yeux d'Elisabeth que la production de l'étable. Elle y installa une école dans laquelle elle fit enseigner aux jeunes filles pauvres, suivant les capacités de leur âge, les travaux manuels, les travaux domestiques de la ferme et la culture des légumes. Son intention était de ne former que des servantes pour les exploitations agricoles et des compagnes pour les tâcherons et les journaliers[25].

Therese Huber rejoint ainsi les théories sur l'éducation du grand pédagogue suisse allemand Heinrich Pestalozzi, qui s'était efforcé dès 1800 d'éduquer les enfants pauvres en ciblant leur éducation sur l'amélioration de leur condition matérielle[26]. Elle souhaite l'application d'une telle

25 « *Die Holländerei erhielt aber nun bald eine zweite, für Elisabeth viel wichtigere Bestimmung als den Ertrag der Milchkammer. Sie legte dort eine Schule an, in der sie arme Mädchen in Handarbeiten, Bauernhaushalt und Gemüseanbau, nach der Fähigkeit ihres Alters, unterrichten ließ. Ihre Absicht war, ausschließend Mägde für den Landhaushalt, Gattinnen für Söldner und Tagelöhner zu bilden. Ihre Nadelarbeit bestand daher einzig in der Fertigung und Ausbesserung der groben Kleidungsstücke und Wäsche ihres Standes.* » T. Huber, *Die Ehelosen*, *op. cit.*, p. 98-99.

26 Heinrich Pestalozzi, *Lienhard und Gertrud*, Berlin, Leipzig, Decker, 1781.

méthode éducative pour les filles, dans l'apprentissage des gestes techniques des tâches ménagères, tout comme dans la formation de l'esprit. Il faut apprendre aux jeunes filles à penser par elles-mêmes. C'est à ce prix qu'elles seront vraiment autonomes, qu'elles sortiront de leur « minorité » au sens kantien du terme[27] et trouveront une place satisfaisante dans la société :

> Nous voulions montrer que la façon de penser détermine tout autant la destinée que la destinée fait naître ou consolide une façon de penser et que par conséquent l'éducation de nos enfants qui leur apprend à s'éduquer eux-mêmes est seule garante de leur bien-être moral, quels que soient les aléas de la vie[28].

La fille de l'universitaire Heyne, exploité par Forster, demeura dans l'ombre étouffante de son père puis de son époux ; mais elle devint, dans l'ombre protectrice de Huber, un disciple talentueux et imaginatif, capable de s'émanciper peu à peu et d'accéder à la lumière de la création littéraire et de la célébrité toutefois toute relative. En effet, Therese Huber finit par succomber aux cabales de l'entourage hostile de l'éditeur Cotta et elle perdit sa place de rédactrice en chef à la fin de sa vie. Reconnaissons en outre que son œuvre littéraire ne jouit plus aujourd'hui que d'un succès d'estime pour sa valeur documentaire, tant du point de vue sociologique que de celui de l'histoire de la littérature. L'entourage masculin s'est révélé primordial pour Therese Huber puisque trois grands hommes ont marqué son cheminement intellectuel. Ce trait est caractéristique de la vie de nombreuses écrivaines de l'époque et n'est pas l'apanage de Therese Huber. De nombreuses études ont montré le rôle joué par les filiations et les alliances : être la fille, la sœur, la femme ou simplement l'amie d'un intellectuel, tout spécialement d'un écrivain, favorise la vocation littéraire. Mais le cumul des influences et la réussite sociale qui caractérisent le parcours de Therese Huber font de son cas un exemple très intéressant, mettant en lumière le processus de la venue à l'écriture ainsi que les aspirations, les réussites et les échecs d'une écrivaine allemande à la charnière des XVIIIe et XIXe siècles.

---

27 Immanuel Kant, « Beantwortung der Frage : Was ist Aufklärung ? », *Berlinische Monatsschrift*, Dezember 1784, p. 481-494.

28 *« Es ging unser Bestreben dahin, zu zeigen, wie die Denkart die Schicksale die Denkart erzeugen oder befestigen, wie demnach zur Selbsterziehung anleitende Erziehung unserer Kinder der einzige Bürge ihrer moralischen Wohlfahrt, bei allem Wechsel des Lebens, ist. »* T. Huber, *Die Ehelosen*, *op. cit.*, p. 327-328.

Cet itinéraire témoigne aussi d'une conception novatrice de l'écriture au féminin, qui n'est plus un loisir de dilettante, mais une sorte de mode de vie, une façon de contribuer au bien-être de son foyer, de gagner de l'argent, sans toutefois exercer officiellement le métier d'écrivain. Toute sa vie, Therese Huber préserve sa liberté d'écrivaine face à une société très peu permissive. Mais ses dénégations de ménagère exemplaire et de tâcheron littéraire semblent plutôt relever d'une stratégie sociale. Sur le plan formel, ce lent cheminement prend l'allure d'un parcours initiatique comportant des passages obligés par des genres littéraires caractérisés : la littérature épistolaire – correspondance et lettres fictives –, le journal intime, la traduction, le récit, le roman historique, puis le roman à thèse. Therese Huber semble vouloir par cette stratégie d'écriture s'approprier peu à peu l'espace littéraire de son temps, partant de l'expression d'une réalité très subjective pour aboutir à l'élaboration de fictions de plus en plus élaborées, dépassant même la réalité historique pour se projeter dans l'avenir sur la base d'un projet philosophique et politique. Elle brosse le tableau de la société et souligne les difficultés des femmes à exister en tant qu'individus dans un patriarcat qui ne leur est guère favorable. L'intention pédagogique y est clairement affirmée : Therese Huber veut éclairer les femmes sur leur place dans le monde, leur faire entrevoir de nouveaux horizons, pour non pas changer la société – ce que ne peut faire la simple fiction –, mais mieux s'y adapter et devenir des individus autonomes et épanouis.

Le credo esthétique qui consiste à vouloir « faire œuvre utile », à mettre sa plume au service des hommes et des femmes pour parfaire leur éducation et améliorer leur situation morale, n'est-il pas par ailleurs le seul que les écrivaines soient réellement en droit d'exprimer en ce début de XIXe siècle ?

Sylvie MARCHENOIR

MARY SHELLEY DANS LA MAIN DE SON MARI ?

L'ombre de Percy Shelley sur *Frankenstein*

Au début du dix-neuvième siècle, en Angleterre, publier sous couvert d'anonymat était monnaie courante. Mais lorsqu'en janvier 1818 *Frankenstein or The Modern Prometheus* (*Frankenstein ou le Prométhée moderne*) paraît dans ces conditions, l'ouvrage déclenche de vives spéculations sur l'identité de son auteur. On y subodore la signature d'hommes de lettres réputés, tantôt celle de William Godwin, tantôt celle de Percy Bysshe Shelley[1]. Mais l'on ne s'imagine guère que *Frankenstein* puisse être l'œuvre d'une femme, fût-elle la fille du premier et l'épouse du second, qui lui feront longtemps de l'ombre…

De fait, Mary Shelley attend jusqu'en août 1823 pour se révéler au grand jour. Elle le fait à l'occasion d'une réédition de son best-seller en devenir et d'une adaptation à succès sur la scène londonienne. Août 1823, c'est aussi une année après la disparition prématurée de son mari, qui se noya en mer, au large de l'Italie, le 8 juillet 1822. Mais ce n'est qu'en octobre 1831, dans l'édition définitive de son roman, remanié par ses soins et augmenté d'une copieuse introduction, que Mary Shelley lève publiquement le voile sur son culte du secret : « Il est vrai que je répugne fortement à me mettre en avant par la plume[2]. »

---

1 Voir par exemple la chronique de Walter Scott, « Remarks on *Frankenstein or The Modern Prometheus* », *Blackwood's Edinburgh Magazine 2*, March 1818, p. 613-620. Reproduit dans Mary Shelley, *Frankenstein. The 1818 Text, Contexts, Criticism*, J. Paul Hunter ed., New York & London, W. W. Norton & Company, « Second Norton Critical Edition », 2002, p. 219-231.

2 Mary Shelley, « Author's Introduction to the Standard Novels Edition (1831) », *Frankenstein or the Modern Prometheus*, M. Hindle ed., London, Penguin Books, 2003, p. 5. Dorénavant abrégé : *F 1831*. Toutes les citations en langue anglaise seront traduites par mes soins, sauf mention contraire. Pour la première édition du roman, on se référera à Mary Shelley, *Frankenstein or the Modern Prometheus. The 1818 Text*, M. Butler ed., Oxford & New York, Oxford University Press, « Oxford World's Classics », 2008. Dorénavant abrégé : *F 1818*.

Toutefois, dès le 14 juin 1818, elle a adressé un pli confidentiel à Walter Scott : « Je tiens à ce que vous ne persistiez plus dans votre erreur de croire M. Shelley coupable de cette tentative juvénile qui est la mienne ; à laquelle – ayant été écrite à un âge précoce – je me suis abstenue d'apposer mon nom – et aussi par respect à l'égard des personnes qui le portent[3]. » Mary, née le 30 août 1797, a à peine vingt ans et l'on devine chez elle une modestie et une pudeur extrêmes, comme si elle ne se sentait pas totalement légitime. Le terme de *guilty* qu'elle utilise est à cet égard symptomatique. Serait-il possible qu'elle n'ait pas composé *Frankenstein* toute seule ? De cela, treize ans plus tard, elle se défendra avec vigueur : « Je ne suis certainement pas redevable à mon mari de m'avoir suggéré la moindre péripétie, ni même le moindre enchaînement de sentiments, et pourtant sans son incitation cette idée n'aurait jamais pris la forme sous laquelle elle fut présentée au monde[4]. » En quoi consiste exactement cette « incitation » ? La dénégation qui précède masquerait-elle un aveu ? Mary Shelley, désormais veuve et forte de sa maturité, minorerait-elle le rôle que joua son époux dans la fabrication de son chef-d'œuvre ? Ne noierait-elle pas le poisson de leur collaboration littéraire ? La suite immédiate de ses propos laisse en effet entendre, par une sorte de *lapsus calami*, que *Frankenstein* fut conçu comme l'on conçoit un enfant : à deux. « Et maintenant, une fois encore, j'invite ma hideuse progéniture à aller de l'avant et à prospérer. J'ai de l'affection pour elle, car elle fut le rejeton des jours heureux[5]. »

Filons cette métaphore et nous verrons comment Percy Shelley fertilisa le désir d'écrire de sa partenaire ; comment il participa effectivement à la conception de *Frankenstein*, aidant à l'accouchement de l'écrivaine pendant que celle-ci inscrivait subtilement ce processus de co-création en abyme, dans un mouvement paradoxal de consentement et de rébellion. Consentement à l'abandon de son autorité, rébellion contre cette dépossession. Car c'est aussi de pouvoir qu'il s'agit dans l'acte d'écriture. Surtout à l'époque géorgienne, où le sexe dit faible ne disposait pas de lui-même – les épouses anglaises pouvant même être vendues ! –, où sa voix se heurtait aux murs du patriarcat et des préjugés. Dans un tel

3 *The Letters of Mary Wollstonecraft Shelley*, Betty T. Bennett ed., Baltimore & London, John Hopkins University Press, vol. I, 1980, p. 71.

4 *F 1831*, p. 10.

5 *Ibid.*

contexte social, quelle était la nature de la relation de couple qui nous intéresse ici ? Il conviendra en effet, avant d'entrer dans le vif du sujet, de cerner le rapport de sujétion, qui s'instaura très vite après leur coup de foudre réciproque au printemps 1814, entre la future auteure de *Frankenstein* et son mentor littéraire.

PERCY PYGMALION ET MARY GALATÉE

Lorsqu'à vingt-deux ans Percy Shelley cueille cette fleur bleue qu'il a rencontrée au domicile de son père dont il est un visiteur régulier et un admirateur des essais philosophico-politiques, il est une étoile montante de la littérature (quoique faisant polémique). De son côté Mary Shelley, qui s'appelle encore Mary Godwin et qui est alors dans sa dix-septième année, a été conditionnée par son éducation à marcher sur les traces de sa mère disparue à sa naissance, la célèbre auteure féministe Mary Wollstonecraft. Idolâtrant la défunte, William Godwin a mis sur sa fille une forme de pression de sorte que celle-ci se sente un devoir d'écrire à son tour. Mais cela ne lui réussit guère. Le surgissement du poète rebelle et romantique – accessoirement déjà marié ! – qui déboule dans sa vie comme un météore, attise à la fois cette pression et l'en libère, surtout à partir du moment où il la soustraira à l'emprise de son père, pour la plonger dans le plus grand frisson romanesque de son existence en fuguant avec elle sur le Continent dans la nuit du 28 juillet 1814.

Cette échappée de six semaines hors du giron paternel contribue à libérer l'adolescente de l'angoisse de l'influence[6] exercée par les prédécesseurs littéraires, lesquels se confondent chez elle largement avec ses parents biologiques. Si Mary gribouillait ici et là depuis l'enfance, c'est cette fuite amoureuse qui marque les débuts réels – professionnels – de son activité scripturale. Celle-ci se solde par une première publication en novembre 1817, intitulée *History of a Six Weeks' Tour*, qui est justement le récit de cette virée européenne. L'ouvrage est mis en forme par la jeune femme sur la base du journal de voyage que le couple avait tenu

6 Harold Bloom, *The Anxiety of Influence : A Theory of Poetry*, New York, Oxford University Press, 1973.

ensemble sur l'incitation de Percy Shelley. Car c'est bien lui qui allume chez Mary le feu sacré de l'écriture, semblable à « l'étincelle de vie[7] » qui animerait le monstre fabriqué par Frankenstein :

> Mon mari, dès le début, désira ardemment que je me montre digne de ma lignée en m'inscrivant dans le livre d'or de la gloire. Il ne cessait de m'encourager à me faire un nom en littérature, ce qui même pour moi comptait à l'époque, alors que depuis j'y suis devenue infiniment indifférente. À ce moment-là, il souhaitait que j'écrivisse, pas tant dans l'idée que je produisisse quelque chose digne d'intérêt, que dans celle de pouvoir lui-même juger dans quelle mesure je portais en moi la promesse de plus belles choses à venir[8].

Percy Shelley incarne pour Mary une sorte de point zéro à partir duquel une œuvre est à bâtir. Il est un repère, une référence, un modèle pour cette adolescente timide et réservée, qui manque cruellement de confiance en elle malgré son intelligence. Elle le vénère et nourrit à son égard un complexe d'infériorité, cherchant son approbation systématique et lui prêtant « un esprit bien plus cultivé[9] » que le sien. Symétriquement, Percy Shelley souffre d'un complexe de supériorité, se comparant à « un phare qui domine la mer agitée[10] », ne supportant pas la contradiction et faisant aux autres poètes – y compris Lord Byron et John Keats ! – la leçon sur leur propre création. Avec Mary, qu'il considère comme une femme-enfant, il agit très tôt en Pygmalion. Il l'incite par exemple à apprendre le latin et le grec. Il l'initie à moult auteurs – dont certains détermineront des aspects de *Frankenstein*. Il la forme intellectuellement tout en faisant son éducation sentimentale. La jeune fille en rupture familiale en conçoit rapidement une dépendance psychologique et affective. « [S]ois tout pour moi, mon amour[11] », l'implore-t-elle par exemple le 28 octobre 1814. « Je ne supporte pas de rester si longtemps sans toi[12] », lui écrit-elle encore le 27 juillet 1815. Aussi lui passe-t-elle pratiquement tous ses caprices, y compris ses envies de ménage à trois avec Clara Jane (dite Claire) Clairmont, demi-sœur cadette de Mary.

7 *F 1818*, p. 38 ; *F 1831*, p. 58.
8 *F 1831*, p. 6.
9 *Ibid.*
10 Cité et traduit par André Maurois, *Ariel ou la vie de Shelley* [1923], Paris, Grasset, « Les Cahiers Rouges », 2006, p. 36.
11 *The Letters of Mary Wollstonecraft Shelley*, Betty T. Bennett ed., *op. cit.*, p. 3.
12 *Ibid.*, p. 15.

La relation de sujétion qui s'installe dès leur début éclate dans un drôle de *lapsus calami* en date du 6 août 1817, tandis que Percy démarche divers éditeurs pour le manuscrit dorénavant achevé de *Frankenstein.* Mary commet ce lapsus dans une lettre qu'elle adresse à son amie Marianne Hunt : « Miss Alba va parfaitement bien & elle s'épanouit – elle croasse comme un petit coq, bien que (comme Shelley m'enjoint de le dire) ce soit une poule[13]. » Ce « comme Shelley m'enjoint de le dire » synthétise, symbolise, le rapport de hiérarchie et de pouvoir que le couple entretient, en particulier sur le plan de l'expression personnelle et littéraire.

Même par-delà la mort de son « Elfe ailé » ou « tendre Elfe », comme Mary le surnommait[14], l'emprise de celui-ci s'exercera encore : « Je pense à mes conversations avec Shelley, son incomparable supériorité, en plus du fait qu'il était à moi et m'aimait[15] », se lamente la veuve chagrinée le 22 mars 1824. Et le 3 septembre suivant : « J'écris – si le cœur m'en dit – mais un double abattement m'envahit quand je songe que Shelley ne lit plus et n'approuve plus ce que j'écris[16]. » De son vivant, celui-ci validait en effet (ou pas) tout ce que produisait la plume de sa compagne, jouant donc un rôle tantôt actif, tantôt passif, au sein de leur tandem.

L'ELFE AILÉ OU LA MUSE ANDROGYNE

Étudions d'abord son rôle passif. Pygmalion assumé – dont l'impériosité contrastait avec un petit côté efféminé –, Percy Shelley servit aussi de muse à Mary Shelley, sans toujours le savoir, ni forcément le vouloir. Sa passion pour les sciences et l'électricité, sa fascination pour le macabre et l'occulte déteignaient sur ses proches, et singulièrement sur la plus proche d'entre eux. C'est elle-même qui nous renseigne sur l'impact de ses propos tenus à l'été 1816 à la Villa Diodati de Cologny, sur les hauteurs de Genève où le couple et son nourrisson séjournaient

13 *Ibid.*, p. 39. Alba, plus tard renommée Allegra, était la fille illégitime de Lord Byron et de Claire Clairmont.

14 *Ibid.*, p. 22.

15 *Ibid.*, p. 415.

16 *The Journals of Mary Shelley 1814-1844*, Paula R. Feldman and Diana Scott-Kilvert ed., 2 vol., Oxford, Clarendon Press, 1987, p. 482-483.

par intermittence, accueillis par le locataire des lieux, le légendaire Lord Byron :

> Nombreuses et longues furent les conversations entre Lord Byron et Shelley, et je les écoutais avec dévotion quoiqu'en silence, presque. Au cours de l'une d'elles, l'on discuta de diverses doctrines philosophiques, entre autres de la nature du principe de vie ainsi que de la probabilité de pouvoir jamais le découvrir et le faire connaître. Ils évoquèrent les expériences du Dr Darwin (je ne parle pas de ce que le docteur fit réellement, ni déclara avoir fait, mais – ce qui s'accorde mieux à mon dessein – de ce qu'on racontait alors qu'il avait fait), à savoir qu'il avait conservé dans un récipient de verre un bout de vermisseau, jusqu'à ce que celui-ci, par quelque moyen extraordinaire, se mît à bouger d'un mouvement volontaire. Mais ce n'était pas ainsi, après tout, que l'on donnerait la vie. Peut-être réanimerait-on un cadavre ; le galvanisme avait témoigné de tels phénomènes : peut-être les parties constitutives d'une créature pourraient-elles être fabriquées, assemblées et dotées de la chaleur vitale. La nuit s'écoulait au gré de cette conversation [...][17].

Cette nuit de juin, du propre aveu de Mary, la discussion susmentionnée provoque chez elle une affreuse rêverie où elle visualise la scène fondatrice de sa future fiction, « le pâle étudiant de ces arts impies agenouillé auprès de la chose qu'il venait d'assembler[18] ». Sa trame romanesque jaillirait donc de ce qu'elle a entendu de la bouche de Lord Byron et de Percy Shelley. Du moins c'est ainsi qu'en 1831 l'auteure reconstruit, pour son lectorat, le mythe des origines.

Elle puise également son inspiration dans les écrits de son époux. Voici par exemple comment elle relate le voyage de noces d'Elizabeth Lavenza et de Victor Frankenstein ; c'est lui qui s'exprime ici :

> Nous passâmes l'embouchure de la rivière Drance, et observâmes les méandres qu'elle faisait dans les ravins des plus hauts reliefs et dans les gorges des plus bas. Les Alpes s'avancent à cet endroit vers le lac, et nous approchions de l'amphithéâtre de montagnes qui en forment les confins à l'est. La flèche de l'église d'Évian brillait sous les forêts qui l'entouraient et sous la chaîne de montagnes qui la surplombait[19].

17 *F 1831*, p. 8.

18 *Ibid.*, p. 9.

19 *F 1818*, p. 164 ; *F 1831*, p. 197. Version originale : « [...] *we passed the river Drance, and observed its path through the chasms of the higher, and the glens of the lower hills. The Alps here come closer to the lake, and we approached the amphitheatre of mountains which forms its eastern boundary. The spire of Evian shone under the woods that surrounded it, and the range of mountain above mountain by which it was overhung.* »

Or ce passage reprend *in extenso* les notations de Percy Shelley en date du 23 juin 1816 dans son journal personnel, où il consigne son excursion avec Byron sur le lac Léman :

> Nous pûmes observer les méandres qu'elle [la Drance] faisait dans les ravins des montagnes et dans les gorges des reliefs les plus bas, jusqu'à ce que les montagnes s'avancent à cet endroit vers le lac ; nous vîmes qu'elles bordaient ses eaux à l'est tandis que nous approchions de l'amphithéâtre de montagnes qui forment les confins du lac, à l'est. La flèche de l'église d'Évian brillait sous les forêts qui l'entouraient et sous la chaîne de montagnes qui la surplombait[20].

Cette reprise est loin d'être la seule. On discerne aussi des analogies plus subtiles, par exemple avec le poème au souffle épique « Alastor, or the Spirit of Solitude », que Shelley publia dans un recueil éponyme en février 1816. Mary en duplique dans *Frankenstein* la structure des narrations enchâssées et surtout la thématique des charniers où chaque héros-narrateur cherche, chacun à sa manière, une solution à son problème. Mary va jusqu'à citer directement un extrait du recueil, en l'occurrence les deux derniers quatrains du poème « Mutability[21] », reconnaissant ainsi sa dette à l'égard de Shelley, mais provoquant du même coup un étrange anachronisme sur le plan de la diégèse puisque l'action de son roman est supposée se dérouler en mille sept cent et quelque[22], soit une vingtaine d'années au moins avant la parution de cette poésie.

Ces diverses empreintes de Percy Shelley dans *Frankenstein*, qu'elles soient ostensibles ou plus discrètes, qu'elles émanent d'un conseil oral ou d'un texte écrit, sont des indices du rôle actif du poète – que taira Mary Shelley – dans l'élaboration du roman.

---

20 *The Geneva Notebook of Percy Bysshe Shelley*, M. Erkelenz ed., New York, Garland, 1992, p. 126-127. Version originale : « *We could observe its path through the chasms of the mountains & the glens of the lower hills, until the mountains here came closer to the lake, & we could see the eastern boundary enclose its waters so that we approached the amphitheatre of mountains which forms its eastern boundary. The spire of Evian shone under the woods that surrounded & the range of mountain above mountain which overhung it.* »

21 *F 1818*, p. 75-76 ; *F 1831*, p. 101.

22 D'après les dates incomplètes que fournissent les lettres à sa sœur du narrateur premier, le navigateur anglais Robert Walton.

LES DOUZE TRAVAUX DU COUPLE SHELLEY

La genèse de *Frankenstein* se déplie en quatre grandes phases[23], si l'on exclut la phase de décantation ou de sédimentation de l'œuvre, qui se déploya entre septembre 1814 et juin 1816 et que Percy catalysa. Cette phase préparatoire est certes fondamentale, mais son étude nous entraînerait trop loin.

La première phase qui nous intéresse va de la mi-juin 1816 à la fin août de la même année et elle se déroule à Genève : donnant suite à son cauchemar éveillé, Mary amorce son futur *Frankenstein.* « Ce fut par une sinistre nuit de novembre » sont, selon ses dires, les premiers mots qu'elle griffonne, ceux de l'épisode où l'apprenti sorcier inocule la vie à sa Chose[24]. Tandis que Shelley et Byron se promènent dans les Alpes, elle progresse dans la rédaction. Tout au long de cette première phase, elle est la seule à tenir la plume, comme elle l'indique à plusieurs reprises dans son *Journal.* Mais elle le fait en s'en référant à Percy. Elle note par exemple, à la date du 21 août : « Shelley & moi nous discutons de mon histoire[25]. » Elle écrit régulièrement et avance bien, car cet été pluvieux et froid la confine à l'intérieur. Le 29 août, au moment de quitter la Suisse, elle dispose probablement d'un premier jet achevé – qui ne nous est pas parvenu – mais qui est trop court au goût de son compagnon, lequel la « pouss[e] à donner à cette idée une

23 À partir d'ici, je m'appuierai sur les ressources du site internet institutionnel The Shelley-Godwin Archive (www.shelleygodwin.archives.org) grâce auquel nous bénéficions aujourd'hui d'un accès aisé à près des neuf dixièmes des brouillons – tous ceux qui ont survécu –, de la dernière mouture manuscrite de l'œuvre telle qu'elle parut en 1818, ainsi qu'à un peu plus d'un dixième de la copie au net effectuée par le couple Shelley et utilisée par les éditeurs pour composer les épreuves d'imprimerie, qui hélas n'existent plus. Ces documents exceptionnels, qui sont archivés à la Bodleian Library de l'Université d'Oxford, et donc aussi consultables en ligne désormais, ont servi à l'établissement d'une édition de *Frankenstein* expurgée des corrections de Percy Shelley : Mary Shelley (with Percy Bysshe Shelley), *The Original Frankenstein*, C. E. Robinson ed., Oxford, The Bodleian Library, 2008. Les brouillons qui ont été perdus sont ceux des quatre lettres introductives de Robert Walton, d'une partie du chapitre inaugural et du chapitre v du volume II. De la copie, il ne subsiste que les trois derniers chapitres.

24 *F 1831*, p. 10.

25 *The Journals of Mary Shelley 1814-1844*, P. R. Feldman and D. Scott-Kilvert ed., *op. cit.*, p. 130.

plus grande ampleur[26] ». C'est au retour du couple en Angleterre, où il s'installe à Bath à partir du 10 septembre 1816, que débute alors la deuxième phase.

Du 16 septembre 1816 au 17 avril 1817, en une période particulièrement difficile et mouvementée de son existence, ponctuée de tragédies, Mary développe sa *novella*. Le 17 avril 1817, elle met le point final au manuscrit. Du 18 avril au 13 mai, elle le recopie au propre presque intégralement et le reconfigure en trois volumes au lieu de deux, avec l'aide de Percy – à moins que ce ne soit lui qui ait décidé du redécoupage. C'est en tout cas lui qui met au net les six dernières pages[27]. Il en profite pour les modifier et les amender d'environ un tiers. Il propose ensuite cette mouture finalisée aux éditeurs. L'essentiel de cette deuxième phase s'accomplit dans une étroite collaboration rédactionnelle : à peine Mary a-t-elle terminé un chapitre qu'elle le soumet à son partenaire[28] qui le corrige plume à la main. S'il est absent du domicile conjugal, elle le prévient par courrier, par exemple le 5 décembre 1816, où elle anticipe même sa réaction : « Je viens aussi de finir le quatrième chapitre de *Frankenstein*, qui est très long ; je crois que tu l'aimeras[29]. » Cette deuxième phase d'écriture, prenant des allures nuptiales, concourt certainement à faire surgir dans l'esprit de la jeune femme la métaphore de l'enfantement. Soulignons à ce propos que la gestation de *Frankenstein* s'étale précisément sur neuf mois ; qu'elle épouse exactement la durée du récit-cadre (qui s'ouvre un 11 décembre pour se clore le 12 septembre suivant) ; et qu'elle recoupe partiellement la vraie grossesse de l'auteure, qui donne naissance le 2 septembre 1817 à une petite Clara Everina. Mary Shelley est donc enceinte et de son enfant et de son roman ; elle est enceinte de son roman comme d'un enfant, et jusqu'à quel point Percy est le père et de l'un et de l'autre, la question mérite en effet d'être débattue[30].

---

26 « *At first I thought but a few pages – of a short tale ; but Shelley urged me to develop the idea at greater length* », *F 1831*, p. 10.

27 Les six dernières pages dans la version publiée, s'entend (qui correspondent aux treize dernières du manuscrit). À partir de : « L'idée qu'il puisse vivre et servir à faire le mal me perturbe », *F 1818*, p. 186 ; *F 1831*, p. 220.

28 À l'exception peut-être des sept premiers chapitres du premier volume, qui semblent avoir été lus et corrigés par Percy d'une seule traite.

29 *The Letters of Mary Wollstonecraft Shelley*, B. T. Bennett ed., *op. cit.*, p. 22.

30 Percy était déjà père de famille d'un premier mariage et c'était un père plutôt absent. Sa première femme, Harriet, se suicida une quinzaine de jours avant qu'il n'épouse Mary en secondes noces, le 30 décembre 1816.

En tout cas, le 13 mai 1817, *Frankenstein* semble achevé. Entre ce moment et la fin août, Percy Shelley s'efforcer de dénicher un éditeur pour cette fable qui sort des sentiers battus et qu'il vend comme étant celle d'un jeune ami. Sa correspondance atteste en effet qu'après avoir joué le rôle d'inspirateur, de correcteur, de *rewriter* et d'*editor* pour sa femme, il se mue en agent littéraire. C'est la troisième phase de leur coopération. Après deux refus qui démoralisent le poète, celui-ci contacte une troisième maison d'édition, la société Lackington & Co, qui accepte le manuscrit entre le 18 et le 22 août 1817. Percy négocie par courrier le prix du copyright et insiste pour réviser lui-même les futures épreuves du livre, prétextant que son prétendu ami, l'auteur inventé du roman, n'est pas en Angleterre à ce moment-là. Les tractations se poursuivent jusqu'au 19 septembre – Mary est depuis quinze jours aux prises avec les conséquences de son accouchement – et les premières épreuves de *Frankenstein* arrivent au nouveau domicile des Shelley, à Marlow, le 23, alors que Percy est à Londres. S'enclenche alors la quatrième et dernière grande phase de cette collaboration littéraire, qui concerne les corrections sur placards d'imprimerie.

Cette phase s'étend du 24 septembre à début novembre 1817 et aboutit à des changements majeurs. En comparant la copie au propre de mai 1817 avec la version publiée de janvier 1818, on mesure l'ampleur du travail réalisé sur épreuves. Mais ces dernières ayant été perdues, on ne peut savoir avec une certitude absolue qui de Mary ou de Percy intervient sur quoi. D'après ce que celui-ci écrit à l'éditeur Lackington, on déduit que c'est lui, Percy Shelley, le principal responsable de ces ultimes remaniements. Ce que nous confirme un mot de Mary en date du 24 septembre 1817 : « Je t'envoie, mon chéri, un autre jeu d'épreuves – qui est arrivé ce soir ; en le parcourant j'y ai vu certaines maladresses auxquelles j'ai tenté de remédier – mais je suis fatiguée et je n'ai pas les idées très claires, aussi je te donne carte blanche pour y apporter les modifications qu'il te plaira[31]. » Épuisée par son accouchement, totalement accaparée par sa nouvelle-née et par son fils William, Mary n'a plus ni le temps ni l'énergie, ni peut-être l'envie, d'en découdre avec son texte.

Tout au long de ces quatre phases et des seize mois que prend la genèse de *Frankenstein*, quel est finalement l'apport quantitatif et qualitatif de Percy Shelley écrivain ? Chaque page du manuscrit ou presque

---

31 « *I give you* carte blanche *to make what alterations you please* », *Ibid.*, p. 42.

comporte des traces de lui. Sur les soixante-douze mille mots que contient l'édition de 1818, environ cinq mille sont de sa main[32]. Cela représente sept pour cent. On ne compte pas ici ceux (nombreux) qu'il a supprimés, ni évidemment ceux qui ont été ajoutés sur les manuscrits perdus. Ce calcul n'intègre pas non plus l'inspiration, ni les idées, ni les conseils que Percy prodigua à Mary. Si l'on ajoute en plus les passages qu'elle reprend de ses écrits et les développements qu'elle fait sur son incitation[33], on aboutit à un chiffre beaucoup plus important. Voilà pour le quantitatif.

Quant au qualitatif, Percy ne rectifie pas seulement l'orthographe, la grammaire, la syntaxe, la ponctuation et quelques erreurs factuelles ; il précise le propos, substitue à l'expression vague le terme juste ou technique, opte pour des mots polysyllabiques et savants, bref il s'attache à rehausser un style qu'il juge trop simple ou trop naïf (parfois familier), quitte à altérer l'intention initiale et à gommer une certaine spontanéité et des hardiesses qui ont leur charme. Dans le même esprit, il poétise certaines tournures qui pêchent selon lui par un réalisme trop terre-à-terre. Il améliore en outre la cohérence narrative et ajoute des transitions, introduit des éléments d'ironie dramatique ainsi que des réflexions d'ordre politique ; il approfondit la personnalité du monstre en accentuant autant son ambivalence morale et son côté attachant que son questionnement identitaire et métaphysique, au détriment du vernis de théologie chrétienne dont Mary l'a badigeonné – Percy Shelley est un athée forcené.

Si l'on schématise, son travail a visé à esthétiser le texte, à l'enrichir, à le densifier, à le complexifier afin de lui conférer du lustre et de l'épaisseur. Le genre gothique souffre alors d'un manque de considération auprès de

32 Anne K. Mellor en comptabilise pour sa part un millier, mais en tant que chercheuse féministe, elle a tendance à minimiser la contribution de Percy. Voir Anne K. Mellor, *Mary Shelley : her Life, her Fiction, her Monsters*, New York & London, Routledge, 1988, p. 58-69 et 219-224. À l'inverse, quelques très rares essayistes (non universitaires) en quête d'un *scoop* font de Percy l'unique auteur de *Frankenstein*, ce qui est une aberration. Voir par exemple le sexiste John Lauritsen, *The Man Who Wrote Frankenstein*, Dorchester, Pagan Press, 2007. Quant à la recherche française (comme la recherche suisse), elle reste en marge de ce débat.

33 Comme les pages concernant la discussion entre Victor et son père au sujet de son périple en Angleterre. Percy suggéra dans la marge du manuscrit : « *I think the journey to England ought to be Victor's proposal – that he ought to go for the purpose of collecting knowledge, for the formation of a female. He ought to lead his father to this in the conversations – the conversation commences right enough.* »

l'élite ; Percy Shelley veut que l'on prenne cette fable-ci au sérieux. Il en va de sa propre réputation, lui le découvreur du talent de sa femme, que l'on soupçonnera d'être l'auteur… Il intervient donc sur ce qui est déjà, en dépit de ses invraisemblances, un excellent récit, fondé sur une idée novatrice. Il perfectionne un texte dont il loue d'ailleurs les qualités dans une chronique destinée à paraître anonymement, où il le qualifie de « l'une des productions les plus originales et les plus abouties de son temps[34] » ; et l'on entrevoit comment il se fait aussi, en aval de la chaîne éditoriale, le défenseur de ce livre hors pair.

Percy Shelley procure donc à sa protégée une caution intellectuelle et littéraire dont elle a besoin et qu'elle recherche, étant donné son jeune âge, son manque d'assurance, la rupture avec son père rigide et acariâtre, dont il faudrait également parler. Pour autant, un mystère subsiste à ce stade de notre étude : comment l'intéressée réagit-elle à la mainmise de son époux sur son rejeton littéraire ? Mainmise à laquelle certes elle acquiesce – autrement elle n'aurait pas conservé pratiquement toutes ses corrections – mais qui simultanément contrarie son projet, son ambition, son obsession d'exister en tant qu'auteure, de faire ses preuves comme femme écrivain, de prendre voix au chapitre d'une société anglaise foncièrement patriarcale. Ni sa correspondance, ni le *Journal*, ni les brouillons qui ont survécu ne fournissent de réponse à cette question cruciale, et il nous faut donc nous tourner vers le roman lui-même pour tenter de l'y déceler par l'interprétation.

UNE ÉCRIVAINE PROMÉTHÉENNE

À bien des égards, *Frankenstein* est une allégorie de la création transgressive. Dans son Introduction de 1831, Mary Shelley compare d'ailleurs son protagoniste à un artiste[35]. La comparaison revient plusieurs fois au fil des deux versions du texte. Victor est même désigné comme un

34 Chronique rédigée en février 1818 mais publiée seulement en novembre 1832 par Thomas Medwin dans *The Athenaeum*. Reproduite dans M. Shelley (with P. Shelley), *The Original Frankenstein*, C. E. Robinson, *op. cit.*, p. 434-436.

35 *F 1831*, p. 9.

« auteur[36] ». C'est un auteur au sens propre puisque pendant quatre mois il tient – un peu à l'image de la romancière elle-même – un journal de bord de ses expériences et de sa terrible aventure. La créature découvre ce carnet dans la poche du manteau oublié par le savant fou, dans son atelier d'Ingolstadt, en Allemagne :

> Dans ces papiers, vous décriviez avec minutie, étape par étape, les progrès de vos travaux ; à cette chronologie s'ajoutaient des comptes rendus d'événements survenus dans votre quotidien. Vous vous rappelez sans aucun doute ces papiers. Les voici. Tout y est relaté qui se rapporte à mes maudites origines : tous les détails relatifs à cette suite de circonstances abominables ayant abouti à ma création y sont exposés ; une description fort minutieuse de mon affreuse et répugnante personne y figure, rédigée en des termes qui exprimaient votre propre horreur et rendaient la mienne indélébile. Cette lecture me donna la nausée[37].

Le contenu du journal de Victor Frankenstein réfléchit comme un miroir le contenu du roman qui l'englobe, à tel point qu'il serait inutile d'en donner un extrait : le lecteur a déjà pu lire le récit du progrès de ses travaux, des événements survenus dans sa vie domestique, des « circonstances abominables » qui l'ont amené à commettre l'irréparable, ainsi que « la description minutieuse » du monstre[38]. Le journal de Frankenstein est l'embryon ou le brouillon de cette fable que nous lisons, une mise en abyme qui nous invite à percevoir la teneur métafictionnelle des propos du monstre : quand il se plaint que son horreur est « indélébile », n'est-ce pas aussi parce qu'elle est imprimée noir sur blanc et que toute publication est irréversible ? Et lorsqu'il affirme avoir eu la nausée en lisant ces lignes, n'évoque-t-il pas l'impression possible des lecteurs de *Frankenstein* ?

Voilà donc le jeune savant clairement érigé en auteur directement responsable du texte que nous lisons. Et ce destin d'auteur est scellé dans les dernières pages. Peu avant de trépasser sur la banquise, où il est venu jeter ses dernières forces dans la traque de son œuvre abominable, Frankenstein est recueilli par un capitaine de bateau, le fameux Robert Walton. Ce dernier s'est embarqué à la conquête du Pôle Nord mais son esquif est pris dans les glaces et son équipage se trouve en grand

---

36 Par exemple, *F 1818*, p. 70, 188 ; *F 1831*, p. 95, 222.
37 *F 1818*, p. 105 ; *F 1831*, p. 132-133.
38 Voir *F 1818*, p. 38-39 ; *F 1831*, p. 58-59.

danger. Robert Walton, cependant, n'abdique pas, tant son ambition de réussir le dévore, comme elle dévorait le jeune Victor. Accablé par son passé, celui-ci en fait alors l'entière confidence à Walton qui prend des notes et couche cette extraordinaire biographie sur le papier.

Robert Walton est déjà apparu dans le roman comme un auteur : une première fois, dès le quatrième paragraphe, il indique avoir été dans sa jeunesse un poète, un écrivain. Ensuite, il adresse à sa sœur des missives où il se raconte et narre son expédition maritime. Enfin, à partir du moment où Walton se met à recueillir dans son journal personnel le témoignage de Victor Frankenstein, il se transforme en scribe, en secrétaire, en passeur, en bien plus que cela même : en un *ghost writer* qui transcrirait le récit oral de son alter ego, mais aussi en un *editor* qui l'établirait en vue d'une diffusion à autrui, tout cela le plus scrupuleusement du monde. Du moins est-on en droit de l'espérer. Victor Frankenstein ne se prive pas de vérifier que le marin reporte fidèlement ses paroles. Et si le résultat ne lui convient pas, il n'hésite pas à intervenir sur le texte :

> Frankenstein découvrit que je prenais des notes relatives à son histoire : il demanda à les voir, puis en maints endroits les corrigea et les étoffa lui-même – mais principalement afin de leur insuffler la vie et l'esprit des conversations qu'il avait eues avec son ennemi. « Puisque vous avez consigné mon récit, dit-il, je ne voudrais pas que ce soit une version mutilée qui passe à la postérité[39]. »

Voilà donc Robert Walton agissant avec Victor Frankenstein, dont il est l'aîné de trois ans, de la même manière que Percy Shelley agit avec Mary Shelley, dont il est l'aîné de cinq ans : comme un *ghost writer* ou un *rewriter* et comme un *editor*. Mais lorsque Frankenstein se rebiffe et révise les notes de son aîné en les étoffant, c'est lui qui s'intronise *rewriter* ou même *editor*, répercutant dans la diégèse les rébellions sporadiques de Mary ainsi que le jeu de va-et-vient rédactionnel au sein de son couple. Dans cette lutte d'influence, le capitaine possède néanmoins un avantage de taille sur son rival et complice : son ascendant linguistique. La communication et l'écriture se font en anglais, or l'anglais est la langue maternelle de Walton mais une langue étrangère pour Frankenstein dont la langue maternelle est le français de Genève. Là encore, cette situation

39 *F 1818*, p. 179 ; *F 1831*, p. 213.

fictionnelle reflète celle du couple, Percy maîtrisant mieux que Mary les règles et les subtilités de la langue de Shakespeare.

L'autoréflexivité des personnages ne fait donc aucun doute. Aussi lorsque l'étudiant en sciences[40] avertit : « je ne voudrais pas que ce soit une version mutilée qui passe à la postérité », comment ne pas déceler un message subliminal envoyé par l'auteure en herbe à son Pygmalion de mari ? Comment ne pas voir que la relation de travail entre Frankenstein et Walton métaphorise le rapport quasi-hiérarchique, sécurisant mais aussi angoissant, entre un écrivain débutant et son maître sûr de lui, tout du moins entre Mary Shelley et Percy Shelley à l'époque où celle-ci s'ébroue dans la deuxième phase d'élaboration de son roman ? Elle sait que tout ce qu'elle écrit est ensuite passé au crible par son autoritaire compagnon et éventuellement modifié par lui, peut-être substantiellement. Elle sait qu'elle s'expose à une certaine condescendance teintée de machisme lorsqu'il la corrige[41]. Or, selon toute vraisemblance, c'est lors de cette deuxième phase d'écriture que naissent le personnage de Robert Walton et l'ensemble du récit-cadre. C'est au moment où Mary Shelley ressent au plus haut point la pression de son mentor, qu'elle l'exorcise par cette subtile mise en abyme.

Or celle-ci ne s'arrête pas là. À bord du vaisseau, Frankenstein s'affaiblit à vue d'œil, sa santé se détériore gravement. Il s'alite, se plaçant ainsi en position d'infériorité par rapport au capitaine. Celui-ci prend sur lui le dessus, et cela d'autant plus que dans les dernières pages le scientifique « sombre dans le silence[42] » puis finit par s'éteindre. Jusqu'au bout, Walton a donc la mainmise sur l'étrange confession. Précisons que l'édition de 1818 accentue cet effet de lecture : comme le livre n'arbore aucun nom d'auteur, rien ne vient contester la prééminence de Robert Walton. L'incognito derrière lequel se réfugie Mary Shelley favorise l'illusion que ce personnage est le légataire universel, le biographe et l'éditeur du héros éponyme. Son pouvoir est d'ailleurs patent structurellement : ses épîtres à sa sœur encadrent le récit de Frankenstein, qui

40 Frankenstein, dans le roman, n'est pas docteur. Il le deviendra dans les adaptations cinématographiques.

41 Comme le montrent certaines annotations dans la marge des brouillons. Ainsi Mary avait-elle orthographié *igmmatic*. Et Percy rectifia en griffonnant : « *enigmatic O you pretty Pecksie !* » Voir M. Shelley (with P. Shelley), *The Original Frankenstein*, C. E. Robinson ed., *op. cit.*, p. 136 et 248 n. Le surnom de Pecksie provient de la littérature enfantine.

42 *F 1831*, p. 220.

inclut celui du monstre. Sa voix ouvre et clôt le roman. C'est lui qui a le dernier mot. Son esprit hante chaque paragraphe du texte. Walton ne commande pas seulement un équipage de navire ; il semble diriger et coordonner la mise en œuvre du roman. Le savant a donc raison d'insister auprès de lui pour qu'il respecte à la lettre l'intégrité de son témoignage. Mais son vœu a-t-il été exaucé ?

On peut légitimement en douter. Si l'on revient en effet aux premières pages, on apprend de Walton qu'il est certes un poète, mais un poète raté, un écrivain rentré qui se consacre à la navigation par pur dépit, parce qu'il a échoué dans son ambition première, celle de côtoyer les plus grands au panthéon des Lettres : « Je m'imaginais que moi aussi je pourrais obtenir une niche dans le temple où sont sanctifiés les noms d'Homère et de Shakespeare. Mais tu connais bien mon échec et tu sais comme fut lourde ma déception[43] », confie-t-il dans une lettre à sa sœur. Or voici qu'il aurait la possibilité de rebondir en s'imposant comme la cheville ouvrière de l'ouvrage qui nous tient en haleine. Car son ambition d'explorateur tourne court elle aussi quand il accepte *in extremis*, la mort dans l'âme, de faire demi-tour pour sauver sa peau et celle de ses hommes. Comment digérer ce nouvel échec à l'orée de la trentaine ? Comment s'en consolerait-il, sinon en réalisant cette ambition littéraire ancienne qu'il croyait enterrée à jamais ?

Ce Robert Walton ne laisse de rappeler un certain Percy Shelley. Ce dernier se voyait comme un génie solitaire et incompris. Ses livres se vendaient mal, il les publiait à ses frais, il était controversé. Il suscitait même force détestation. Un pamphlet en faveur de l'athéisme lui avait valu en 1811 d'être expulsé de l'Université d'Oxford avec pertes et fracas. L'Elfe ailé éprouvait en outre beaucoup d'amertume et de ressentiment suite à l'accueil négatif qu'avait reçu « Alastor ou l'Esprit de la solitude » paru en février 1816. En juin de la même année, à la Villa Diodati de Genève, il s'avérait incapable de relever le défi lancé par Lord Byron à la cantonade : « Nous écrirons chacun une histoire de fantômes[44]. » Défi que Mary, elle, releva – et de quelle manière ! – en démarrant *Frankenstein*. Quinze ans plus tard, celle-ci se souviendrait encore de la panne sèche de son compagnon : « Shelley, plus enclin à incarner les idées et les sentiments dans la splendeur de brillantes images, et dans la musique des vers les plus

43 *F 1818*, p. 7 ; *F 1831*, p. 16-17.
44 *F 1831*, p. 7.

mélodieux qui aient orné notre langue, qu'à inventer le mécanisme d'une histoire, en commença une, fondée sur l'expérience de ses jeunes années[45]. » Mais il l'abandonna prestement. Cette histoire, en réalité une ébauche d'à peine huit vers[46], confirmait que ce grand poète n'avait pas l'âme d'un prosateur. Il s'était évertué à prouver le contraire dès 1810 avec *Zastrozzi*, puis en 1811 avec *St Irvyne or the Rosicrucian*, parutions de jeunesse dans la veine gothique, qui n'avaient pas vraiment marqué les esprits. En août 1814, il avait entamé une autre pochade du même tonneau, *The Assassins*, qu'il ne parvint jamais à terminer. Serait-il alors possible qu'il ait tenté de retrouver la veine romanesque à travers le premier roman de sa femme, comme Walton en transcrivant le récit de Frankenstein ? Percy Shelley se serait-il arrogé le coup de maître horrifique de son épouse en y effaçant par endroits la fraîcheur de son style à elle et en y imprimant sa patte à lui ?

Deux changements, parmi tous ceux qu'il opéra, plaident en ce sens. Il les introduit de manière irréversible, l'un juste avant de démarcher les éditeurs, l'autre lors de l'ultime phase de travail sur le texte – qui est irréversible précisément parce qu'il s'agit de la dernière et qu'elle s'effectue sur placards d'imprimerie. Ces deux changements interviennent au début et à la fin du roman. Pour cette raison, ils prennent une signification primordiale.

Commençons par l'épilogue. Celui-ci concerne le devenir du monstre, un personnage déroutant : il est constitué de lambeaux humains et de morceaux d'animaux que son concepteur a prélevés dans des cimetières, des charniers, des abattoirs. Lorsqu'il se retrouve lâché dans la nature, il est vierge de toute connaissance qu'il acquiert par pure mimétisme. Il écoute et observe une famille paysanne d'origine française, les de Lacey, depuis un appentis qui jouxte leur chaumière et où il se cache. Il apprend à parler et à lire en profitant en cachette de l'instruction que Félix de Lacey, aristocrate ruiné, donne à Safie. Cette jeune réfugiée turque recueillie par lui est formée à la lecture des *Ruines* de Volney. Plus tard, dans la forêt, la créature monstrueuse tombe par hasard sur une vieille valise de cuir renfermant plusieurs ouvrages en traduction : *Les Souffrances du jeune Werther*, *Le Paradis perdu* et un volume des *Vies parallèles* de Plutarque. Ces

45 *Ibid.*
46 Elle figure sous le titre « Fragment of a Ghost Story » dans l'édition de ses œuvres poétiques complètes qu'établira posthumément Mary Shelley en 1839, *The Poetical Works of Shelley*, T. Hutchinson ed., London, New York, Toronto, Oxford University Press, 1905, p. 535.

livres, il les dévore. Et l'œuvre intitulée *Frankenstein* croît de cette matière ingérée – *Le Paradis perdu* de Milton constitue ainsi l'un des soubassements mythologiques du roman et se trouve d'ailleurs cité en exergue[47]. Les chercheurs ont bien mis en évidence toutes les sources qui irriguent Mary Shelley : Shakespeare, Goethe, Rousseau, Richardson, Coleridge, Godwin, Byron… Mais ce qui importe ici, c'est de comprendre à quel point le monstre qu'elle a conçu est un ogre littéraire : il cannibalise les écrivains patrimoniaux, comme l'auteure a pu le faire. L'apprentie romancière a en effet largement procédé par emprunts. De même, cet apprenti sorcier de Frankenstein procède par greffes hétérologues. Mary Shelley établit un parallèle indéniable entre la création scientifique et la création littéraire ; nous avons vu qu'elle assimilait son savant fou à un artiste-auteur. Et quand, dans son Introduction de 1831, elle traite rétrospectivement son œuvre de « hideuse progéniture », elle confirme une fois pour toutes que son monstre est une métaphore de celle-là : le monstre romanesque personnifie le roman-monstre.

Revenons maintenant au changement que Percy impose à l'épilogue du récit. Victor Frankenstein vient de rendre son dernier soupir à bord du bateau de Robert Walton. Le monstre, arrivé sur les lieux, explique alors au capitaine qu'il projette d'emmener la dépouille sur un radeau et qu'une fois au large, il allumera un grand bûcher où il s'immolera lui-même, avec son défunt créateur. Mary a d'abord écrit : « En disant cela, il [le monstre] sauta par la fenêtre de la cabine sur un radeau de glace amarré au vaisseau ; et alors qu'il se propulsait loin du rivage, il fut emporté par les vagues, et je le perdis bientôt de vue, au loin dans les ténèbres[48]. » Et Percy réécrit : « En disant cela, il sauta par la fenêtre de la cabine sur le radeau de glace amarré au vaisseau. Il fut bientôt emporté par les vagues, et se perdit au loin dans les ténèbres[49]. » La version publiée, celle de Percy, laisse donc planer peu de doute sur la

47 « T'ai-je, ô Créateur, demandé dans mon argile / De me mouler en homme ? Ai-je sollicité de toi / Que tu me tires des ténèbres ? » (« *Did I request thee, Maker, from my clay / To mould me man ? Did I sollicit thee / From darkness to promote me ?* »).

48 « *He sprung from the cabin windows, as he said this, upon an ice raft that lay close to the vessel ; and pushing himself off, he was carried away by the waves, and I soon lost sight of him in the darkness and distance.* », M. Shelley (with P. Shelley), *The Original Frankenstein*, C. E. Robinson ed., *op. cit.*, p. 245.

49 « *He sprung from the cabin-window, as he said this, upon the ice-raft which lay close to the vessel. He was soon borne away by the waves, and lost in darkness and distance* », *ibid.* Voir aussi *F 1818*, p. 191 et *F 1831*, p. 225.

disparition du monstre. Alors que Mary Shelley ne tranche pas sur sa destinée finale grâce à la perception subjective de Walton qui ouvre la possibilité de sa survie (« *I soon lost sight of him in the darkness and distance* »), Percy, lui, objective son anéantissement (« *He was* [...] *lost in darkness and distance* »). Ce faisant, il manifeste son emprise sur le devenir du monstre, et par là même sur le roman de sa femme, puisque le premier apparaît à bien des égards une métaphore du second.

Cette emprise, Percy Shelley la resserre grâce à sa deuxième intervention majeure, cette fois-ci au début du livre. Dans les premiers jours de septembre 1817, tandis que Mary est confinée dans sa chambre après avoir mis au monde Clara Everina, le voilà qui rédige une préface d'une page et demie. Mais il ne la signe pas, bien qu'il s'y exprime à la première personne du singulier. Il s'accapare donc le « je » de sa femme et écrit en son nom – comme cette dernière le corroborera rétrospectivement[50]. Ce faisant, il usurpe ses prérogatives, et ce d'autant plus qu'elle a elle-même troussé une préface le 14 mai 1817 – son *Journal* le marque d'une pierre blanche[51]. Or, bizarrement, cette préface-là a disparu... L'Elfe ailé lui substitue donc la sienne. Comment deviner, sans précision ni appareil critique – il n'y en a pas dans l'édition originelle –, que c'est lui qui prend la parole dans ce court paratexte en lieu et place de l'auteure, en redorant son propre blason ?

Tout d'abord, il souligne les éléments qu'il a lui-même apportés ou contribué à développer : « la description des passions humaines », « la préservation de la vérité des principes élémentaires de la nature humaine », l'ambivalence des « inclinations morales », « l'agrément des affections familiales et l'excellence de la vertu universelle », « l'évitement des effets débilitants des romans actuels », entre autres[52]. Ensuite, il place *Frankenstein* sous le patronage des plus grands : il convoque *L'Iliade* d'Homère, *La Tempête* et *Le Songe d'une nuit d'été* de Shakespeare, ainsi que *Le Paradis perdu* de Milton. Si ces prestigieuses références font fière escorte à la fable de sa femme, il s'agit exclusivement d'œuvres en vers ; par conséquent, elles sanctifient la soumission de la prose à la poésie et, partant, de la romancière au poète :

> [L]e plus humble des romanciers, aspirant à offrir ou à se procurer quelque divertissement par son travail, ne peut-il pas, sans faire preuve de présomption,

50 « Autant qu'il m'en souvienne, elle [la préface] est entièrement de sa plume », *F 1831*, p. 10.

51 *The Journals of Mary Shelley 1814-1844*, P. R. Feldman and D. Scott-Kilvert ed., *op. cit.*, p. 169.

52 *F 1818*, p. 3-4 ; *F 1831*, p. 11-12.

> appliquer à la prose fictionnelle une licence, ou plutôt une règle, dont l'emploi a fait éclore tant d'exquises combinaisons de sentiments humains dans les pages les plus élevées de la poésie[53].

La hiérarchie que Percy entérine est claire : le romancier divertit, le poète sublime ; le premier rampe au sol, le second tutoie les cieux. Le romancier se grandit à s'inspirer du poète et à se placer sous sa coupole. Percy se tresse, l'air de rien, une petite couronne de lauriers en conclusion de son propos alors que c'est Mary qui est censée s'exprimer ici. Gardons à l'esprit que lors de la fameuse nuit de Genève, ils n'étaient pas encore mariés et Percy n'était officiellement qu'un « ami » :

> J'ai passé l'été 1816 dans les environs de Genève. C'était une saison froide et pluvieuse, et le soir nous nous réunissions autour d'un grand feu de bois, où il nous arrivait de nous distraire avec des histoires allemandes de fantômes que nous avions par hasard sous la main. Elles éveillèrent en nous un désir ludique d'imitation. Deux amis (dont l'un pourrait composer un conte convenant largement mieux au goût du public que tout ce que je pourrais jamais espérer produire) et moi-même décidâmes d'écrire chacun une histoire basée sur une manifestation d'ordre surnaturel. Le temps, cependant, se rétablit soudainement ; et mes deux amis me quittèrent pour une excursion à travers les Alpes où ils perdirent, parmi les sites splendides qu'elles offrent, tout souvenir de leurs visions spectrales. Le récit qui suit est le seul à avoir été mené à son terme[54].

Si l'on en croit ce passage, Mary Shelley a un ami qui pourrait faire largement mieux qu'elle. Mieux que *Frankenstein* ! Les deux compères évoqués ne peuvent être que Lord Byron et Percy, partis ensemble en excursion dans les Alpes. Voilà comment l'Elfe ailé se lance indirectement des fleurs[55] et annule la paralysie de la page blanche qui l'avait frappé à la Villa Diodati.

L'illustre poète, « navré par la platitude de la prose », rebuté par « la tâche ingrate » d'avoir à en écrire[56], frustré de n'avoir pas eu lui-même

---

53 *F 1818*, p. 3 ; *F 1831*, p. 11. L'emploi de « *his labours* » peut de surcroît suggérer que l'auteur du livre est un homme.

54 *F 1818*, p. 4 ; *F 1831*, p. 12.

55 Stratégie qu'il réitèrera dans sa recension du roman – qui parachève sa prise de contrôle – où il clôt son dithyrambe par un éloge appuyé de l'épilogue (dont on a vu qu'il l'avait refondu) : « *The scene in the cabin of Walton's ship [...] is an exhibition of intellectual and imaginative power, which we think the reader will acknowledge has seldom been surpassed* », M. Shelley (with P. Shelley), *The Original Frankenstein*, C. E. Robinson ed., *op. cit.*, p. 436.

56 *F 1831*, p. 7.

l'idée géniale de ce roman, se rend ainsi des hommages feutrés et pose son empreinte indélébile de l'*incipit* à l'épilogue. Le voici qui, par ses écrits, cerne le texte de Mary, de la même manière que Walton cerne, par ses épîtres, l'histoire de Frankenstein. Et la fameuse phrase lancée au capitaine par le savant précoce, cette phrase apparemment anodine : « je ne voudrais pas que ce soit une version mutilée [de mon récit] qui passe à la postérité », résonne une fois de plus de tout son écho métafictionnel, traduisant la crainte principale de la primo-romancière.

« Je rechigne à la mutilation[57] », écrit Mary Shelley en 1838 tandis qu'elle évoque, dans une lettre à l'éditeur Edward Moxon, l'édition à titre posthume des œuvres poétiques de son mari, à laquelle elle se consacre à présent, prolongeant ainsi leur partenariat littéraire par-delà la mort et inversant dans le même temps leur rapport de force. Ce qu'elle éprouve à propos des textes de son défunt époux s'applique *a fortiori* aux siens : elle aurait eu horreur que l'on mutilât son roman, sa progéniture, ce « rejeton des jours heureux ». Ampute-t-on un enfant de chair et d'os, si hideux soit-il ? Et l'on se demande encore aujourd'hui si ce souhait d'intégrité, presqu'une supplique, qu'elle avait placé dans la bouche de son anti-héros aura finalement été exaucé.

Peut-être insinue-t-elle une réponse, de façon toujours aussi subliminale. Car si l'on y réfléchit bien, ce n'est pas Robert Walton qui en définitive décide du sort du fabuleux récit dont il vient d'être l'auditeur, mais sa sœur résidant en Angleterre. Margaret Saville réceptionne l'intégralité de son manuscrit sous forme de lettres. Certes, cela n'est pas relaté ni explicitement formulé, et ce personnage féminin se réduit à un narrataire sans consistance, un simple nom-outil, une potiche. Margaret Saville n'en reste pas moins un intermédiaire indispensable entre rédacteurs et lecteurs. Au final, on se rend compte que c'est elle, la « SŒUR BIEN-AIMÉE[58] » et bienveillante, qui détiendra le précieux manuscrit. Et qui sait si cette sœur silencieuse, « dont les livres et la vie en retrait du monde ont éduqué et affiné l'esprit[59] », n'aura pas, à son tour, lissé, peaufiné, harmonisé ce texte hybride et translinguistique issu

57 « *I shrink from Mutilation* », *The Letters of Mary Wollstonecraft Shelley*, B. T. Bennett ed., vol. II, Baltimore and London, The Johns Hopkins University Press, 1983 p. 303. Le verbe *shrink* signifiant *rétrécir* (ici il est pris dans le sens de « reculer devant quelque chose »), on devine le sous-entendu : « je rétrécirais d'avoir été mutilée ».

58 *F 1818*, p. 181 ; *F 1831*, p. 215.

59 *F 1831*, p. 30. Cette phrase ne figure pas dans l'édition de 1818.

de trois narrateurs différents (Walton, Frankenstein, le monstre), couché sur le papier dans de si traumatisantes circonstances, et qui est pourtant d'une impeccable fluidité ? Qui d'autre qu'elle encore aurait pu ajouter des annotations du type « WALTON, *suite*[60] », qui relèvent d'un geste éditorial de dernière minute ? Car Margaret Saville partage avec Mary Shelley un point commun troublant, qui ne peut pas relever de la pure coïncidence : ses initiales. Et même si l'on considère la signature entière de l'écrivaine, qui avait pour habitude de parapher MWS pour Mary Wollstonecraft Shelley, là encore les initiales correspondent, puisque le nom complet de la sœur de l'intrépide explorateur est… Margaret Walton Saville.

Les initiales de cette femme indispensable sont donc celles d'une auteure qui n'ose pas dire son nom et qui a dissimulé derrière des personnages-hommes son dessein transgressif : conquérir le privilège masculin de la création dans l'ordre symbolique, pétrir l'argile poétique en une forme puissante et imprévisible, voler le feu à ce dieu qu'est son maître littéraire et le retourner contre lui. Devenir, ce faisant, une écrivaine prométhéenne.

Il est surprenant mais significatif de constater à quel point la structure en gigogne des narrations dans *Frankenstein* reflète le processus de composition à quatre mains de l'œuvre elle-même. Ce processus se clarifie vraiment dans les dernières pages, où l'on infère que le texte donné à lire est la mise en forme par Margaret Saville de la mouture en partie révisée par Victor Frankenstein du récit épistolaire écrit par Robert Walton sur la base de la narration orale délivrée par le héros éponyme, lequel s'est lui-même appuyé sur l'autobiographie de sa créature qui inclut l'histoire des de Lacey. Or, ces dernières pages du roman émanent elles-mêmes de la mise au point faite par Percy Shelley des épreuves d'imprimerie composées par Lackington & Co, à partir de la recopie effectuée et amendée par Percy du manuscrit rédigé par Mary, ce manuscrit incluant lui-même les premières corrections de Percy. Le mélange, par superposition, inclusion des voix narratives et auctoriales, ne produit néanmoins aucune cacophonie à la lecture d'un texte qui apparaît maîtrisé de bout en bout, supervisé par une intention supérieure. Ces voix diverses entrent en osmose ou en symbiose à la faveur d'une complicité amoureuse qui semble tout transcender, y compris

60 *F 1818*, p. 178 ; *F 1831*, p. 212.

d'éventuelles luttes d'influence sous-jacentes dans un couple – *a fortiori* un couple d'écrivains – et qui éclosent au grand jour lorsqu'on décortique cette fiction parfois naïve, et sa genèse toujours intriquée.

Mary Shelley a relevé dans cette fable spéculaire un trait caractéristique de son mari : son égo surdimensionné qui ressurgit à travers les personnages de Victor Frankenstein et de Robert Walton. Les corrections effectuées par Percy semblent viser à modifier la figure de Victor pour en faire une victime davantage qu'un bourreau. Dans ce combat symbolique entre deux auteurs, Mary Shelley gagna son titre de gloire. Après la mort de son époux, elle devint une femme libre et indépendante, parvenant à vivre de sa plume comme l'avait fait sa mère, ce qui à l'époque relevait de l'exploit et fit la fierté de son père, avec lequel elle se réconcilia.

Une fois sortie haut la main de l'ombre de ces grands hommes, Mary Shelley retomba *in fine* et assez ironiquement dans celle de ses personnages, en particulier de sa créature monstrueuse devenue depuis lors l'un des sans-nom les plus célèbres de la littérature – encore que le grand public lui attribue très souvent le patronyme de Frankenstein. Car la postérité, dès le dix-neuvième siècle, a dénaturé la voix originelle de l'écrivaine et l'en a dépossédée : une myriade d'adaptations infidèles ont transformé un roman tiré à l'origine à cinq cents exemplaires en un mythe universel et intemporel qui, dans la conscience collective, a éclipsé sa fondatrice.

Olivier LARIZZA

SILVINA OCAMPO ET ADOLFO BIOY CASARES, UNE COLLABORATION CONJUGALE ÉQUITABLE ?

Deux vies, une histoire

Silvina Ocampo (1903-1993) et Adolfo Bioy Casares (1914-1999) ont formé le couple sans doute le plus célèbre, et peut-être aussi le plus original, parmi les écrivains argentins du XXe siècle[1]. Ils se sont connus par l'intermédiaire de Marta, la mère d'Adolfo, avec qui Silvina a eu une relation d'amitié des plus intimes. Ils ont été mariés pendant cinquante trois ans, jusqu'à la mort de Silvina. Elle avait onze ans de plus que lui et lui une réputation de coureur de jupons que ni l'un ni l'autre n'ont jamais cherché à démentir[2]. En 1954, est née Marta, fille d'une liaison extraconjugale de Bioy, que Silvina a adoptée et élevée comme sa propre fille et, en 1998, Bioy a reconnu son fils Fabián, qui portait jusque-là le nom de sa mère. Silvina et Adolfo appartenaient tous deux à la haute bourgeoisie : elle était la sixième fille d'une famille où l'on parlait l'anglais et le français avant l'espagnol ; sa famille à lui était d'origine béarnaise.

Ils se sont mariés en 1940, l'année même où ils ont publié, en collaboration avec leur grand ami Jorge Luis Borges, une *Anthologie de la littérature fantastique* et où est paru le chef d'œuvre de Bioy, *L'Invention de Morel*. Ils faisaient partie du cercle d'intellectuels et d'artistes réunis autour de la sœur aînée de Silvina, Victoria Ocampo, fondatrice de la maison d'édition Sur et de la revue éponyme. De fait, la personnalité de Silvina, plutôt discrète, et son œuvre, ont été pendant longtemps méconnues voire ignorées, tant son entourage était brillant et lui faisait

1 Voir Luciana Guerra, « Una dupla peculiar: Adolfo Bioy Casares y Silvina Ocampo », consulté le 12 octobre 2016. http://www.actuallynotes.com.

2 Voir Marina Enríquez, « Silvina Ocampo y las amantes de Bioy Casares ». https://arbolestelar.wordpress.com/2014/10/28/silvina-ocampo-y-las-amantes-de-bioy-casares/.

de l'ombre, mais aussi parce qu'elle ne cherchait pas à se faire remarquer, ni du public, ni de la critique.

Beaucoup plus tard, lors de la parution de son avant-dernier recueil de nouvelles *Y así sucesivamente* (*Et ainsi de suite*), en 1987, elle s'amusait encore en racontant que lorsqu'on la félicitait pour son livre, on vantait surtout la qualité de la couverture[3]. Mais elle souffrait quand même de l'incompréhension du public argentin; en 1973, par exemple, après le succès de l'un de ses ouvrages en Italie, elle écrivait à un ami :

> Je t'avoue qu'il ne me déplairait pas d'être vendue dans les kiosques à journaux comme en Italie. Par exemple, j'aimerais qu'un chien me lise de temps en temps et qu'il remue la queue comme quand il dévore quelque chose qui lui plaît[4].

Dans ses rapports avec ses lecteurs les plus proches, les plus âpres critiques sont venues de la part de sa sœur, en 1937, lors de la publication de son premier recueil de nouvelles, *Viaje olvidado* (*Voyage oublié*). Victoria, en effet, reprochait à sa cadette l'emploi d'une langue familière et d'images en proie à une « crise de torticolis[5] ». Borges lui-même semblait ne pas saisir le jeu entre l'horreur et l'humour dans les récits de Silvina et, dans la préface à l'édition française d'un choix de textes paru sous le titre de *Faits divers de la terre et du ciel*, il avouait :

> Dans les récits de Silvina Ocampo il y a un trait que je ne suis pas encore parvenu à comprendre, c'est un étrange amour pour une certaine cruauté innocente ou oblique; j'attribue ce trait à l'intérêt, l'intérêt étonné, que le mal inspire à une âme noble[6].

Pour ce qui est de son mari « Adolfito », comme ses proches l'appelaient, Silvina, qui prenait grand compte de l'avis de ses lecteurs, confiait qu'elle ne pouvait pas écrire sans envisager sa réaction à lui :

> J'essaie d'éviter certaines choses dont je sais qu'elles ne lui plairaient pas, dont il me dirait : « Quelle horreur ! Comment as-tu pu écrire ça, Silvina ? ». Et

3 Voir Adriana Mancini, *Silvina Ocampo. Escalas de pasión*, Buenos Aires, Norma, 2003, p. 18.

4 Lettre à Manuel Mujica Láinez, cité par A. Mancini, *ibid.*, p. 34. Ma traduction.

5 Victoria Ocampo, « Viaje olvidado », *Sur*, n° 35, 1937. Cité par A. Mancini, *ibid.*, p. 23. Ma traduction.

6 Jorge Luis Borges, Préface à *Faits divers de la terre et du ciel*, traduit de l'espagnol par Françoise Rosset, Paris, Gallimard, 1974, p. 10.

> moi, qui aime ce que j'ai écrit, j'y renonce peu à peu parce que je lui donne raison, parce qu'il a presque toujours raison [...]. Pour lui, tout naturellement, j'écris et je supprime ce que je pense qu'il n'aimerait pas[7].

Mais venons-en, justement, à lui, et au moment de son mariage avec Silvina Ocampo. Car, alors que celle-ci a déjà publié son recueil *Viaje olvidado*, sévèrement jugé par sa sœur aînée, Adolfo n'a vraiment commencé sa carrière littéraire qu'en 1940, avec *L'Invention de Morel*, bien qu'il ait écrit des textes qu'il considérait comme étant d'« initiation » et qu'il a par la suite reniés[8]. Contrairement à celui de Silvina, son style d'écriture a toujours été jugé élégant et sensible. Dans les années 1990, la presse française jugeait ainsi l'homme et son œuvre :

> Le teint pâle, une élégance stricte et sombre toute britannique, un français impeccable teinté d'une indéfinissable pointe d'accent : c'est tout droit d'Angleterre que semble débarquer Adolfo Bioy Casares. [...] Depuis *L'Invention de Morel*, Bioy Casares n'a cessé d'écrire, abandonnant définitivement ses « vanités juvéniles » pour se laisser guider par les seules lois de son imagination débordante. Des romans et des nouvelles, avec une prédilection certaine pour l'intensité de la forme courte, de l'épure, de la stylisation, un goût de la phrase non point ciselée mais polie, limpide à l'extrême[9].

Et, alors qu'il était dérouté par les nouvelles de Silvina, Borges se déclarait enchanté par *L'Invention de Morel*, roman qu'il avait préfacé : « J'ai discuté avec son auteur des détails de l'intrigue, je l'ai relue ; il ne me semble pas que ce soit une imprécision ou une hyperbole que de la qualifier de parfaite[10]. »

L'histoire du couple, en somme, est celle d'une complicité où se sont mêlés raffinement, érudition, goût de l'art et, pour ce qui est de Bioy

7 Noemí Ulla, *Encuentros con Silvina Ocampo*, Buenos Aires, Editorial de Belgrano, 1982, p. 125. Ma traduction.

8 « Six romans tout de même, mais si farouchement dénigrés par leur auteur – "des livres vaniteux, prétentieux : je faisais des efforts énormes dans le seul but de devenir un énorme écrivain..." – qu'on aurait mauvaise grâce d'insister ». Nathalie Crom, « Littérature argentine, les accidents merveilleux d'Adolfo Bioy Casares », *La Croix*, 30 octobre 1995. http://www.la-croix.com/Archives/1995-10-30/LITTERATURE-ARGENTINE-Les-accidents-merveilleux-d-Adolfo-Bioy-Casares-_NP_-1995-10-30-399742.

9 Nathalie Crom, art. cité.

10 Jorge Luis Borges, Prologue à *La invención de Morel*, Madrid, Alianza, 1986, p. 12. Ma traduction.

en particulier, plaisir de la conversation, lors des célèbres soirées en compagnie de Jorge Luis Borges, sorte de figure tutélaire :

> Chaque soir les dîners du couple profitaient de l'immanquable compagnie de Georgie (JLB) avec qui Adolfito, comme le surnommaient ses proches, discutait constamment du monde, de l'existence ; ils faisaient des blagues intellectuelles sous le regard fuyant et le silence de Silvina[11].

À propos du trio, enfin, Juan Rodolfo Wilcock, un autre membre du cénacle Sur, déclarait :

> Borges représentait le génie total, oisif et paresseux ; Bioy Casares l'intelligence active ; Silvina Ocampo était, entre les deux, la Sibylle, la Magicienne qui leur rappelait à chaque mouvement et par chacun de [ses] mots la singularité et le mystère de l'univers[12].

Comme l'explique André Gabastou dans la préface à sa traduction du roman *Ceux qui aiment haïssent*, écrit en 1946 par Ocampo et Bioy, le couple proposa aux éditions Emecé de publier dans la nouvelle collection « Le septième cercle », nommée ainsi par référence au cercle où sont tenus les violents chez Dante, un roman policier écrit à quatre mains. C'était « la première tentative du genre se déroulant dans un cadre argentin[13] ». Ce polar, selon Gabastou, « s'il rend hommage à l'efficacité narrative de la *murder-party* en la mimant, l'installe néanmoins sur une scène en trompe-l'œil où sa familiarité est insidieusement détruite[14] ». Or, selon certains critiques, la collaboration entre Silvina et Bioy n'aurait pas été aussi heureuse que celle que Bioy entretenait avec Borges :

> Le couple parvint à écrire conjointement ; en 1946, [S.O. et A.B.C] cosignent le roman policier *Ceux qui aiment haïssent*, pour lequel Ocampo fit l'effort de s'adapter à la trame mystérieuse caractéristique de Bioy Casares, qui se dévoilait d'une manière rigoureusement contrôlée.
>
> Sur ce plan, Silvina resta en arrière, elle ne put concurrencer Borges sur ce terrain et elle perdit la complicité de l'homme qu'elle vénérait[15].

11 Luciana Guerra, « Una dupla peculiar : Adolfo Bioy Casares y Silvina Ocampo », 12 octobre 2016. http://www.actuallynotes.com. Ma traduction.

12 Cité par Adriana Mancini, *Silvina Ocampo. Escalas de pasión*, *op. cit.*, p. 14. Ma traduction.

13 André Gabastou, « Note du traducteur », in *Ceux qui aiment haïssent*, Paris, Christian Bourgois, 1998, p. 7.

14 *Ibid.*, p. 8.

15 Luciana Guerra, « Una dupla peculiar : Adolfo Bioy Casares y Silvina Ocampo », 12 octobre 2016. http://www.actuallynotes.com. Ma traduction.

Et cependant ! Indépendamment de la structure, il y a dans ce roman des composantes où l'on reconnaît la marque de Silvina. Non qu'il y ait des traits d'une soi-disant « écriture féminine » dans laquelle l'auteure elle-même ne croyait pas[16], mais certains lieux, que l'on retrouve dans ses nouvelles – Burzaco, dans la banlieue sud de Buenos Aires, par exemple –, certains détails aussi, grotesques, dans l'ambiance – « le cliquetis des couverts et le vrombissement des mouches dominaient étrangement[17] » – les portraits des personnages, celui de la dactylo, en particulier, les passions qui les animent et, surtout, l'identité du criminel, renvoient incontestablement à l'univers ocampien.

Le récit est découpé en trente-quatre chapitres et pris en charge par un narrateur personnage à la première personne, qui, d'emblée, annonce qu'il écrira « l'histoire de l'assassinat de Bosque del Mar » (p. 9). Il s'agit là d'un espace imaginaire supposément situé sur la côte atlantique, non loin d'Ostende, espace réel, celui-ci. Médecin de profession, et inconditionnel de l'homéopathie[18], le docteur Huberman écrit aussi des scénarios pour le cinéma. Il a donc décidé de se retirer dans « cette nouvelle station balnéaire découverte par l'élite des amateurs de vie au grand air » (p. 9), dont il fait partie, afin de produire une adaptation, « dans un cadre contemporain et argentin, de l'impétueux livre de Pétrone » (p. 10). Nous pouvons esquisser le portrait d'Huberman d'après ce qu'il raconte lui-même de ses habitudes, alimentaires notamment,

16 La critique et écrivaine Noemí Ulla, spécialiste, entre autres, de l'œuvre de Silvina Ocampo, écrit : « [...] j'ai interrogé Silvina Ocampo à propos des différences qu'elle trouvait entre la littérature écrite par des hommes et la littérature écrite par des femmes et sa réponse fut : "Parfois je pense que dans la littérature écrite par des femmes mes défauts pullulent et dans celle écrite par des hommes, d'autres défauts mineurs, puisque ce ne sont pas les miens, mais je préfère ne pas prendre en compte le sexe de ce que je lis. Lorsqu'il s'agit de chiens, j'avoue que je cherche à connaître le sexe du chien qui s'approche, si je suis dans la rue avec ma chienne, et s'il s'agit du même sexe, j'essaie d'éviter la rencontre, parce que les chiennes se détestent à mort et je souffre de la violence de ceux qui se détestent, qu'il s'agisse d'hommes ou d'animaux". Comme il est possible d'observer, son jugement est loin de venir du féminisme, et elle préfère le situer dans la littérature ». Noemí Ulla, *Invenciones a dos voces*, Buenos Aires, Torres Agüero, 1992, p. 24. Ma traduction.

17 *Ceux qui aiment haïssent*, préface et traduction d'André Gabastou, Paris, Christian Bourgois, 1998, p. 59. Toutes les citations renvoient à cette édition dont désormais seuls les numéros des pages seront indiqués, dans le texte.

18 « Avec quelle admirable docilité réagit un organisme qui n'a pas été maltraité par la médecine allopathique ! Un simple verre de chocolat froid suffit à dissiper ma fatigue. » (p. 31)

de son penchant pour l'observation de son entourage et même de son physique :

> Je retrouve en effet dans la cérémonie quotidienne du premier repas les caractères de l'émotion poétique qui renaît, inentamable, et toujours aussi pure, des répétitions (p. 102).
>
> Je suis un observateur infatigable du genre humain et suis prêt dans mon travail d'analyse des idiosyncrasies, des comportements et des caractères à supporter des désagréments et à affronter des dangers (p. 161).
>
> Il existe une ressemblance incontestable entre mes traits et ceux de Goethe. (p. 20).

Ses projets, cependant, sont bouleversés. Il rencontre une ancienne patiente, prénommée Mary (María Gutiérrez) à qui il a lui-même conseillé de prendre du repos dans cet endroit, en compagnie de sa sœur Emilia et de son fiancé, Atuel, un homme au « teint basané » dont les manières quelque peu vulgaires et l'allure qui « rappelait les affiches du *Tango à Paris* », ne l'empêchent pas d'exercer un certain « ascendant intellectuel » (p. 25) sur ses compagnons ; L'hôtel Central, où loge le personnage narrateur, appartient à sa cousine et à son mari qui y hébergent un neveu, Miguel, âgé de onze ou douze ans et qui passe le plus clair de son temps dans un bateau échoué sur la plage, le *Joseph K*. Il y a aussi d'autres hôtes : le docteur Cornejo, « âgé d'une cinquantaine d'années », « cheveux gris » et « yeux pensifs » dont « la bonté » des traits et la « connaissance approfondie de la mer » impressionnent le narrateur (p. 25), « une vieille femme obèse » (p. 37) dont le passe-temps préféré consiste à poursuivre des mouches au point que le protagoniste la surnomme « Muscarius[19] ». Et, enfin, le docteur Manning, « petit et rose, ridé et taciturne » (p. 37).

C'est dans ce petit cercle que se déroule le drame : dès la première soirée les sœurs se disputent et, le lendemain, on découvre Mary morte, empoisonnée avec de la strychnine. Entre temps, une tempête de sable s'est déclenchée, qui force tout le monde à rester enfermé à l'hôtel. C'est donc à huis clos, dans une ambiance où tout le monde suspecte tout le

---

19 « AGARICUS MUSCARIUS est un médicament homéopathique fabriqué à partir d'un champignon : l'amanite tue-mouche, ou amanite fausse oronge ». https://www.homeophyto.com/agaricus-muscarius. Dans le roman, le narrateur déclare que Muscarius était « le dieu qui écartait les mouches des autels » (p. 17), faisant allusion, sans doute, à une longue tradition dans plusieurs cultes européens et américains du Nord et du Sud où l'on utilisait ce champignon lors des cérémonies religieuses.

monde[20], ou presque, que l'enquête va démarrer. Le narrateur découvre finalement le coupable : l'enfant, amoureux de la morte et dépité par son rejet, a empoisonné le chocolat qu'elle avait l'habitude de boire en se couchant.

Quelle est donc l'empreinte de Bioy Casares dans cette intrigue ? Tout d'abord, dans le personnage narrateur dont le profil, certes, ne manque pas de rappeler celui d'un Hercule Poirot, avec ses manies, sa méticulosité, son goût de la bonne cuisine mais qui est aussi beaucoup plus proche des héros de Bioy que des mâles, en général vulgaires, de Silvina Ocampo. Mais surtout dans les références érudites qui abondent dans le récit et qui rappellent les conversations au sein du couple, en compagnie de Borges, sans oublier la technique d'écriture de ce dernier.

Nous savons, en effet, depuis le début, que la retraite du docteur Huberman est due à son désir de travailler au calme sur une adaptation de Pétrone dont un passage du *Satiricon* est cité dès le premier chapitre (p. 11). Et, dès le début aussi, il est question du refuge que la littérature peut représenter pour un esprit qui essaie d'échapper aux contraintes pénibles de la vie quotidienne : « Comme Betteredge avec son *Robinson Crusoë*, j'eus recours à mon Pétrone » (p. 9-10). L'*Ulysse* de Joyce est aussi convoqué par la phrase de l'*Odyssée*, « *Epi oinopa ponton* » (La mer couleur de vin) (p. 18). Cependant, il ne faut pas croire que tout ce qu'il cite soit fidèle à la source car, tout comme son ami Borges, Bioy joue avec les citations apocryphes ou détournées, pour les besoins de son propre texte. Ainsi, au cours de l'interrogatoire, le narrateur raconte au commissaire qu'il a découvert un albatros embaumé dans la chambre de Miguel et, en entrant dans la pièce, il cite, mais de manière inexacte, *La Complainte du vieux marin de Coleridge*, comme s'il s'agissait de vers que tout le monde connaît :

> En entrant dans le bureau je murmurai la traditionnelle strophe :
> *Un oiseau finit par passer.*
> *Du brouillard il jaillissait.*
> *Je le saluai de la main*
> *Comme si c'était un chrétien.* (p. 86)
> *Enfin passa un albatros : il vint à travers le brouillard ; et, comme s'il eût été une âme chrétienne, nous le saluâmes au nom de Dieu*[21].

20 « C'est horrible à dire, et pourtant les membres de notre "petite famille" s'épiaient avec méfiance. » (p. 59)

21 Samuel Taylor Coleridge, *La Complainte du vieux marin*, traduit par Auguste Barbier, Paris, Librairie Hachette et Cie, 1877, p. 6.

En matière de références littéraires, plus significative encore est la conversation entre le commissaire, le narrateur et le docteur Montes : alors que le docteur essaie de parler de femmes, au grand soulagement du narrateur, le commissaire détourne l'attention sur les livres. Après avoir mentionné plusieurs œuvres comme *Le Comte Kostia*, *Fabiola*, *Ben Hur*, il avoue sa préférence pour *L'Homme qui rit* de Victor Hugo, qu'il cite de mémoire (p. 90). Cette scène, qui ne manque pas de rappeler les soirées chez Bioy et Silvina, en compagnie de Borges, fait pendant à celle qui précède la mort de Mary, où il est question de musique ; la jeune femme encourage sa sœur à se mettre au piano et à jouer *La Valse oubliée* de Liszt à laquelle Emilia préfére *Le Clair de lune* de Debussy (p. 42).

Et il n'y a pas que la littérature et la musique dans ce roman : la peinture aussi est présente, à travers l'évocation du tableau d'Alonso Cano, où « la mort dépose un baiser glacé sur les lèvres d'un enfant endormi » (p. 103). Cette référence picturale introduit le chapitre où le docteur Cornejo confie aux autorités qu'il a surpris l'enfant Miguel embrassant la morte sur les lèvres (p. 104). Or, ces références à la peinture et à la musique marquent la présence de Silvina. En effet, avant de se consacrer à l'écriture, Silvina Ocampo a étudié la musique et pris des leçons de peinture auprès de Giorgio di Chirico, à Paris, à qui elle a dédié le poème « Épître à Giorgio di Chirico » dans ses *Poèmes d'amour désespéré* en 1949. Des renvois autres que littéraires émaillent ainsi le récit policier. Sauf que là encore, tout porte à croire que ce tableau n'existe pas ou, du moins, qu'il n'a pas été peint par Alonso Cano. L'érudition facétieuse du binôme affleure de nouveau.

La part respective de Silvina Ocampo et de son mari dans l'élaboration du roman est délicate à déterminer. Nous ne savons pas, en somme, si la collaboration entre Silvina Ocampo et son mari a été un échec. Comme le prétend la critique Luciana Guerra, cette collaboration a contraint l'épouse à « s'adonner aux mystères qui flottaient dans l'ambiance, qu'elle racontait dans les moments de solitude absolue[22] ». Ce que nous savons, en revanche, c'est que le sceau de Silvina est bien présent dans le contenu du roman et, tout particulièrement, dans le choix de l'assassin, l'enfant « pervers » ou « cruel », personnage qui semble être une « marque de

---

22 Luciana Guerra, « Una dupla peculiar : Adolfo Bioy Casares y Silvina Ocampo, 12 octobre 2016. http://www.actuallynotes.com. Ma traduction.

fabrique » chez la romancière[23]. Nous savons aussi que Silvina Ocampo accordait une place de choix au plaisir du lecteur[24]. Mais c'était aussi une préoccupation constante chez Bioy, ainsi que le précise Nathalie Crom, rapportant ses propos : « "Il faut le ménager, tâcher de ne pas l'ennuyer". Lui ouvrir la porte vers des mondes parallèles où s'aventurer, et "l'aider toujours, par les livres qu'on lui offre, à devenir plus lucide, et moins malheureux"[25]. »

Quoi qu'en dise la critique, et même si Ocampo et Bioy n'ont pas publié d'autre œuvre en collaboration, nous pouvons affirmer sans hésitation qu'avec *Ceux qui aiment haïssent*, les deux auteurs ont atteint, chacun à sa manière, une forme d'expression qui leur appartenait en propre et qui s'est fondue de manière quasiment indistincte dans le même moule créateur. Sans compter qu'ils ont dû, quand même, bien s'amuser.

Mónica Zapata

23 Voir à ce propos les travaux d'Helena Araujo : « Ejemplo de la "niña impura" en Silvina Ocampo y Alba Lucía Angel », in *Hispamérica*, vol. 13, nº 38, 1984, p. 27-35. Et in *La Sheherazada criolla. Ensayos sobre escritura femenina latinoamericana*, Bogotá, Universidad de Nacional de Colombia, 1989, p. 99-106 ; Daniel Balderston : « Los cuentos crueles de Silvina Ocampo y Juan Rodolfo Wilcock », in *Revista Iberoamericana*, nº 125, oct-déc. 1983, p. 743-752 ; Blas Matamoro : « La nena terrible », in *Oligarquía y literatura*, Buenos Aires, Sol, 1975, p. 143-221 ; Thomas C. Meehan : « Los niños perversos en los cuentos de Silvina Ocampo », in *Essays on Argentine Narrators*, Valencia, Albatros Edición Hispanófila, 1982, p. 31-44 ; Enrique Pezzoni : « Silvina Ocampo: La nostalgia del orden ». Prologue in *La furia y otros cuentos*, Madrid, Alianza Editorial, 1982, p. 9-23 ; Noemí Ulla : *Encuentros con Silvina Ocampo*, *op. cit.* ; Mónica Zapata, *Silvina Ocampo. Récits d'horreur et d'humour*, Paris, l'Harmattan, 2009.

24 À propos de l'écriture de Julio Cortázar, par exemple, qui oblige le lecteur à être constamment attentif et à participer à la construction du récit, S. O. disait : « Bien sûr, le lecteur est un collaborateur. Maintenant, je ne sais pas si le lecteur aime ça, parce qu'il faut penser au lecteur ». Noemí Ulla, *Encuentros con Silvina Ocampo*, *op. cit.*, p. 124. Ma traduction.

25 Nathalie Crom, art. cité.

L'AUTONOMIE D'ILSE G.[1]

Je présenterai pour commencer les deux personnages du couple Garnier, puisqu'Ilse est malgré tout inséparable de son mari. L'étroite collaboration littéraire entre ces deux êtres si proches laisse apparaître que l'épouse, longtemps occultée comme poétesse, a fini par sortir de l'ombre, même si dans une telle fusion poétique du couple, la part de chacun demeure marquée de l'empreinte de l'autre.

Né en 1928 à Amiens, Pierre Garnier est germaniste et passe quatre ans en Allemagne au lendemain de la guerre à l'université de Mayence et comme assistant à la Realschule de Winnweiler. Il rentre en France en 1950 et rencontre à la Sorbonne une jeune Allemande aperçue à Mayence, Ilse, née en 1927 dans le Palatinat, qu'il épouse en 1952[2], et c'est le début d'une grande histoire d'amour, malgré quelques écarts du mari. Lorsque je suis allée pour la première fois à Saisseval dans les années quatre-vingt-dix, petit village de la Somme où ils habitaient, c'est Pierre Garnier que j'allais voir, et non sa femme Ilse, qui s'activait aux fourneaux. Il faut dire que ce qui m'intéressait alors, c'était la poésie dite linéaire, c'est-à-dire traditionnelle, que seul Pierre Garnier pratiquait, Ilse s'étant totalement consacrée à la poésie d'avant-garde dite spatialiste. Les Garnier ont écrit à quatre mains, souvent sous l'impulsion d'Ilse, qui est également l'auteur d'œuvres réalisées sous son seul nom, parfois éphémères comme les « Marelles » ou débordant le cadre strict de la poésie comme le scénario d'un ciné-poème.

Il est intéressant de comparer les titres des colloques consacrés aux Garnier. Le premier, qui s'est tenu en mai 1997 à Angers et à Rochefort-sur-Loire, comme le laissent supposer les lieux, était centré sur le seul

1 Avec toute ma gratitude pour Violette Garnier, qui m'a considérablement aidée dans ce travail.

2 D'après la biographie établie par Violette Garnier pour le catalogue *Pierre et Ilse Garnier : le monde en poésie* de l'exposition des Bibliothèques d'Amiens Métropole de décembre 2015, non paginé.

Pierre dans la postérité de l'École de Rochefort. Le second, qui s'est déroulé en 2008 à Amiens, dans la région d'origine de Pierre où vivait le couple, et qui a été publié en 2010, titrait déjà sur *Pierre et Ilse Garnier : la poésie au carrefour des langues*[3]. Et de fait on y trouve une section de quatre articles sur « Pierre et Ilse Garnier : œuvres croisées ». On peut le constater, Ilse n'a pas encore pleinement son autonomie, et l'exégète des Garnier, Gaby Gappmayr, fille d'un ami du couple, semble gênée d'avoir à parler des deux. Elle les convoque bien l'un après l'autre, mais semble plus attirée par Pierre que par Ilse[4]. Par contre le contributeur suivant, Alfons Knauth, est parfaitement à l'aise avec la dualité des auteurs, et la question du rapport homme/femme commence à émerger dans la troisième intervention d'une autre Allemande – est-ce en raison de l'origine germanique d'Ilse ? –, Renate Kühn. Voici ce que dit la critique :

> Quand ils commencent à travailler ensemble, Pierre a déjà « derrière lui une œuvre importante[5] », dans laquelle la poésie joue un rôle dominant. Ilse, par contre, avait écrit de la prose, mais n'avait pas encore fait – si on met à part ses publications non littéraires – son apparition en public, ce qui semble indiquer un déséquilibre net et confirmerait ainsi la thèse féministe selon laquelle la production littéraire est réservée aux hommes – j'avoue que j'étais quand même bien surprise en apprenant que le terme allemand « Autorschaft » est traduit en français par « *paternité* littéraire[6] ».

Le dernier contributeur, Jacques Lardoux, s'intéresse au thème du soleil, surtout chez Pierre Garnier, mais avance une possible différence entre les deux artistes, d'une manière qui pourrait paraître caricaturale mais qui n'est pas si fausse. Selon lui, « dans les dessins et tracés de leurs poèmes spatiaux, nous percevons souvent assez aisément la différence entre les traits forts de Pierre Garnier et les tracés tout en finesse et en pointillés d'Ilse[7] ». Quant au colloque de Tours en 2016, intitulé *Pierre et*

3 Études réunies par Philippe Blondeau, Arras, Artois Presses Université.

4 À signaler que Gaby Gappmayr, fille du grand poète d'avant-garde Heinz Gappmayr, a consacré une thèse aux deux Garnier, *Sprache und Raum – die « Poésie spatiale » von Pierre und Ilse Garnier*, publiée à l'Aisthesis Verlag, Bielefeld, 2004.

5 Martial Lengellé, *Le Spatialisme selon l'itinéraire de Pierre Garnier*, Paris, André Silvaire, 1979, p. 9.

6 Renate Kühn, « À propos des *Poèmes mécaniques* », dans *Pierre et Ilse Garnier : la poésie au carrefour des langues*, éd. par P. Blondeau, Arras, Artois Presses Université, coll. « Études littéraires », 2010, p. 94.

7 Jacques Lardoux, « De *Après nous le soleil* (1952) à *Le Soleil est un regard* (1979) », dans *Pierre et Ilse Garnier : la poésie au carrefour des langues*, *ibid.*, p. 111.

Ilse Garnier, deux poètes face au monde, si seulement trois communications portaient exclusivement sur le travail d'Ilse[8], il fut hanté par la figure d'Ilse, de nombreuses interventions portant sur la collaboration des deux auteurs. La présence du seul Pierre Garnier est revue à la baisse, les études sur la poésie expérimentale étant plus fournies que celles portant sur la poésie dite linéaire. Les commentaires de Violette, la fille du couple, qui cherche à réhabiliter sa mère, furent aussi pour beaucoup dans cette quasi révélation.

Ilse a dû ainsi attendre la fin de sa vie pour être officiellement reconnue. Tout d'abord, en 2002, le dernier colloque de Bielefeld, qui réunit poètes concrets et visuels depuis 1978, est accompagné d'une rétrospective Ilse Garnier organisée par le Bielefelder Kunstverein. Le quatre-vingtième anniversaire des deux poètes est célébré de manière équitable, avec pour Ilse un large écho dans son pays natal, l'Allemagne : un hommage lui est rendu dans le cadre du Gmunder Symposion aux Archives Thomas Bernhard par une exposition de son travail. *wORTe von und für ILSE GARNIER* est ensuite présenté à Rehau, Erfurt et Kassel[9]. Enfin en 2008, conjointement à la sortie du premier volume de l'œuvre quasi complète de Pierre aux éditions des Vanneaux, paraît en Allemagne chez Aisthesis Verlag, sous le titre franco-allemand *rythme et silence, rhythmus und stille* (à distinguer du volume critique en allemand mais au titre exclusivement français *rythme et silence*, Bielefelder Kunstverein, actes d'un colloque de mai 2002), un ouvrage réunissant là encore l'œuvre quasi complète d'Ilse. Cette anthologie, Ilse en parle en termes touchants dans la dédicace qu'elle a bien voulu nous adresser : « Je vous fais parvenir ce livre dans l'espoir que certaines pages – 50 années de ma vie – trouveront un écho dans vos pensées ».

Pierre est donc le premier à avoir publié, sous une forme conventionnelle que ne pratiquera jamais Ilse, dans le cadre de l'École de Rochefort à partir de 1950, des poèmes dont il opérera une sélection drastique dans le tome 1 de ses œuvres « complètes[10] ». Pour caractériser cette époque,

---

8 Christine Dupouy (sous la dir.), *Pierre et Ilse Garnier, deux poètes face au monde*, Presses Universitaires François-Rabelais, coll. « Prespectives littéraires », 2018 : « Poétique du passage : "lecture de Leonardo" d'Ilse Garnier » d'Isabelle Maunet, « Ilse au pays des Marelles » de Francis Edeline et la projection du « ciné-poème » d'Ilse Garnier, réalisé par Albert Cosma.

9 D'après Violette Garnier dans le catalogue de l'exposition d'Amiens, *op. cit.*

10 Pierre Garnier, *Œuvres poétiques 1, 1950-1968*, Montreuil-sur-Brêche, Éd. des Vanneaux, 2008.

il emploie judicieusement le terme de « Poèmes choisis », qui constitue le début bref du volume (une trentaine de pages) pour finalement y revenir de façon beaucoup plus abondante à la fin (230 pages) sous le titre un peu vague d'« Autres poèmes ».

S'agissant des publications, le nom d'Ilse apparaît ensuite dans le cadre de collaborations, pour un essai tout d'abord, *L'Expressionnisme allemand, écoles et mouvements*, chez André Silvaire en 1962, puis à partir de 1965 pour des livres de poésie expérimentale comme *Poèmes mécaniques*, toujours chez André Silvaire, ou bien plus tard, de façon significative car cela montre son importance dans cette production, dans le cadre d'une anthologie de la *Poésie spatiale* parue en Allemagne en 2001 (Bamberg, Universitäts Verlag). Elle avait de même participé à un texte théorique sur le spatialisme en 1990 aux éditions Corps Puce, *Le Spatialisme en chemin*[11]. Ilse commence à publier sous son seul nom en 1979, et à partir de là de façon régulière, avec un livre au titre de manifeste féministe, *Blason du corps féminin*, chez André Silvaire, jusqu'aux rééditions des années 2010 de L'Herbe qui tremble, maison qui a entrepris de réhabiliter l'œuvre des deux époux Garnier. Il convient de signaler toutefois que ce premier livre fait écho à un titre de son mari, inspiré lui aussi par l'Afrique, *Congo –poème pygmée*[12]. Il s'agit, selon Martial Lengellé dans le catalogue de l'exposition d'Amiens, de poésie expérimentale, d'un « ruban disposé dans une rotonde, offrant une lecture circulaire, "recommencée" ».

> La publication repose sur le pliage du « ruban ». La réalité technique et matérielle de ce pliage correspond à la scansion du poème. [...] Extraordinaire épopée du fleuve, « raconté » selon l'axe du courant (horizontal) qui se déroule (ou que le lecteur remonte).

11 À noter que Martial Lengellé, dans ses différents travaux sur le spatialisme, s'est toujours intéressé au seul Pierre Garnier, comme le montrent les titres de ses ouvrages : *Le Spatialisme selon l'itinéraire de Pierre Garnier* (*op. cit.*) et *L'Œuvre poétique de Pierre Garnier* (Angers, Presses de l'Université d'Angers, 2001). Exception doit être faite pour le catalogue de l'exposition d'Amiens, où à propos des *Fensterbilder* Martial Lengellé parle de « cette œuvre magistrale et sublime d'Ilse Garnier – un classique de la poésie visuelle ».

12 En réalité seul le titre est d'influence africaine. Selon Violette Garnier : « Mon père comme ma mère visitaient alors les musées d'art africain. Je me souviens être allée avec mon père à Bruxelles et, pendant que je rencontrais Paul Badura Skoda [Violette est pianiste et directrice de conservatoire], mon père est allé visiter le musée de Tervuren où il a vu la collection d'art africain et a été fortement impressionné par l'art pygmée » (mail de Violette Garnier à Christine Dupouy du 24 février 2017).

Ilse s'explique dans un entretien de 2008-2009 avec Lydie Prioul et Thierry Chauveau, reproduit dans ce même catalogue :

> J'ai commencé cette série après un voyage au Sénégal. J'ai regardé le corps des femmes dans leur boubou, j'ai vu leur façon d'être dans leur environnement, ce qui est très différent de ce que connaît une femme en Europe. Leurs gestes, leur aisance, leur élégance, cela a impulsé mon travail sur le corps féminin.

Mais que l'on ne s'imagine pas des dessins de femmes pulpeuses. Dans son avant-propos, après avoir rappelé l'historique du mot « blason », elle en vient à son travail, qu'elle caractérise très simplement : « Usage des mots et des signes : point, parenthèse, ligne, trait[13] ». De fait, on ne trouve rien de la sensualité féminine et l'on se situe, pourrait-on dire, aux antipodes avec des traits, des cercles, des formes géométriques très austères : tout au plus peut-on remarquer que la couverture de l'anthologie d'Ilse comporte deux cercles, dont l'un englobe l'autre de manière suggestive et quelques lettres nous renvoient sur cette même couverture à l'intention d'Ilse, « nu t », « lum ère », où manque le i. Cette vieille histoire du jour et de la nuit qui remonte à Mallarmé, reprise par Genette dans *Figure II*[14], le premier étant supposé plus sombre, la deuxième plus lumineuse, est aussi une préoccupation d'Ilse : « possibilité d'échanges d'une voyelle entre les noms *lumière* et *nuit*, le "i" le plus clair, le plus lumineux, la lumière même – le "i" – mouvement de la lumière dans les espaces qu'elle pénètre[15] ». Il est à noter que pour la parution de son premier recueil personnel, Ilse maintient le lien avec Pierre, puisque celui-ci a préfacé son livre. Leur relation « professionnelle », si j'ose dire, était en fait très équilibrée, selon Violette Garnier : « Lors des rencontres de Bielefeld, c'est celui qui était présent qui présentait l'œuvre des deux. Souvent ils alternaient, une année c'était [Pierre], l'année suivante [Ilse]… mais celui qui se rendait à Bielefeld amenait ses œuvres et les œuvres de l'autre et les présentait[16]. »

Dans le cas des poèmes à quatre mains, comment distinguer l'un de l'autre ? Lorsqu'il s'agit de « poèmes mécaniques », entièrement réalisés

13 En allemand : « *Anwendung von Wort und Zeichen : Punkt, Parenthese, Linie, Strich* ». Garnier Ilse, *rythme et silence, rhytmus und stille*, Bielefeld, Aisthesis Verlag, 2008, p. 83.

14 Gérard Genette, « Le jour la nuit », *Figures II*, Paris, Points Seuil, 1969, p. 111. Ilse a pu avoir accès à l'un ou l'autre livre.

15 Ilse Garnier, *Blason du corps féminin, rythme et silence, rhythmus und stille*, *op. cit.*, p. 83.

16 Mail de Violette Garnier à Christine Dupouy du 24 février 2017.

à la machine à écrire, il est impossible, à part pour un œil très exercé, comme l'explique Violette Garnier[17], de différencier les auteurs l'un de l'autre. Comme le dit Ilse dans un passage de *Jazz pour les yeux*, cité par sa fille dans le catalogue de l'exposition d'Amiens :

> Notre collaboration était idéale. L'un laissait intervenir le hasard sur une feuille, l'autre explorait telle lettre, nous regardions nos résultats respectifs, poursuivions. Nous mélangions nos feuilles pour nos publications. C'est une œuvre à deux.

Il y a une abolition de la personnalité de l'auteur, selon Renate Kühn, qui apparente ce type d'écriture à l'expérience automatique des surréalistes :

> « L'instrument le plus approprié » pour atteindre « l'objectivation[18] » voulue est la machine à écrire [...]. L'auteur « devient l'instrument du langage[19] », tandis que l'instrument de l'auteur – un instrument au second degré – se retrouve avec celui-ci sur un pied d'égalité[20].

Ainsi, le poème « cosmos[21] » est composé du seul terme « cosmos » dactylographié quatre-vingt-quatre fois sur toute la page selon une disposition significative. Ce poème qui appartient à une série intitulée « Poèmes mécaniques 2 » est d'Ilse Garnier, mais cette série rassemble à l'origine des textes d'Ilse, aussi bien que de Pierre.

Cependant si Renate Kühn opère un rapprochement avec l'écriture automatique, c'est pour aussitôt s'en démarquer. Certes la vitesse entre en jeu, comme dans *Les Champs magnétiques* – Breton distinguait les différentes sections par la plus ou moins grande vitesse de l'écriture, *v', v"* etc. – et Pierre et Ilse Garnier ont pu parler d'une « introduction

---

17 « Pour les poèmes à quatre mains, s'il y eut volonté que l'on ne différencie pas l'un de l'autre, en réalité un œil très exercé peut le faire : différence des machines à écrire, différence de la force de frappe. [...] Tardivement, ma mère a signé certains textes (comme mon père d'ailleurs), une manière d'en reprendre possession. Il est vrai que les éditeurs avaient tendance à oublier le nom de ma mère et à tout attribuer à mon père » (*ibid.*).

18 Pierre et Ilse Garnier, « Le poème mécanique », *Les Lettres*, n° 33, 1964, p. 3.

19 Ilse Garnier, « Schreibende Paare », conférence non publiée à l'occasion du colloque du même titre, qui eut lieu à Kassel en novembre 2001 ; manuscrit, p. 3.

20 Renate Kühn, « À propos des *Poèmes mécaniques* », art. cité, p. 97.

21 Ilse Garnier, « cosmos », *in* « Poèmes mécaniques 2 », *Les Lettres*, n° 34, 4e trimestre 1965, p. 41, réimp. *in* ilse garnier, *rythme et silence – rythmus und stille*, Aisthesis Verlag, Bielefeld 2008, p. 20. Pour ce qui concerne le livre paru en Allemagne, tout est en minuscules, nom, prénom, titre. C'est une volonté. Dans cette édition, ne sont repris des « Poèmes mécaniques 2 » que les poèmes réalisés par Ilse Garnier.

de la vitesse dans la conception même de la poésie[22] ». Mais il existe une opposition fondamentale entre les deux types d'écriture en ce qui concerne l'inconscient : celui-ci n'a pas droit de cité dans la poésie spatiale.

À noter toutefois qu'il existe un autre type de poésie spatiale, non uniquement composée de lettres et de traits, mais faisant apparaître l'écriture de l'auteur commentant son œuvre que l'on pourrait dire « plastique ». Alors on peut distinguer deux écritures, l'une forte et large, celle de Pierre, l'autre fine et discrète, qu'on pourrait attribuer à Ilse… Du moins c'est ce que nous croyions, jusqu'à ce que Violette Garnier, relisant notre article, nous garantisse que, dans *Vues de Marseille : poésies spatiales*[23], Pierre était bien l'auteur du poème-dessin consistant en quatre traits non joints, tels des rayons en forme de croix à la fois christique et solaire. Ce poème est légendé à la main « MARSEILLE ». Pierre pouvait ainsi varier son écriture : tantôt d'apparence plus masculine, avec lignes droites et majuscules comme dans cet exemple, tantôt plus féminine, privilégiant la ligne courbe. Ainsi, dans un poème-dessin figure une sorte d'escargot surmonté d'une écriture manuscrite « moi aussi je crée le monde » et légendé en majuscules « UNE COLONNE GRECQUE ». D'allure plus féminine encore, un autre dessin de Pierre, à la page 293, se compose de deux feuilles très fines, aux courbes délicates, sous-titrées d'une écriture cursive « près du monument Rimbaud / une légère interruption du bruit ».

Reconnaissons tout de même que les signes adoptés ne sont ni spécifiquement féminins (deux flèches phalliques pour illustrer l'horloge de l'église, p. 302), ni spécifiquement masculins (multiples cercles pour figurer le soleil)[24]. Des poèmes-images se répondent, comme pages 312-313 : il y a une analogie entre la figure du Christ dessinée par Pierre et

22 Cité par Renate Kühn, *ibid.*

23 Les trois dessins évoqués ici sont de Pierre Garnier : *Vues de Marseille (poésies spatiales)* (non paginé), publié initialement dans la collection « le Refuge », CIPM / Spectres familiers, Marseille, 1993, repris dans le tome 3 des *Œuvres poétiques* des Éditions des Vanneaux qui, elles, comprennent une pagination.

24 Dans tout ce passage, nous renvoyons directement au tome 3 des *Œuvres poétiques* de Pierre Garnier aux Éditions des Vanneaux. Comme on peut le constater, l'œuvre d'Ilse a été annexée à l'œuvre de son mari – son nom n'est pas mentionné et seul quelqu'un qui connaît son écriture peut constater sa présence dans ce petit recueil. Par contre, il convient de mentionner le fait qu'Ilse a intégré dans le début de son anthologie personnelle, *Jazz pour les yeux* (Paris, L'Herbe qui tremble, 2011), quatre livres écrits en collaboration avec Pierre, dont le nom n'est nullement caché : *Poèmes mécaniques* et *Prototypes, textes pour une architecture*, publiés aux Éditions André Silvaire à Paris en 1965, *Othon III. Jeanne d'Arc* en 1967, *Esquisses Palatines* en 1971 – fidélité envers un homme aimé ?

le A majuscule d'Ilse, première lettre d'« Aquarium », glose manuscrite de ce A (« Aquarium : / poisson de l'ère primaire »).

Nous allons maintenant en venir à des œuvres d'Ilse Garnier – nous disons « œuvres » car il ne s'agit généralement pas d'un texte mais d'une création entre texte et image. « Et moi aussi je suis peintre », disait Apollinaire, selon une formule qu'aimait à citer Claude Debon, qui venue d'Apollinaire et de ses calligrammes s'est beaucoup intéressée à Pierre Garnier. Examinons pour commencer la suite intitulée *La Meuse*[25]. Il convient tout d'abord de remarquer qu'Ilse a choisi d'écrire/ dessiner sur un fond de papier Canson gris-bleu, apaisant et qui fait penser à l'eau, et que les pages ne doivent pas se lire à la verticale mais à l'horizontale, procédé qui se retrouve dans *Ermenonville*[26] page 161[27] (*La Meuse* est un livre d'artiste, comme les *Fensterbilder*). Le même mot répété fait penser à de l'eau qui s'écoule selon une temporalité qui se concrétise dans la répétition même, comme celle du mot « flotter » sur trois pages (p. 268 à 270)[28].

Il est intéressant de constater que Pierre et Ilse ont pu travailler sur un même motif, en l'occurrence celui des fenêtres. Ilse est la première à l'aborder, avec ses *Fensterbilder* parus d'abord en 1983 chez un éditeur d'art (« Fensterbilder », ein Stundenbuch, 24 Serigraphien auf Canson. Format 50 × 65 cm, Atelier Xavier Hénicaux, Calais), puis repris à L'Herbe qui tremble en 2010. Pierre lui emboîte le pas en 2000, sous le titre plus sobre de *Fenêtres*. Voyons ce que dit à ce propos Gaby Gappmayr :

> Dans les *Fenêtres* de Pierre Garnier (2000), il y a une série de croisées de fenêtres identiques à première vue. Mais les expressions linguistiques varient : « In der Mitte des Flusses » (au milieu de la rivière), « Notturno » ou « Melancolia » […]. L'extérieur est vide, sans objets et sans paysages. Le vide est animé par les mots[29].

On a là tout l'opposé du travail d'Ilse, comme elle l'explique dans la version parue à L'Herbe qui tremble :

---

25 Ilse Garnier, *La Meuse, Poème spatial*, collection « Spatialisme », Paris, Éditions André Silvaire, 1991.

26 Ilse Garnier, *Ermenonville*, collection « Spatialisme », Paris, Éditions André Silvaire, 1984.

27 Nous renvoyons désormais directement à l'édition *rythme et silence rythmus und stille* mentionnée plus haut.

28 Violette Garnier parle pour *La Meuse* ou *Ermenonville* (qu'Ilse nomme « partition ») de « temps dans la poésie spatiale » (mail de Violette Garnier à Christine Dupouy du 24 février 2017).

29 Gaby Gappmayr, *op. cit.*, p. 73.

> « Fensterbild » (fenêtre-tableau) est devenu un genre pictural. Derrière une fenêtre peinte, on peint un paysage, un tableau dans le tableau, parce que la fenêtre a la forme d'un tableau elle offre une image cadrée. Dans les *Fensterbilder* la première chose qu'on cherche c'est ce qu'on voit à travers la fenêtre[30].

Donc d'un côté des choses à voir à travers la fenêtre, et de l'autre seul compte le cadre, il n'y a rien d'autre à admirer. Il y a toute une réflexion d'Ilse sur le motif de la fenêtre, à commencer par la notion de « chambre à soi » qui a été théorisée par Virginia Woolf :

> Pour écrire j'ai toujours placé ma table près de la fenêtre. Pas seulement pour la lumière mais parce que la fenêtre sépare et lie. Je suis à ma table, isolée et abritée ; en même temps je partage et je participe à la vie extérieure. Je vois le ciel et les nuages qui sont l'ouverture. Je travaille à la fenêtre parce que j'ai l'espace devant moi, même si je ne regarde pas précisément ce qui s'y passe, j'en ai besoin. C'est une double place, ouvrir et protéger.

Ce qui intéresse Ilse, c'est l'espace, plus que le paysage. En héritière de la tradition germanique (Hölderlin, Rilke) elle se sent attirée par « l'Ouvert » (*das offene*). Il est à remarquer l'importance du texte dans ce recueil, sous forme de commentaires situés à gauche de l'image proprement dite, ce qui à ma connaissance n'existe pas chez Pierre.

Mais l'aventure des *Fensterbilder*, philosophique et poétique, est peut-être d'abord matérielle. Ilse est autant plasticienne que poète au sens strict. Comme elle le dit, revenant sur son entreprise, dans l'édition de L'Herbe qui tremble :

> Pour la première fois j'ai voulu travailler sur des grands formats. Je viens de la littérature et je me rendais compte que je ne pouvais cette fois rien faire à la machine à écrire. J'ai trouvé des *Letraset*[31] [...]. Je me suis donc mise à la recherche de grandes feuilles. Je ne voulais pas d'une couleur nette et j'ai découvert ce modèle de papier Canson un peu rugueux à deux teintes. [...]
>
> J'ai pris la craie, l'encre de Chine et les *Letraset*, une règle droite et une règle flexible pour les courbes[32].

Comme le disait Saussure, signifiant et signifié sont inséparables, et le travail sur l'un fait avancer celui sur l'autre. Selon Ilse, « en travaillant la

30 Ilse Garnier, « Commentaires », *Fensterbilder. Un livre d'heures*, Paris, L'Herbe qui tremble, 2010, p. 61. Nous renvoyons dans ce qui suit directement à cette édition.

31 Les *Letraset* sont des planches de lettres que l'on « transfère à sec » sur un support.

32 Ilse Garnier, « Commentaires », *op. cit.*, p. 62.

forme le titre de la fenêtre venait. D'autres fois c'est du mot que venait la forme ». Tout ceci aboutit à une méditation métaphysique, dans un dépassement de la simple poésie spatiale, qui pourrait à première vue sembler dépourvue d'une telle ambition :

> Cet album invite à la méditation [voir la précision du titre : « Un livre d'heures » - prière], d'où la nécessité de ne pas mettre trop de mots pour qu'il y ait cet espace. Un espace intérieur où l'on est en relation avec ce que j'appelle l'univers. Ce sont des œuvres silencieuses qui se partagent au-delà des langues. Avec quelques petites indications, on peut même se passer de la langue.

Étrange poète, en quête d'un au-delà des mots, l'image étant peut-être la plus importante…

Enfin un trait d'écriture semble distinguer Ilse de son mari : la table des matières, constituée des légendes des différentes images, fait sens – est une sorte de poème. Ceci apparaît dans *Les Jardins de l'enfance* (André Silvaire, 1994), où l'intention semble d'autant plus manifeste que ce qui est repris, ce n'est pas l'ensemble des mots de la page mais simplement ce qui accompagne l'image – lui donne son sens :

l'herbe des jardins sages
le jardin triste
le jardin du bout du monde
jardins interdits
jardins oubliés
le brasier de l'été
en attendant la pluie
étendu dans l'herbe lire les livres du ciel
la pensée légère
dans la lumière du soir
la nuit dans le jardin[33]

L'entreprise n'est pas isolée et est même clairement assumée dans trois autres textes en rapport avec l'enfance. L'inspiration est d'ordre artistique – n'a rien à voir avec un enfant réel. Selon Violette Garnier, « le point de départ est la lecture d'un article de Carlfriedrich Claus [à qui sont dédiés *Les Jardins de l'enfance*] sur Paul Klee ». Comme le dit le titre, il s'agit de « trois contes », relevant du livre d'artiste, conformément aux précisions d'Ilse :

---

33 Ilse Garnier, *Les Jardins de l'enfance, rythme et silence rythmus und stille, op. cit.*, p. 302.

FORMAT : 25 × 40,5 à 41 cm
Les feuilles sont découpées à la main, donc le format varie de quelques mm
PAPIER : canson mi-teinte
TECHNIQUE : crayons acryliques, craie grasse, lettres à appliquer
ANNÉE : 1991[34]

Ilse a ainsi illustré – terme peut-être impropre – ces contes qu'elle avait inventés, le « Conte de la grande forêt » (*ibid.*, p. 170-173), le « Conte de la reine noire » (p. 174-180) et le « Conte du petit éléphant » (p. 180-187) :

le soir l'éléphant voit dans le miroir du lac un animal fabuleux
l'animal merveilleux lui apparaît dans son sommeil
dans la chaleur du midi l'animal s'évapore
l'éléphant quitte famille et amis pour suivre ses rêves
dans la grande forêt le mirage se lève avec la lune
dans la plaine désertique le mirage se cache dans le sable
du haut de la colline le rêve de l'éléphant s'élance dans l'espace
la plainte de l'éléphant sur la rive solitaire

Cette « table des matières » donne véritablement à voir une narration.

Une des caractéristiques des Garnier, c'est, comme l'a montré Alfons Knauth qui a travaillé sur « L'interlecte franco-allemand de Pierre et Ilse Garnier[35] », le fait qu'ils sont entre deux langues, l'allemand et le français. Pierre peut écrire en allemand, Ilse en français, et une part importante de leur œuvre a été publiée en Allemagne dans des éditions bilingues. Il convient toutefois de remarquer qu'Ilse, sur la fin de sa vie, est revenue à sa langue d'origine pour « écrire », si tant est que l'on puisse employer ce mot surtout pour les œuvres dont il est question ici. Ilse choisit l'allemand justement pour les œuvres se rapprochant le plus des arts plastiques. Comme elle l'explique dans la préface de *rythme et silence rythmus und stille* :

> Pour les « Fenêtres » au caractère méditatif j'ai choisi la langue allemande, ainsi que pour les œuvres plus tardives qui ne pouvaient pas figurer dans ce livre, parce que le format ou les supports ne permettaient pas une bonne reproduction ; ainsi de « Paysages d'hiver avec oiseaux », « La simple vie de

34 Ilse Garnier, « Conte de la grande forêt », *L'Isola*, Brescia, Fondazione Berardelli, 2007, p. 170.

35 Alfons Knauth, « L'interlecte franco-allemand de Pierre et Ilse Garnier », dans *Pierre et Ilse Garnier : La poésie au carrefour des langues*, *op. cit.*, p. 77-91.

> Jens Sörensen Wand sur les îles de la mer du Nord et à Husum », « Éros et Psyché », entre autres[36].

On peut se demander si ce bilinguisme ne leur a pas un peu nui pour ce qui est de leur reconnaissance dans l'un ou l'autre de ces pays, bilinguisme un peu trop allemand pour les Français, et inversement.

Christine Dupouy

36 Ilse Garnier, *rythme et silence rythmus und stille*, *op. cit.*, p. 12.

BIBLIOGRAPHIE GÉNÉRALE

ANDRY DE BOISREGARD, Nicolas, *Réflexions sur l'usage présent de la langue française, ou remarques nouvelles et critiques touchant la politesse du langage*, Paris, Laurent d'Houry, 1689.

ANGELET, Christian, « Le topique du manuscrit trouvé », *Cahiers de l'Association internationale des études françaises*, 42, 1990, p. 165-176.

ANONYME, *Mademoiselle de Tournon*, Paris, Claude Barbin, 1678.

AUDEBRAND, Philibert, *Alexandre Dumas à la Maison d'or : souvenirs de la vie littéraire*, Paris, Calmann Lévy, 1888.

BARANTE, Prosper (de), « Mme la duchesse de Duras », *Mercure du XIXe siècle*, 1828, t. XX p. 238-241.

BARBEY D'AUREVILLY, Jules, *Les Œuvres et les hommes*, chap. 5 « Les Bas-bleus », réimpression de l'édition de Paris 1878, Genève, Slatkine Reprints, 1968.

BARBEY D'AUREVILLY, Jules, *Premiers articles, 1834-1852*, Paris, Belles Lettres, 1973.

BARTSCH, Cornelia, BORCHARD, Beatrix et CADENBACH, Rainer (dir.), « *Der männliche* » *und der* « *weibliche* » *Beethoven*, Bonn, Verlag B-Haus Bonn, 2003.

BARTSCHERER, Thomas, « La naissance d'Hyper enfanté par la critique génétique », *In* Paul GIFFORD, Marion SCHMID dir. *La Création en acte : devenir de la critique génétique*, Amsterdam / New York, Rodopi, 2007, p. 133-158.

BATAILLE, Georges, Pierre, KLOSSOWSKI *et al.* dir., « Réparation à Nietzsche », *Acéphale* n° 2, 1937.

BAUDELAIRE, Charles, « Conseils aux jeunes littérateurs », 9. « Des maîtresses », *Œuvres complètes*, Préface, présentation et notes de Marcel A. Ruff, Paris, Seuil, 1968.

BAUER, Karin, « Domesticating Nietzsche: Toward a Genealogy of Elisabeth F[ö]rster-Nietzsche's "Novellen-Eierchen" », *Orbis Litterarum*, 2002, vol. 57, n° 5, p. 343-370.

BEAUMARCHAIS, Jean-Pierre de, COUTY, Daniel, REY, Alain, *Dictionnaire des littératures de langue française*, Paris, Bordas, 1984.

BEAUVOIR, Simone (de), *Le Deuxième Sexe*, Paris, Gallimard, tome II, 1950.

BEEKMAN, Klaus et VON GRAEVENITZ, Antje (dir.), *Marcel Duchamp*, Rodopi, Amsterdam, 1989.

BEETHOVEN, Ludwig van, *Briefwechsel*, tome 2, Brandenburg Sieghard (éd.), München, G. Henle Verlag, 1996.

BEROALDE DE VERVILLE, François, *À très vertueuse dame, Madame Charlotte Adam, dame de La Vallière* [1592], dans *Misère et grandeur de la femme au XVIe siècle*, éd. Ilana Zinguer, Genève/Paris, Slatkine, 1982.

BIASI, Pierre-Marc (de), *Gustave Flaubert, Carnets de travail, Édition critique et génétique*, Paris, Ed. Balland, 1998.

BOIGNE, Comtesse (de), *Mémoires. Récits d'une tante*, édition Jean-Claude Berchet, Paris, Mercure de France, « Le Temps retrouvé », 1986, 2 vol.

BORGES, Jorge Luis, Préface à *Faits divers de la terre et du ciel*, traduit de l'espagnol par Françoise Rosset, Paris, Gallimard, 1974.

BORGES, Jorge Luis, Prologue à *La invención de Morel*, Madrid, Alianza, 1986.

BOURDIEU, Pierre, *La Domination masculine*, Paris, Seuil, 1998.

BRAND, Bettina et HELMIG, Martina (dir.), *Maßstab Beethoven ? Komponistinnen im Schatten des Geniekults*, München, Edition Text + Kritik, 2001.

BROGLIE, Victor de, *Souvenirs du feu duc de Broglie*. 1785-1870, Paris, Calmann Lévy, éditeur, 1886, 4 vol.

CABANNE, Pierre, *Les Trois Duchamp*, Paris/Neuchâtel, Éditions Idées et Calendes, 1975.

CAMFIELD, William A. et MARTIN, Jean-Hubert (dir.), *Tabu Dada : Jean Crotti and Suzanne Duchamp, 1915-1922*, Bern, Kunsthalle, 1983.

CAMFIELD, William A., « Suzanne Duchamp and Dada in Paris », dans *Women in Dada : Essays on Sex, Gender and Identity*, dir. Sawelson-Gorse Naomi, Cambridge (Massachusetts), MIT Press, 2001.

CAMFIELD, William A., *Picabia : His Art, Life and Times*, Princeton (New Jersey), Princeton University Press, 1979.

CAMUS, Albert, *L'Homme révolté*, Paris, Gallimard, 1951.

CAWS, Mary Ann, KUENZLI, Rudolf E. et RAABERG, Gwen (dir.), *Surrealism and Women*, Cambridge (Massachusetts), MIT Press, 1991.

CHADWICK, Whitney, *Mirror Images : Women, Surrealism and Self-Representation*, Cambridge (Massachusetts), MIT Press, 1998.

CHADWICK, Whitney, *Women Artists and the Surrealist Movement* [1985], Londres, Thames and Hudson, 1991.

CHANTAVOINE, Jean, *Beethoven*, Paris, Félix Alcan, 1907.

CHAPELAIN, Jean, *Lettres de J. Ch., de l'Académie française, publiées par Ph. Tamizey de Larroque*, tome premier, Paris, Imprimerie nationale, 1880.

CHARBONNIER, Georges, *Entretiens avec Marcel Duchamp* [réalisés en 1960], Paris, André Dimanche Éditeur, 1994.

CHATEAUBRIAND, François (de), *Correspondance générale*, éd. Béatrice d'Andlau, Pierre Christophorov, Pierre Riberette et Agnès Kettler en cours de publication, Paris, Gallimard, 9 vol. parus (1977-2015) couvrant les années 1789-1822 et juin 1824-1835.

CHATEAUBRIAND, François (de), CUSTINE, Delphine (de), DURAS, Claire (de), *L'Amante et l'amie. Lettres inédites 1804-1828*, Paris, Gallimard, 2017.

CHATEAUBRIAND, François (de), *Mémoires d'outre-tombe*, éd. Jean-Claude Berchet, Paris, Le Livre de Poche, coll. « La Pochothèque », 2003-2004, 2 vol.

CHAUVELOT, Diane, *Elisabeth Nietzsche, de la sottise à la trahison*, Paris/Montréal, L'Harmattan, 1998.

CLAUDEL, Paul, *Œuvre poétique*, éd. par Jacques PETIT, Paris, Gallimard, « Bibliothèque de la Pléiade », 1957.

CLIVE, Peter, *Beethoven and his world. A biographical dictionnary*, New York, Oxford University Press, 2001.

DADOUN, Roger, dans *La Violence : essai sur l'homo violens*, Paris, Hatier, 1993.

DASH, comtesse, *Mémoires des autres*, 6 vols, Paris, Librairie illustrée, 1895.

DELAPORTE et LA CROIX, [attribué à], *Histoire littéraire des femmes françoises, ou Lettres historiques et critiques, contenant un précis de la Vie et une Analyse raisonnée des Ouvrages des Femmes qui se sont distinguées dans la Littérature Françoise. Quid femina possit.* Par une société de Gens de Lettres, Paris, Lacombe, 1769.

DESANTI, Dominique, « Masquer son nom », *Corps écrit*, *Le Nom*, n° 8, P.U.F., décembre 1983, p. 92-93.

DESORMEAUX, Daniel, *Alexandre Dumas, fabrique d'immortalité*, Paris, Classiques Garnier, 2014.

DE WYZEWA, Teodor, « Amitiés de musiciens : deux amis de Beethoven ; un faux ami de Wagner », *Revue des deux mondes*, 15 novembre 1893.

DEZON-JONES, Elyane, « Marguerite Yourcenar ou la politique du texte brûlé », *Les Diagonales du Temps. Marguerite Yourcenar à Cerisy*, Bruno Blanckeman éditeur, Rennes, Presses Universitaires de Rennes, 2007.

DEZON-JONES, Elyane et SARDE, Michèle, *En 1939, l'Amérique commence à Bordeaux. Lettres à Emmanuel Boudot-Lamotte (1938-1980)*, Paris, Gallimard, 2016.

DIDIER, Béatrice, FOUQUE, Antoinette et CALLE-GRUBER, Mireille (sous la dir.), 3 volumes, Paris, Édition des Femmes, 2014.

D'IORIO, Paolo, « Les volontés de puissance », Postface à Mazzino MONTINARI, *« La volonté de puissance » n'existe pas*, Paris, Éditions de l'Éclat, 1996.

DU CAMP, Maxime, *Souvenirs littéraires*, Paris, Librairie Hachette, 1906.

DUCHAMP, Marcel, *Entretiens avec Pierre Cabanne* [1967], Paris / Pin-Balma, Éditions Allia / Sables, 2014.

DUCHAMP, Marcel, *The Complete Works of Marcel Duchamp*, dir. Arturo Schwarz, édition revue et augmentée, 2 vols., Londres, Thames and Hudson, 1997.

DUMAS, Alexandre, *La Dame de Volupté*, Paris, Calmann-Lévy Éditeurs, 1886.

DUMAS, Alexandre, *La Princesse de Monaco*, Paris, Michel Lévy Frères, 1874.

DURAS, Madame (de), *Ourika, Édouard, Olivier ou le Secret*, introduction Marc Fumaroli, édition Marie-Bénédicte Diethelm, Paris, Gallimard, coll. « Folio classique », 2007.

DURRY, Marie-Jeanne, *Flaubert et ses projets inédits*, Paris, Librairie Nizet, 1951.

ÉCOUCHARD LE BRUN, Ponce-Denis, « Ode aux belles qui veulent devenir poètes », *La Décade philosophique*, 1796.

FAUCHOIS, René, *La Vie d'amour de Beethoven*, Paris, Flammarion, 1928.

FAVRE, Jean, *Précis historique sur la famille de Durfort Duras, dédié à Madame la comtesse de La Rochejaquelein, née de Durfort Duras*, Marmande, Imprimerie Avit Duberort, 1858.

FITZGERALD, Zelda, *Accordez-moi cette valse*, traduit de l'anglais (États-Unis) par Jacqueline Rémillet, [éd. originale, *Save me the waltz*, Charles Scribner's Sons, 1932], Paris, Éditions Robert Laffont, « Pavillons Poche », 2008.

FLAUBERT, Gustave, *Correspondance*, éd. par Jean Bruneau, Paris, Gallimard, « Bibliothèque de la Pléiade », tome I, 1973.

FLORENNE, Yves (texte établi, présenté et annoté par), *Lettres de la religieuse portugaise*, Paris, Le Livre De Poche, 1979.

FÖRSTER, Elisabeth, éditrice de la compilation frauduleuse de fragments en tant que tels abusivement attribués à Nietzsche, intitulée *La volonté de puissance. Essai d'une transmutation de toutes les valeurs (Études et fragments)*, t. I et II, trad. Henri Albert, Paris, Mercure de France, 1903.

FOSTER, Stephen C. (dir.), *Dada : The Coordinates of Cultural Politics*, vol. 1, New York, G. K. Hall, 1996.

GABASTOU, André, « Note du traducteur », in *Ceux qui aiment haïssent*, Paris, Christian Bourgois, 1998.

GENETTE, Gérard, *Seuils*, Paris, Seuil, coll. « Poétique », 1987.

GÉRARD-GAILLY, Émile, *Autour de Gustave Flaubert, Véhémences de Louise Colet*, Paris, Mercure de France, 1934.

GERTRUD HUBER, Anna, *Ludwig van Beethoven, seine Schüler und Interpreten*, Vienne, Walter Krief, 1953.

GIACCHETTI, Claudine, « Fabrique de médisance : *Les Contemporains* d'Eugène de Mirecourt », *in La Médisance*, éd. par Sylvie Mougin, Presses Universitaires de Reims, 2006, p. 379-394.

GOBERT, Michelle, « Le nom, cet inconnu et une inconnue », *Corps écrit*, n° 8, 1983, p. 49-58.

GOUJET, Claude-Pierre, *Bibliotheque françoise ou Histoire de la litterature françoise, dans laquelle on montre l'utilité que l'on peut retirer des livres publiés en françois depuis l'origine de l'imprimerie*, Paris, Mariette et Guérin, 1740-1756.

GRACQ, Julien, *Préférences*, Paris, Corti, 1961.

GRANVILLE, Harriet, *Letters of Harriet Countess Granville 1810-1845*, London, Longmans, Green, and Co., 1894, 2 vol.

GUEZ DE BALZAC, Jean-Louis, *Les Œuvres de Monsieur de Balzac divisées en deux tomes*, Paris, T. Jolly, 1665.

HAHN, Otto, « Passport no. G255 300 », *Art and Artists* [Londres], Vol. I, n° 4, juillet 1966.

HEMUS, Ruth, *Dada's Women*, New Haven et Londres, Yale UP, 2009.

HUGNET, Georges, « L'esprit Dada dans la peinture », *Cahiers d'Art*, 1932, vol. 7 (n° 1-2, 6-7, 8-10) ; 1934, vol. 9 (n° 1-4) ; 1936, vol. 11 (n° 8-10).

HUMBOLDT, Alexandre (de), *Lettres à Claire de Duras, 1814-1828*, préface de Marc Fumaroli, introduction et édition Marie-Bénédicte Diethelm, Paris, Manucius, 2016.

JANIN, Jules, « Le bas-bleu », in *Les Français peints par eux-mêmes*, tome II, Paris, Furne et Cie, 1853 [1re édition en 1833].

JOSEPH, Lawrence, *La Flamme et la cendre, Correspondance*, Catherine Pozzi et Paul Valéry, édition de Lawrence Joseph, Paris, Gallimard, 2006.

LADENBURGER, Michael, SREICHER-GOEBL, Uta et STREICHER, Utta (dir.), « *Diesem Menschen hätte ich mein ganzes Leben widmen mögen* », *Beethoven und die Wiener Klavierbauer Nannette und Andreas Streicher*, Bonn, Verlag Beethoven-Haus, 1999.

LA HARPE, Jean-François, *Lycée ou cours de littérature ancienne et moderne* [1798-1804], Paris, Didier, 1834.

LA MONNOYE, Bernard (de), [attribué à], *Histoire de la poésie françoise*, Paris, Giffrard 1706.

LANSON, Gustave, *Histoire de la littérature française*, 2e éd. revue et corrigée [première édition en 1894], Paris, Hachette, 1895.

LARNAC, Jean, *L'Histoire de la littérature féminine en France*, Paris, Éditions Kra, 1929.

LA TOUR DU PIN, Marquise (de), *Journal d'une femme de cinquante ans, suivis d'extraits inédits de sa correspondance*, édition Christian de Liedekerke Beaufort, Paris, Mercure de France, coll. « Le Temps retrouvé », 1979.

LE RIDER, Jacques, *Nietzsche en France. De la fin du XIXe siècle au temps présent*, Paris, Presses universitaires de France (coll. « Perspectives germaniques »), 1999.

LIEVEN, Dorothée (de), *The Private Letters of Princess Lieven to Prince Metternich, 1820-1826*, London, éd. Peter Quennell, John Murray, 1937.

LITTRÉ, Émile, *Dictionnaire de la langue française*, Paris, Librairie Hachette et Cie, 1863-1872

LOPES-CURRAL, Catherine, *Femmes d'artistes, femmes artistes*, Paris, Des femmes, 2016.

MACINTYRE, Ben, *Elisabeth Nietzsche ou La folie aryenne*, trad. de l'anglais par Michèle Garène, Paris, Robert Laffont, 1993.

MAILLÉ, Duchesse (de), *Souvenirs des deux Restaurations, Journal inédit.* Édition Xavier de la Fournière, Paris, Librairie académique Perrin, 1984.

MANCINI, Adriana, *Silvina Ocampo. Escalas de pasión*, Buenos Aires, Norma, 2003.

MARÉCHAL, Sylvain, *Projet d'une loi portant défense d'apprendre à lire aux femmes* [Paris, 1801], *suivi des réponses de Marie-Armande Gacon Dufour et Albertine Clément-Hémery. Textes présentés par Bernard Jolibert*, Paris, L'Harmattan, 2007.

MARMONT, Maréchal, *Mémoires du maréchal Marmont, duc de Raguse, de 1792 à 1841*, Paris, Perrotin, 1857, 9 vol.

MAUROIS, André, *Lélia ou la vie de George Sand*, Paris, Hachette, 1952.

MERCIER, Michel, *Le Roman féminin*, Paris, Presses Universitaires de France, coll. « Littératures modernes », 1976.

MIRECOURT, Eugène, *Fabrique de romans : maison Alexandre Dumas et compagnie*, Paris, Tous les marchands de nouveautés, 1845.

MOLLIER, Jean-Yves, « Les femmes auteurs et leurs éditeurs au XIXe siècle : un long combat pour la reconnaissance de leurs droits d'écrivains », *Revue historique*, 2, 308, 2006, p. 331-333.

MOLLIER, Jean-Yves, *Michel et Calmann Lévy ou la naissance de l'édition moderne, 1836-1891*, Paris, Calmann-Lévy, 1984.

MONTINARI, Mazzino, *« La volonté de puissance » n'existe pas*, Paris, Éditions de l'Éclat, 1996.

MOTHERWELL, Robert, *The Dada Painters and Poets*, New York, Wittenborn, Schultz Inc, 1951.

NAUMANN, Francis et OBALK, Hector (éd.), *Affectionately Marcel : The Selected Correspondence of Marcel Duchamp*, Gand et Amsterdam, Ludion, 2000.

NAUMANN, Francis M., *Marcel Duchamp : L'Art à l'ère de la reproduction mécanisée*, Paris, Hazan, 1999.

NIETZSCHE, Friedrich, *Correspondance avec Malwida von Meysenbug*, trad. de l'allemand et présenté par Ludovic Frère, Paris, éditions Allia, 2005.

OCAMPO, Silvina et BIOY CASARES, Adolfo, *Ceux qui aiment haïssent*, Paris, Christian Bourgois, 1998

OCAMPO, Silvina, *Las invitadas*, Buenos Aires, Editorial Losada, 1961.

PAILHÈS, Abbé Gabriel, *La Duchesse de Duras et Chateaubriand d'après des documents inédits*, Paris, Librairie Académique Perrin, 1910.

PETERS, Heinz Frederick, *Nietzsche et sa sœur Elisabeth*, trad. de l'anglais par Monique Poublan, Paris, Mercure de France, 1978.

POUPARD-LIEUSSON, Yves et SANOUILLET, Michel (éd.), *Documents Dada*, Paris, Weber, 1974.

POZZI, Catherine, *Journal 1913-1934*, [Ed. Claire Paulhan, 1997] nouvelle édition, revue et complétée, établie et annotée par Claire Paulhan avec, pour les notes, la collaboration d'Éric Dussert, préface de Lawrence Joseph, Paris, Phébus, *libretto*, 2005.

POZZI, Catherine, *Peau d'âme*, préface et notes de Lawrence Joseph, Paris, Éditions de la Différence, 1990.

POZZI, Catherine, *Très haut amour, poèmes et autres textes*, Édition de Claire Paulhan et Lawrence Joseph, Paris, Gallimard, « *Poésie*/Gallimard », 2002.

QUÉRARD, Joseph-Marie, *Les Supercheries littéraires dévoilées*, Paris, G. P. Maisonneuve et Larose éditeurs, 1853.

REID, Martine, *Des femmes en littérature*, coll. « L'Extrême contemporain », Paris, Belin, 2010.

REYNAUD, Jacques, *Portraits contemporains*, Paris, Amyot, 1859.

RIBEMONT-DESSAIGNES, Georges, « Histoire de Dada », *La Nouvelle Revue française*, n° 213, juin 1931, p. 867-879 ; n° 214, juillet 1931.

RICCOBONI, Marie-Jeanne, *Histoire d'Ernestine, suivie de celle de Christine de Suabe, et de Sigefroid, comte de Surger*, de Marie-Jeanne Riccoboni, Paris, Lebègue, 1821.

ROSEMONT, Penelope (éd.), *Surrealist Women*, Austin, The University of Texas Press, 1998.

ROUSSEAU, Jean-Jacques, *Lettre à d'Alembert sur les spectacles*, publiée à Amsterdam en 1758, in *Œuvres complètes*, [publiée à Amsterdam en 1758], tome 2, Paris, P. Dupont.

SAINTE-BEUVE, Charles-Augustin, *Portraits de femmes*, édition établie par Gérald Antoine, Paris, Gallimard, Folio, 1995.

SAINTE-BEUVE, Charles-Augustin, *Cahiers, tome I (Le Cahier vert) 1834-1847*, édition établie par Raphaël Molho, Paris, Gallimard, 1974.

SAND, George, *Correspondance 1812-1876*, par Georges Lubin, tome I, Paris, Classiques Garnier, 1964.

SAND, George, *Histoire de ma vie*, 4 vols, Paris, Calmann Lévy, 1892.

SAND, George, *Histoire de ma vie*, dans *Œuvres autobiographiques*, éd. G. Lubin, Paris, Gallimard, « Bibliothèque de la Pléiade », tome II, 1972.

SAND, George, *Œuvres complètes, 1829-1831. George Sand avant* Indiana, sous la dir. de Béatrice DIDIER, édition critique publiée par Yves CHASTAGNARET, 2 vol., Paris, Champion, 2008.

SCHOPP, Claude, « Sous le manteau d'Alexandre Dumas, ou les douze noms de la comtesse Dash », in *Les Romancières sentimentales : nouvelles approches, nouvelles perspectives*, éd. par A. Santa et M. C. Figuerola, Lérida, Publicacions de la Universitat de Lleida, 2014, p. 91-115.

SCHURÉ, Édouard, « Les Concerts du dimanche et les maîtres symphonistes », *Revue des deux mondes*, 15 avril 1884.

SÉCHÉ, Léon, *Delphine Gay, Mme de Girardin*, Paris, Mercure de France, 1910.

SÉGUR, comtesse (de), *Œuvres*, 3 vols, Paris, Robert Laffont, 1990.

SIEFAR (Société internationale pour l'étude des femmes de l'Ancien Régime), Rubrique *La guerre des mots*, en ligne.

SOLOMON, Maynard, *Beethoven* [1977], traduction de Hans Hildenbrand, Paris, JC Lattès, 1985.

STAËL, Germaine (de), *De la littérature considérée dans ses rapports avec les institutions sociales*, *In Œuvres complètes*, Paris, Firmin Didot Frères, tome I, 1844.

SWETCHINE, Sophie, *Lettres de Madame Swetchine publiées par le comte de Falloux*, Paris, Librairie académique Perrin, 1901, 3 vol.

TALLEMANT DES RÉAUX, Gédéon, *Historiettes. Mémoires pour servir à l'histoire du XVIIe siècle*, Paris, Gallimard, « Bibliothèque de La Pléiade », 1961.

THÉRENTY, Marie-Ève (sous la direction de), *George Sand journaliste*, Presses de l'Université de Saint-Étienne, 2011.

TITON DU TILLET, Evrard, *Description du Parnasse français, exécuté en bronze ; suivie d'une liste alphabétique des poëtes et des musiciens rassemblés sur ce monument. Dedié au Roy…*, Paris, Coignard, 1727.

ULLA, Noemí, *Encuentros con Silvina Ocampo*, Buenos Aires, Editorial de Belgrano, 1982.

ULLA, Noemí, *Invenciones a dos voces*, Buenos Aires, Torres Agüero, 1992.

VALAYER, Paul, « Le Cœur de Beethoven », *La Nouvelle Revue*, 15 mars 1936.

VALÉRY, Paul, *Rhumbs*, Paris, Gallimard, 1933.

VAPEREAU, Gustave, *Dictionnaire universel des contemporains : contenant toutes les personnes notables de la France et des pays étrangers* (5e édition), Paris, Hachette, 1880.

VERGINE, Lea, *L'altra metà dell' avanguardia. 1910-1940*, Milan, Gabriele Mazzotta Editore, 1980 ; traduit en français par Mireille Zanuttini sous le titre *L'Autre Moitié de l'avant-garde. 1910-1940*, Paris, Des femmes, 1982.

VIENNOT, Éliane (dir.), *L'Académie contre la langue française : le dossier « féminisation »*, Donnemarie-Dontilly, Paris, Éditions IXE, 2016.

VIENNOT, Éliane, « Femmes et médias : le cas du *Monde des Livres* en 1995 », dans *L'Exclusion des femmes. Masculinité et politique dans la culture au XXe siècle*, éd. par Odile Krakovitch et Geneviève Sellier, Bruxelles, Éditions Complexe, 2001.

VILLEMAIN, A.-F., *Souvenirs contemporains d'histoire et de littérature*, Bruxelles, Méline, Cans et compagnie, 1854.

VILLEMESSANT, Hyppolyte (de), Mémoires *d'un journaliste*, Paris, E. Bentu Éditeur, 1884.

VOGT, William, *Le Sexe faible, riposte aux exagérations, aux absurdités et aux utopies du féminisme*, Paris, M. Rivière, 1908.

WALZER, Pierre-Olivier, « Catherine Pozzi, Paul Valéry et *Agnès* », *in Bulletin des Études valéryennes*, 16e année, novembre 1989, no 52, Montpellier, Université Paul-Valéry.

WILDER, Victor, « Beethoven : ses dernières années. Beethoven en pantoufles », *Le Ménestrel*, 10e livraison, 14 novembre 1880.

WILDER, Victor, « Beethoven, les jours de gloire et de souffrance. L'esprit consolateur », *Le Ménestrel*, 21e livraison, 25 mai 1879.

WOOLF, Virginia, *Une chambre à soi*, « Bibliothèque 10/18 », Paris, Denoël, traduit de l'anglais par Clara Malraux, 1977.

XENAKIS, Françoise, *Zut, on a encore oublié Madame Freud...*, Paris, Jean-Claude Lattès, 1985.

YOURCENAR, Marguerite, *Lettres à ses amis et quelques autres*, Paris, Gallimard, 1995.

YOURCENAR, Marguerite, *Mémoires d'Hadrien*, Paris, Gallimard, 1951.

INDEX DES NOMS PROPRES

RÉSUMÉS

Hélène Maurel-Indart, « Introduction. De Lui à Elle, sur la voie de la création, au féminin »

L'histoire littéraire laisse peu de place aux femmes : nombre d'écrivaines sont passées à la trappe, leurs œuvres dépréciées ou simplement oubliées. Les femmes, en art et en littérature, ont le plus souvent œuvré dans l'ombre, comme collaboratrices, secrétaires, correctrices, ou même rédactrices anonymes, au service de l'œuvre du « grand homme ». Il importe de faire la lumière sur ces formes de créativité mal définies et sur le processus d'autonomisation chez certaines de ces créatrices.

Mots-clés : Condition féminine, histoire littéraire, artistes, reconnaissance, identité.

Éliane Viennot, « Écrivaines porte-plume, un phénomène historiquement limité »

L'histoire de la légitimité auctoriale des femmes est celle d'un recul progressif qui débute en France au XVIIe siècle, s'approfondit au suivant, commence à s'enrayer avec la législation sur les « droits d'auteurs » et cesse plus ou moins avec l'accès massif des femmes aux diplômes universitaires. Moquées par ceux qui estimaient que la carrière littéraire revenait aux seuls hommes, les femmes de talent trouvèrent souvent des stratégies pour publier quand même, quelquefois sous pseudonyme.

Mots-clés : Histoire littéraire, féminisme, légitimation, libération, reconnaissance.

Béatrice Didier, « Comment et pourquoi se cachent-elles ? »

Pour quelles raisons psychologiques, sociales, éditoriales, les femmes, de Madame de La Fayette à Colette, ont-elles longtemps accepté de se cacher dans l'ombre d'un écrivain qui les protège ou les étouffe ? Dans ces circonstances, anonymat et pseudonymie, tout en occultant leur identité, ont pu leur offrir un espace de liberté propice à la publication.

Mots-clés : Condition féminine, écrivaine, liberté, reconnaissance, légitimité.

Claudine GIACCHETTI, « La comtesse Dash dans l'atelier d'Alexandre Dumas »

La comtesse Dash, de son vrai nom Gabrielle de Saint-Mars, a laissé des écrits, principalement des romans, dont on conteste toujours la « paternité » littéraire. Mais elle-même a opté pour une stratégie de dissimulation, à commencer par ses multiples pseudonymes. En 1854, la publication du roman d'Alexandre Dumas, *La Princesse de Monaco*, illustre bien les relations de travail entre la comtesse Dash, rédacteur fantôme, et le romancier qui l'employait.

Mots-clés : Nègre littéraire, prête-plume, écrivain fantôme, romancière, reconnaissance.

Marie-Bénédicte DIETHELM, « Claire de Duras, Chateaubriand et l'année des quatre romans, 1822 »

Les romans publiés de Claire de Duras, *Ourika* et *Édouard*, ont connu une gloire européenne au cours du premier XIXe siècle. Mais au XXe siècle, Claire de Duras n'est plus que l'amie fidèle, la « chère sœur » du grand Chateaubriand. Pourtant, nous verrons comment cette égérie d'un grand homme dont elle relit et corrige les textes, retrouve aujourd'hui la reconnaissance, celle d'une romancière en pleine lumière.

Mots-clés : Romancière, correctrice, protectrice, légitimité, anonymat.

Jacques LECARME, « Louise Colet rabaissée par Flaubert et par les flaubertistes »

Les biographes de Flaubert se sont acharnés à ridiculiser la femme de lettres qu'est Louise Colet. Les éditeurs de la correspondance ne reproduisent même pas le poème intitulé « Souvenirs » qu'elle composa pour le jeune Gustave, après une nuit d'amour, à Nantes, en 1846. Cet épithalame mérite l'attention, ne serait-ce que par la liberté avec laquelle la jouissance sexuelle y est contée. L'image injuste du *bas-bleu* nous a été transmise par Maxime Du Camp, son ennemi juré. Elle mérite réparation.

Mots-clés : Poétesse, muse, oubli, légitimation, liberté, indépendance.

Hélène MAUREL-INDART, « Catherine Pozzi, la muse trahie de Paul Valéry »

Catherine Pozzi connut d'abord avec son amant Paul Valéry l'éblouissement de la fusion intellectuelle et amoureuse. Puis, s'instaure une forme de collaboration où elle relit et corrige avec ferveur les cahiers de l'amant admiré. Mais la muse se sent bientôt trahie par cet homme qui puise pour son propre compte dans les ébauches de l'œuvre de sa vie, un essai métaphysique publié après sa mort sous le titre de *Peau d'âme*. Tragique destin d'une créatrice encore méconnue.

Mots-clés : Poétesse, essayiste, muse, correctrice, plagiat, légitimation.

Marie GABORIAUD, « Collaborations invisibles dans le monde de l'art. Beethoven, Nannette Streicher et Bettina Brentano ».

Beethoven fut entouré de femmes remarquables qui ont pu contribuer à son œuvre, comme Nannette Streicher par ses innovations techniques et Bettina Brentano par l'originalité de son univers créateur. Pourtant, les biographes peinent à définir la nature exacte de ces collaborations. En effet, le grand homme n'accorde pas à ces contributions féminines un prix assez haut pour conserver les lettres ou pour rendre visibles les échanges, qu'ils soient techniques, esthétiques ou philosophiques.

Mots-clés : Musique, piano, inspiratrice, dévouement, féminisme, compositrice.

Anne TOMICHE, « Suzanne Duchamp. Sortir de l'ombre et repenser la pratique de la collaboration »

Le cas de Suzanne Duchamp et de sa contribution au mouvement dada parisien permet d'éclairer, dans le cadre des avant-gardes de la première moitié du XXe siècle, à la fois le processus d'occultation historiographique d'une femme artiste, active et reconnue dans le mouvement dada, et son apport spécifique à la pensée et aux pratiques de cette avant-garde : celui de la nature collaborative du travail artistique, prônée et pratiquée en particulier par Marcel Duchamp, son frère.

Mots-clés : Création artistique, sœur, oubli, originalité, invisibilisation.

May CHEHAB, « "L'oie vindicative antisémite". Elisabeth Förster-Nietzsche »

Elisabeth Nietzsche épouse en 1885 un agitateur antisémite d'extrême droite, Bernhard Förster. Elle profite de la maladie de son frère pour créer les Archives Nietzsche et lancer en 1894 une campagne de promotion et de falsification de l'œuvre nietzschéenne. Elle regroupe ainsi sous le titre *La Volonté de puissance* une sélection d'aphorismes remaniés et commentés, sans respect des fragments originaux et de la volonté de leur auteur dont l'œuvre est ainsi détournée à des fins idéologiques plus que suspectes.

Mots-clés : Sœur, dénaturation, réécriture, respect de l'œuvre, détournement.

Bruno BLANCKEMAN, « "Grâce me seconde". Marguerite Yourcenar, un personnage à double auteur »

De 1939 à 1979, date de sa disparition, Grace Frick vit avec Marguerite Yourcenar dont elle est la compagne. Elle est aussi son interlocutrice première et sa traductrice. En outre, elle construit par un travail patient d'archivage l'histoire en temps réel et la postérité de Marguerite Yourcenar en partenariat avec l'intéressée. L'analyse de cette relation permet de comprendre l'invention d'un mythe, né dans le terreau de la prose conjugale.

Mots-clés : Alter ego, traductrice, correctrice, légende, fiction d'écrivain.

Laurence Plazenet, « Georges ou Madeleine ? Sapho, écrivain et fratricide »

Mlle de Scudéry publia ses premiers romans sous la signature de son frère aîné, Georges, dramaturge. Les contemporains ne s'y trompèrent guère. Sapho devint une figure éminente du monde des lettres. Mais la reconnaissance de Mlle de Scudéry écrivain se révéla plus problématique dans la critique ultérieure. Le cas de Mlle de Scudéry, tenue d'observer des stratégies de représentation de soi biaisées, est particulièrement intéressant pour étudier le statut d'une femme écrivain au XVIIe siècle.

Mots-clés : Sœur, autonomisation, reconnaissance, identité, anonyme.

Sylvie MARCHENOIR, « Le "nègre" de ses maris, l'exemple de la romancière allemande Therese Huber »

Le cas de Therese Huber illustre les piétinements de la création littéraire féminine en Allemagne au début du XIXe siècle. De simple secrétaire puis de traductrice et de rédactrice pour son premier mari, l'écrivain voyageur Georg Forster, elle est passée à l'écriture à quatre mains avec son second mari, le romancier Ludwig Ferdinand Huber. Veuve, elle publie enfin ses premiers romans en nom propre. L'émancipée a réussi à entrer dans la lumière de la création littéraire.

Mots-clés : Épouse, autonomisation, reconnaissance, émancipation, création littéraire.

Olivier LARIZZA, « Mary Shelley dans la main de son mari ? L'ombre de Percy Shelley dans *Frankenstein* »

La jeune Mary Godwin et Percy Shelley, poète déjà établi, débutent une forme de collaboration littéraire en tenant un journal intime à quatre mains qui donne lieu à la publication d'un récit de voyage, *History of a Six Weeks' Tour*. Puis paraît *Frankenstein*. Ce roman, attribué aujourd'hui à la seule Mary Shelley, porte la trace d'une intense collaboration avec son pygmalion de mari. La jeune romancière aura donc réussi à imposer sa légitimité dans une société marquée par le privilège patriarcal.

Mots-clés : Romancière, épouse, création littéraire, originalité, reconnaissance.

Mónica ZAPATA, « Silvina Ocampo et Adolfo Bioy Casares, une collaboration conjugale équitable ? Deux vies, une histoire »

Souvent associée à celles de Bioy Casares – son époux – et de Borges – son ami – l'œuvre de Silvina Ocampo est longtemps restée dans l'ombre de ces deux grands maîtres de la littérature hispano-américaine. Le roman policier *Ceux qui aiment haïssent* a été écrit en collaboration avec son mari et, sans prétendre qu'il existe une écriture féminine distincte de celle des hommes, nous tenterons de repérer les traits de style susceptibles de leur appartenir en propre, à l'une comme à l'autre.

Mots-clés : Romancière, épouse, oubli, couple, originalité.

Christine DUPOUY, « L'autonomie de Ilse G. »

Dans le couple Garnier marié en 1952, Pierre pratique davantage la poésie dite linéaire, traditionnelle, alors que la poésie d'avant-garde dite spatialiste est plutôt le fait d'Ilse, restée dans l'ombre jusqu'à peu. Cependant, toute une part de leur œuvre s'écrit à quatre mains, et il est temps de mettre en évidence l'importance de cette dernière, tout en ne négligeant pas la relation amoureuse qui a uni les deux artistes et dont témoignent les textes érotiques de Pierre célébrant Ilse.

Mots-clés : Épouse, fusion, légitimité, oubli, poétesse, création.

TABLE DES MATIÈRES